余义兵　著

现代汉语益损者研究

从语义角色到句法实现

STUDY OF
BENEFACTIVE AND MALEFACTIVE
IN MODERN CHINESE

FROM SEMANTIC ROLES
TO SYNTACTIC REALIZATION

社会科学文献出版社
SOCIAL SCIENCES ACADEMIC PRESS (CHINA)

序 一

众所周知，与印欧语言及其语法规则相比，汉语中一直有一些看起来"另类"的句子。比如"王冕死了父亲""老王按了李四一喇叭"等，其中的动词原本是一价或二价的，但在句子中却能多带一个论元，这是为什么？该论元及其语义角色又具有什么性质？再比如"给"一般看作与事标记，但在"你给我弄丢了这本书"中却无法把"我"分析为给予对象；"的"一般看作定语标记，但在"您小心吃了他们的亏"中却无法把"的"前后的成分分析为领有者和隶属者。如何分析、界定与解释相关语言现象，20 世纪 50 年代以来一直是汉语语法的研究热点。迄今为止，语言学界虽然已有不少学者参与了相关研究，但还是没能形成比较统一的认识。当然，随着各种语言学理论的引入和借鉴，研究方法的不断改进和完善，研究手段的一再更新和提升，汉语各种特殊语言现象研究也取得了多方面的进展，而且质量也持续提高。

余义兵《现代汉语益损者研究：从语义角色到句法实现》这本专著，正是从多个不同的角度探究了汉语益损者范畴的基本特征及表达功用。著作在整体研究与分析的基础上，针对一系列与益损者相关的语言现象，根据对象与性质的不同，展开了多方面的专题探究。作者在精细调查的基础上，设置了系统合理的研究框架，制定了清晰有效的论证方案。我认为，这本专著有一定的学术价值，具体体现在以下四个方面。

首先，作者对益损者范畴中受益者与受损者的性质、特征以及中外研究现状做了系统性梳理和考察。关于受益者与受损者及其相关概念，汉语语法学界以往的研究成果不算多，但是随着对语言类型学的借鉴与引用，在越来越多的语言中发现这两者都有特殊的标记。据此作者从语言共性出发进行考察，在汉语中把受益者和受损者作为独立的语义角色，进而对相关现象做了清晰的说明与解释。

其次，作者建立了一个包含 28 个小类的汉语语义角色系统，在该系统中给予受益者与受损者相应地位并加以解析。作者认为，在汉语这种意合型语言中，受益者与受损者是独立而且极为重要的语义角色范畴，但前人对受益者和受损者在汉语语义角色系统中的研究还不够重视，只是把它们作为与事的一个小类，甚至忽略了它们。作者认为，表示给予的与事和受益者、受损者并不完全相同，应该区别对待，他还为 28 个语义角色设立了语义与句法的各种区分标准。

再次，作者对受益者和受损者在一些方言里的标记也做了调查与归纳。作者发现，汉语有些方言中存在大量的受益者和受损者标记，以往这方面工作大多侧重于调查与记录，较少对此做出归纳与总结，而且以往有些归类还有偏差。因此，该专著关于受益者和受损者标记在方言中的体现的考察与整理很有意义。

最后，作者对受益者和受损者在汉语句法结构上的表现，主要是作介词的宾语、动词的间接宾语、句子的主语、宾语的伪定语等，都做了相当全面的分析和阐释。针对这一系列特定现象，尤其是对多种性质不同但关系紧密的益损性结构或特定构式，包括益损性"给/为/代/替+宾语"介宾结构、双宾益损构式、不及物动词带宾益损构式、动宾式离合词伪定语益损构式等，作者做了全方位的细致调查，对结构、构式的各种功用与动因，作者也都做了较为细致的阐释。

余义兵曾在华东师范大学攻读博士学位，其中有三年左右时间，他一直坚持到上海师范大学语言研究所来听我讲授的各门语法学课程。我上课时学生可以随时提出问题，然后大家一起探讨。我记得余义兵学术思维很活跃，看问题角度很新颖，常能说出一些很有价值的想法，而且课下我们也经常交流益损者范畴和构式语法等研究课题。

根据我的了解，余义兵为人正直，品行端正，而且做事踏实，工作勤恳。我知道，他目前正在从事语言学的教学工作，也还在继续努力进行多方面的语法学研究。我衷心希望他继续发挥思维活跃、角度新颖的优势，在汉语语法研究的道路上越走越远，完成更多的学术研究成果。

《现代汉语益损者研究：从语义角色到句法实现》应该是迄今为止探索汉语益损现象的形式与功能方面的一项新颖且有效的研究成果，具备一定的学术水平，是一本很有价值的著作。虽然其中也有一些值得商榷与改进之处，比如对汉语方言受益者和受损者的归纳还缺乏系统性，作者对部分益损句式的生成也没能都做出精到的解释。但是专著所完成的这一创新成果，不但具有特定的研究借鉴功用，而且在对内与对外汉语教学方面也具有参考作用。所以，我慎重地向学界同仁与语言学博士生、硕士生推荐。

是为序。

张谊生

2023 年 3 月 12 日

序 二

很高兴看到余义兵博士的专著《现代汉语益损者研究：从语义角色到句法实现》即将出版。这本专著是义兵根据其博士学位论文修改并完善而成的，主要是从受益者和受损者的角度去尝试解释汉语里的一些特殊句子和格式。

汉语的句式一直是现代汉语语法研究的重要内容，从结构主义的层次分析，到变换理论的变换分析，到配价理论的动词配价分析，到格语法的深层结构分析，到构式语法的意象图式分析，再到语义图理论的连续性假设等，这些理论大多是从西方引进的。我们知道，汉语在很大程度上是一种结构松散但注重意义的语言，很多句子看似很不符合西方所谓的句法和逻辑。正如著名语言学家王力先生所说："就句子的结构而论，西洋语言是法治的，中国语言是人治的。"（《中国语法理论》，收入《王力文集》第一卷，山东教育出版社 1984 年版，第 35 页）因此，如何更好地用这些理论解释这些汉语的现象就显得尤为重要。

义兵在专著中提出了自己的一些认识和看法。比如作者认为，受益者和受损者是汉语这种"人治"语言中重要的语义角色，不仅可以作"给、为、替"等受益、受损介词的宾语，也可以在双宾语句中作动词的间接宾语，还可以作句子主语，作宾语的伪定语。当然，受益者和受损者作这些句法成分，大都是在特殊的句子中，像"我吃了他三个苹果""开水烫了他好几个泡""王冕死了父亲""您小心上了他们的当"等。以往学者对这些句子中的这些句法成分所承担的语义角色都或多或少地做出过解释，但也不能说没有值得商榷之处。作者从受益者和受损者的角度为现代汉语中这些特殊句子和格式提供了一个很好的解释。

这部专著有几个方面是值得注意的。一是系统梳理了中外学者对受益者和受损者的研究，对该领域的研究现状做了一个全面的考察。二是建立了一个区分层级、较为完整的现代汉语语义角色系统，为汉语语义角色的研究提供了参考。三是从语言共性出发，为汉语这些特殊句式和格式提供了一个较为统一而合理的解释，如认为汉语双宾语句的构式意义是致使间接宾语所代表的某人（或某机构、单位、组织等）受益或受损，"王冕死了父亲"这类句子的构式意义是"某人（或某机构、单位、组织等）因与之直接相关的人/物的得失而受益或受损"。

当然，这部专著也还有一些不足和有待改进之处，比如书中提出汉语方言标记受益者和受损者的手段大多是介词，而且这借鉴了前人研究成果，那么，方言是否也有像普通话一样的可以表达受益或受损的构式？如果有的话，和普通话的这些构式有什么差异？

博士学位论文是从事学术研究的开端，希望义兵以这本书的出版为动力，不畏坐冷板凳之苦寒，不忘做学术之初心，更上一层楼！

是为序。

郑　伟

2023 年 3 月 20 日

目　录
Contents

第一章 绪论

很多学科都会谈到"利益"（benefit）概念，如经济学、政治学、社会学等。人类社会发展和个体生活进步往往与利益密切相关，正如马克思（1956〔1842〕：82）所说"人们奋斗所争取的一切，都同他们的利益有关"，恩格斯（1964〔1872~1873〕：307）也认为"每一个社会的经济关系首先是作为利益表现出来"。冯契主编《哲学大辞典》（2007：482）对"利益"的解释如下：

> **利益** 人们通过社会关系表现出来的不同需要。从内容上划分，有物质利益和精神利益；从范围上划分，有个人利益、集体利益和社会利益；从时间上划分，有当前利益和长远利益。此外，从国家、民族和阶级、阶层的角度，又可划分为国家利益、民族利益、阶级利益、阶层利益等。通常所说的利益，主要指物质利益，亦指经济利益。人类生产活动的直接目的，就是为了获得物质利益。

综上可见，获得利益既是行为活动的原因或目的，也是行为活动的结果。甚至可以毫不隐讳地说，人类一切活动都涉及利益。当然，人是有意识、有感情的高等动物，既会趋利避害为自身谋划利益而可能损害他人利益，也会施予他人恩义而使他人获得利益。因此在行为事件中就可能存在受益者或受损者这样性质的客体。

众所周知，语言与社会生产和人类生活密切相关。一方面，社会发展和生活进步会体现在语言之中并可能引起语言变化；另一方面，语言存在和语言变化也折射出社会发展和生活进步。因此，受益或受损事件、受益者或受损者客体在语言层面会有所体现，只不过有时隐而不察，有时直陈其事。试比较：

（1）a. 这回因为我有功，主人夸奖了我了。

b. 白巡长，给我们说几句好话吧，一年四季孩子们都没
见过白面。

上例 a 句所反映事件中，从一般角度看，"我"可能是受益者；从语言学角度看，"我"在句法成分上是动词宾语，在语义角色上是受事。同样，从一般角度看，b 句中"我们"是受益者；从语言学角度看，"我们"在句法成分上是介词"给"的宾语，在语义角色上是受益者。再如：

（2）a. 有些警察打了你，你要愿意可以到检察院上诉。

b. 王冕死了父亲。

上例 a 句所反映事件中，从一般角度看，"你"可能是受损者；从语言学角度看，"你"在句法成分上是动词宾语，在语义角色上是受事。同样，从一般角度看，b 句中"王冕"是受损者，当然也是"父亲"的领有者；而从语言学角度看，王冕在句法成分上是句子主语，在语义角色上是受损者。

甚至连最基本的主谓结构都隐含受益者或受损者，如"我吃饭""他洗澡"即为"我为自己吃饭""他替自己洗澡"。只不过一般情况下我们无须直接把它们表达出来，以至于习焉不察，也不去追究。

李宇明（2000：1）指出，语言要发挥自己的交际职能，必须把各种认知范畴语言化，而认知范畴语言化便形成各种各样的语义范畴。邵敬敏、赵春利（2006）也指出语义范畴"就是从语法意义角度归纳出来的语法范畴"。由此，受益者和受损者可以分为两种：一种是百科全书或认知范畴中的普遍概念，即受益者（Benefaciary）和受损者（Malefaciary）；另一种是语义学范畴中的语义角色，即受益者（Benefactive）和受损者（Malefactive）[①]。我们将语义角色上的受益者和受损者合称为"益损者"。

---

① 类似概念还有"反受益者"（Antibenefactive）、"不如意者"（Adversative），参看 Merlan（1983）、Lass（1986）、Heine 和 Kuteva（2002）、Clark（1974）、Gerdts（1986）、Davies（1993，1995）、Tsuboi（2010）等。

1.1 考察对象和研究意义

我们以语义学益损者语义角色为切入点，以现代汉语益损构式（Benefactive and Malefactive Construction）为主要考察对象。在语法形式上，益损者出现在各类益损构式中，由形式标记手段（marker）来编码表达；在表达意义上，益损意义与话语言写者主观认识有关。同样是认知上的益损意义，有的用益损构式表达，有的可以不用益损构式而用其他结构表达。例如：

（3）a. 给客人沏杯茶。

　　 b. 沏杯茶给客人。

（4）a. 我给你买了一所房子。

　　 b. 我买了一所房子给你。

以上各例中两句意义大体相同，"客人"和"你"都可以看作认知上的受益者。不过，两例 a 句是介宾受益结构，"给"是介词，是受益者标记之一（传统语法看作对象介词）；而 b 句都是连动结构，"给"是动词，"客人"和"你"一般看作受事或接受者。再如：

（5）a. 王冕的父亲死了。

　　 b. 王冕死了父亲。

（6）a. 李四的一条腿断了。

　　 b. 李四断了一条腿。

以上各例中两句意义也大体相同。各例 a 句是主谓结构，"王冕"和"李四"语义角色是领有者，句法成分是主语定语。但是各例 b 句句首名词的句法地位、语义角色、生成机制，以及 a、b 两句关系等问题各家众说纷纭（参见庄会彬，2013）。我们认为，各例 b 句是受损构式，"王冕"和"李四"是受损者语义角色，作为句法主语出现在句首。此外两者语义表达有较大倾向性：前者偏重于主观表达，后者偏重于客观实陈。

我们选择益损者语义角色和益损构式作为研究内容，主要是因为：

第一，研究对象本身的重要性。益损意义本身很复杂，表达益损意义的构式虽然不是很丰富，但其中很多问题目前我们并没有弄清楚。例如：

（7）a. 对不起，这本书给你弄脏了。

　　　b. 我把刀子给他弄丢了。

例（3）（4）a 句的"给"标记受益者；而例（7）两句的"给"则是"引进动作的受害者"（吕叔湘，1999［1980］：226；《现代汉语词典》，2016：444），即标记受损者。这两个"给"到底有什么关系？再如：

（8）a. 土匪杀了张三的父亲。

　　　b. 土匪杀了张三父亲。

　　　c. 张三被土匪杀了父亲。

上例 a 句在结构上是"单宾句"。b 句是单宾句还是双宾句？如果是双宾句，那么"张三"语义角色是什么？"杀"是二价动词，可是在 c 句施事"被动化"（passivization）后还能直接关联两个名词性成分，这是为什么？c 句是从 a 句还是 b 句被动化而来？这些问题虽然以前学者或多或少地讨论过，但他们往往就事论事，没有系统并全面思考，而这些问题也都涉及本书内容。

第二，语言理论探索的必要性。"受益者"在 20 世纪六七十年代受到语言学界广泛关注，不仅被看作一种语义角色，也作为语言类型学考察重要参数，"受益结构"在世界许多语言中被广泛证实（Fillmore，1968；Comrie & Smith，1977；等等）。汉语学界虽然对以上各例有所研究，如张伯江（1999）、沈家煊（1999）、刘探宙（2009）等，但不是将其作为一种典型结构来考察，或者并没有把益损者当作一种语义角色看待，更遑论把它们看作独立的益损构式分析。而在受损者和受损结构研究方面，无论是汉语还是其他语言似乎都存在很大不足。

第三，汉语教学实践的可操作性。"死""断"一般看作一价不及物动词，但是在"王冕死了父亲""李四断了一条腿"句中却各带两个论元，如何更好解释该现象对于国内语法教学和国际中文教育十分重要。用益损者语义范畴可以很好地解释其语义角色，用益损构式也可以很好地解释句子成立条件，易于学习者掌握这些汉语特殊句式及特点。

第四，中文信息处理的迫切性。詹卫东（2001）指出："如何构造一个好的语义范畴体系，去消解透过句法筛子后剩下的那些语言符号组合的歧义……语言学家解决得越多，能为中文信息处理提供的真正支持就越大。"同时他（2004）提出可以利用句式变换等形式标准去认识语义概念。袁毓林（2007）也认为："（语义角色）不少已经被用于计算机理解自然语言的实现系统中；并且有的语义角色的精细等级似乎只有在语言信息处理系统中才使用。"已有研究显示，中文信息处理、语料库语言学等计算语言学越来越重视汉语益损者语义角色并将其纳入研究范围，如 Xue（2008）、Xue 和 Palmer（2009）、丁伟伟和常宝宝（2008）、柏晓鹏（2017）等。

因此，本书试图从共时角度探讨现代汉语益损者语义角色和益损构式，主要包括如下内容：确立和构拟益损者语义-句法特征，界定和描述益损构式和相关标记，分析和诠释益损者句法实现不对称现象，对比和解释普通话和方言中益损构式间的相似之处和差异，从类型学角度考察和探求益损者标记来源等。

本书主要观点是：益损者在语法学上是独立的语义角色范畴，该语义角色在现代汉语中有较为突出的句法实现形式。具体而言，现代汉语中介宾结构"给/…+N"[①]、双宾语构式"$V+N_1+N_2$"、不及物动词带宾构式"N_1+Vi+N_2"和动宾式离合词伪定语构式"$Vm+N+的+Nm$"均为益损者的句法表现形式，即益损者可以借助介词一起作句中状语，还可以作间接宾语、句子主语、句子宾语的伪定语；现代汉语中受益者和受损者语义角色在句法表达上呈现出一定的不对称或不平衡现象，主要体现在受益者以介词这一语法手段表达为主，而受损者以语序这一语法手段表达为主，以语序手段表达的益损构式大多具有表达"意外"语用意义的特点。

---

① 为行文简便，我们用"给/…"表示介引益损者的这类介词，其他如"为、替、帮"等；用 N 代指所有体词性成分，用 V 代指所有谓词性成分。

1.2 研究现状和相关评论

"受益者"和"受益结构"在世界许多语言中被广泛证实，相关研究如 Christaller（1933）、Bright（1957）、Bloomfield（1957）、Abraham（1962）、Niedzielski（1979，1981）、Masuoka（1981）、Shibatani（1994）、Goldberg（1995）、Miyake（1996）、Newman（1996）、Yamada（1996）、Van Valin 和 LaPolla（1997）、Pardeshi（1998）、Kittilä（2005）、Zúñiga 和 Kittilä（2010）等。不过较早的语言学文献虽有相关论述，但没有明确意识。

受益者语义角色在 Fillmore（1968）格语法中默认是一种语义格，也称为"受益格"。Comrie 和 Smith（1977：16）在进行类型学考察时把受益者作为参数之一，之后很多学派也把受益者看作一种语义角色。然而，与受益者研究不平衡的是，受损者在文献中研究的内容和出现的频率少之又少。

我们认为，有必要对国内外语言学益损者的研究现状做一次全方位回顾，这不仅有利于澄清一些基本概念，而且有利于正确地把握将来研究方向。下面我们首先以益损者相关内容为专题对国外研究现状做分析性考察，其次以时间为顺序对国内研究现状做综合性梳理，然后展望益损者和益损构式还需加强研究的方面。

1.2.1 语言理论中的研究

把受益者和受损者作为语义角色经历了一个漫长的认识过程。在西方语言学发展史上，传统语言学、结构主义语言学、转换生成语法、格语法、功能认知语法、语言类型学等都对益损者有直接或间接研究，从不同研究角度取得了可观成果。国外益损者研究成果偏重于受益者，主要集中在受益者角色定位、受益者标记形式、受益结构与其他结构对比研究等方面，而在受损结构上研究成果并不是很多。

1.2.1.1 传统语言学的相关认识

传统语言学中并没有受益者或受损者等概念，与之相近的是对

"与格"（dative）的认识。例如古希腊语等语言中与格主要表示给予事件，标记动词"给"的接受者。然而与格功能不仅在于此，"还包括表示方位功能，尽管多数情况下方位是由介词引导的；也能标记表示帮助、责任、取悦等相类似的动词的补语"。古印度语言学家 Pāṇini 在关于梵语语法的《八章书》中曾论述 Kāraka 概念，表示动词和名词的语义关系。这种语义关系有六种，其中表示"终点"的 sampradāna 是用与格来标记的（Blake，2010）。

1.2.1.2 结构主义的初步描写

在益损者研究方面，结构主义语言学最大贡献在于对世界很多语言作出初步描写，尽管这种描写只是在结构形式而非语义研究指导之下。例如：

（9）Twi 语（Christaller，1933：566）

O   wu   kyɛɛ   me.

3sg die   share，1sg

'He died for me, for my benefit. '

（10）Tübatulabal 语（Swadesh & Voegelin，1939）

a. *tə k-a-n-at.*

eat-benefactive-him-he

'He is eating for him. '

b. *alaw-a-n-at.*

talk-benefactive-him-he

'He is talking for me. '

（11）Eastern Ojibwa 语（Bloomfield，1957：138）

Nempi·tuwa·esse·ma·n.

'I am bringing him tobacco. '

（12）Yoruba 语（Abraham，1962：348；Rowlands，1969：83）

a. *Ó   jísé   **fún**   mi.*

3sg go-on-an-errand give   1sg

'He went on an errand for me. '

b. *Rà   á   **fún**   mi.*

buy 3sg　give 1sg

'Buy it for me.'

1.2.1.3　格语法理论的角色界定

综上可见，传统语言学和结构主义语言学中并没有受益者或受损者概念，现代语言学中受益者研究肇始于 Fillmore 格语法。Fillmore 所说的格表示的是深层结构语义格，用来反映客观世界的语义关系。

不过，Fillmore 对受益格前后态度不一，对其语义角色地位的态度摇摆不定。最初，Fillmore（1966a）认为句子命题之中的格包括施事格（Agentive）、工具格（Instrumental）、客体格（Objective）、处所格（Locative）、与格（Dative）、伴随格（Comitative）六种，而把诸如时间（Time）、受益格（Benefactive）等状语性成分都归入情态部分。但 Fillmore（1966b：尾注 7）谈论英语介词时又把范围格（Extent）、受益格（Benefactive）和伴随格（Comitative）并列。后来，虽然受益格不在 Fillmore（1968：24）所列语义格清单（作者指出"肯定需要再增加一些格"）之中，不过他多次把"受益"与施事、工具、客体等语义格并提（Fillmore，1968：19、31、32、87），指出英语中"B（即 Benefactive）的前置词是 for"，以区分"D（即 Dative）的典型的前置词是 to"。然而，Fillmore（1971a：42）又明确宣布取消此格，同时把与格分为感受者（Experiencer）、源点格（Source）和终点格（Goal），把受益者分析为终点格。

尽管如此，很多语言学家接受了这一语义格角色，在清单中包括受益者，以区分其他角色，如 Chafe（1970）、Longacre（1976）、李英哲（Li，1971）、汤廷池（Tang，1972，1973）、Dik（1978：74）、Halliday（1994［1985］）、Baker（1988）、徐烈炯（1995［1990］：202）、Givón（1993：91、121）、Blake（1994：69）、Van Valin 和 LaPolla（1997：85）、Kittilä 等（2011：11）、杨成凯（1986）、顾阳（1994）和冯志伟（2006）等。

Chafe（1970：147）也认为受益者是语言中一个重要参与者，

他把受益者分为内在受益者（Intrinsic Benefactives）和语义 - 句法受益者（Semantic-syntactic Benefactives），前者包括给予类动词的间接宾语和获取类动词（如 have）的主语等。由此可见，Chafe 认为受益者概念十分宽泛。

1.2.1.4 形式语言学的生成分析

形式语言学并没有专门论著探讨益损者，不过在谈论其他语法问题时有所涉及，我们可以从两个方面考察。

首先，一些研究加强了对以前没有或很少关注的世界其他语言的描写工作，其中有些内容谈及益损者。如 Chung（1976：41）指出 Bahasa Indonesian 语中有两种机制标记受益者，一种是介词 untuk，一种是动词后缀-kan。

（13）a. Mereka men-dapat suatu pekerdjaan untuk anak-ku.

　　　　they　　Trans-find a　　　job　　　for　　child-my

　　　　'They found a job for my daughter.'

　　b. Mereka men-dapat-kan anak-ku suatu pekerdjaan.

　　　　they　　Trans-find-Ben child-my a　　　job

　　　　'They found my daughter a job.'

再如 Kimenyi（1978：32）指出 Kinyarwanda 语中用来标记受益者的动词词缀是-ir-。例如（例句中-er-是-ir-的变体）：

（14）a. Umugóre a-rá-kor-er-a　　　　umugabo.

　　　　woman　　she-pres-work-ben-asp　man

　　　　'The woman is working for the man.'

　　b. Umukóobwa a-ra-som-er-a　　　　umuhuung uigitabo.

　　　　girl　　she-pres-read-ben-asp boy　　　　book

　　　　'The girl is reading a book for the boy.'

此外，例如 Kunuz Nubian 语动词词缀-de：s-、Southeastern Tepehuan 语动词词缀-dya-等也被认为是用来编码受益者的标记（Abdel-Hafiz，1988：114；Willett，1991：76）。而 Janda（1993：57）指出 Czech 语是用与格来标记受益者的。例如：

（15）*Ludmila*   <u>*mu*</u>   *uvarila   kaši.*

　　L. NOM　　him. DAT cooked　kasha. acc

　　'Ludmila cooked kasha for him.'

其他如 Basque 语、Finnish 语、Iranian Azari 语等也是用相应的格来标记受益者（Laka，1996；Kittilä，2010；Dehghani，2000：146）。生成语法学者 Baker（1988：37）、Radford（1988：373）等罗列的语义角色清单都包括受益者。

其次，对益损者句法地位的生成作出形式上的分析和解释。例如上述语言中动词后缀-kan 和动词词缀-ir-等都是在动词原有论元结构基础上增加了新的受益者论元，这种结构称为施用结构（applicative construction），相应的动词词缀称为受益者标记。Pylkkänen（2008）试图在最简方案框架下对这种非核心论元句法性质以及允准机制作出解释。

Bresnan 和 Kenerva（1989）则在词汇功能语法（Lexical Functional Grammar，LFG）框架内提出了词汇映射理论（Lexical Mapping Theory，LMT），即把动词论旨①角色（thematic role）映射到语法关系（grammatical function）上。词汇映射理论假定了一个普遍通用的"论旨角色层级序列"（thematic role hierarchy）②，如下：

ag><u>ben</u>>recip/exp>inst>th/pt>loc

其中的 ben 为受益者角色。从上述序列可知，除了施事者，该理论认为受益者要比其他角色如接受者、受事等更容易成为谓语动词的主要句法成分。

1.2.1.5　功能语言学的认知处理

韩礼德（Halliday，1994［1985］：144）在系统功能语法框架中也提出了受益者概念，定义为"过程发生所指向的或服务的对象"。他把 she sent her best wishes to John 中的 John 称为领受者（Recipient），Fred bought a present for his wife 中的 his wife 称为委托

---

① "论旨"或称"题元"。

② 该序列最先出自 Jackendoff（1972：43），Croft（2012：177）认为可以用来解释"激活（各语义角色）实现为句子的主语、宾语和/或旁语"。

者（Client），John said to Mary 中的 Mary 称为受话者（Receiver），并认为它们都是受益者。

韩礼德虽然使用了受益者术语，但其外延和内涵都发生了明显变化，因为显然这是从纯意义角度出发。正如韩氏所说："过程、参与者和环境的概念是语义范畴，它们最为广泛地解释真实世界如何表征为语言结构。"

荷兰语言学家 Dik 是功能语言学领军人物之一。Dik（1978：74）也论及受益者，主要是在 Fillmore 基础上制定了主语选择等级，具体如下：

agent>patient>recipient>beneficiary>instrument>location>temporal

Givón 是美国"西海岸功能主义"（West Coast Functionalism）奠基人之一。Givón（1993：91）指出语言中主要语义角色有施事、受事、与事、工具、受益者、处所等，并认为"受益者等多数情况下是作简单句的非直接宾语"。

Van Valin 和 LaPolla（1997：384）在分析英语介词 for 时指出，其后名词性成分至少能表示接受受益者（Recipient Benefictive）、一般受益者（Plain Benefictive）和替代受益者（Deputative Benefic-tive）三种不同意义的受益者，举例如下：

（16）　a. Robin baked a cake for Sandy.

　　　　b. Rita sang for the students.

　　　　c. Pat stood in line for Kim.

该分类被后来的很多研究者所接受。

1.2.1.6　当代语言类型学的最新贡献

遗憾的是，以上论著虽然都谈到受益者，但都不是研究益损构式的专文或专著，真正在受益者范畴取得研究进展的是语言类型学。在 Comrie 和 Smith（1977：16）中，作者就把受益者作为语言类型学考察参数之一。据我们调查，最早撰写受益者范畴的专文是波兰学者 Niedzielski（1979，1981），之后有 Masuoka（1981）、Chappell（1991）、Shibatani（1994，1996）等。进入 21 世纪后，关于受益者范畴的论文有 Kittilä（2005）、Thieberger（2006）等，而

Zúñiga 和 Kittilä（2010）在研究受益者范畴方面具有里程碑意义。下面择要叙述。

Kittilä（2005）从跨语言视角出发，调查了接受者、受益者和接受型受益者这三个语义角色编码方式的不同，从而把世界语言区分为接受者凸显（recipient-prominence）语言和受益者凸显（beneficiary-prominence）语言两种。

Zúñiga 和 Kittilä（2010）集合了 18 篇论文，有 5 篇是从宏观角度概括跨语言受益者范畴的理论框架，有 13 篇是从微观角度具体分析个别语言受益者范畴的独有特点，例如 Finnish、Salish、Thai、Japanese 等语言。特别需要提到的是开篇"导言：跨语言视野下的受益事件和受损事件"主要讨论了五方面内容：界定了受益事件和受损事件的语言学概念，描述了编码受益者和受损者所使用的形式机制，探寻了编码受益事件和受损事件语义上潜在的变体，概括了语言调查时这些概念的多功能标记策略，建议进一步研究的方面和内容。

21 世纪初，语言类型学在理论上有了新的发展，产生了"语义图理论"（Semantic Map Theory）。该理论萌生于 Anderson（1982）的一个设想：借用地图将二维空间投射于书面的方式来描述语言形式和表意功能的匹配在不同语言中的参差现象。后因 Croft（2001，2003）提出"语义图连续性假说"（semantic map connectivity hypothesis）而得以推广。例如 Haspelmath（2003：213）建立了"与格主要功能语义图"，Malchukov、Haspelmath 和 Comrie（2010）建立了"双及物结构语义图"，这两个语义图都体现了受益者和受损者的重要地位。

1.2.2 汉语语法中的研究

我们依据时间先后和理论背景梳理国内益损者范畴研究，把汉语学界对益损者范畴的以往研究分为三个阶段：20 世纪前半期朦胧意识阶段、20 世纪后半期初步确立阶段和 21 世纪早期加深探讨阶段。

1. 2. 2. 1　20世纪前半期的朦胧意识

在传统语言学的背景下，益损者范畴研究以黎锦熙《新著国语文法》（1992［1924］）为代表。黎氏虽然重在句子切分，但也约略涉及语义方面的内容。其中讲到"原因介词"有一类"介所为"，表示"行为的动机（多介人）"，"介所为"之下又有一种"为谁而动"，介词有"替（代、为）、给（与）、帮"。例如：

（17）a. 我替你去走一趟，帮你打听打听。

　　　b. 这一去，我居然给你把这件事办妥了。

　　　c. 你与我想一个计策。

20世纪30年代以后，汉语语法学进入革新探索时期。受索绪尔、房德里耶斯、叶斯帕森等影响，学界从西方普通语言学理论视角重新审视汉语语法，并开始有意识地开掘汉语语法的特点，总结汉语语法的规律，代表著作有吕叔湘《中国文法要略》、王力《中国现代语法》和《中国语法理论》、高名凯《汉语语法论》。以上三人都开始设立汉语语法中的意义范畴。

关于受益者范畴，吕叔湘《中国文法要略》（1982［1942～1944]）的认识最具代表性，集中在"关切补词"概念。吕氏解释说："关切补词代表与一事有利害关系的人物（物件极少见）。"例如：

（18）a. 你画个画儿给我，我就给你磨墨。

　　　b. 请你给我看着坐位，我去买两个橘子。

　　　c. 这是我给你们打算的万无一失的一条出路。

他还指出："关切补词也有因句子里的动作而蒙不利的。"例如：

（19）a. 你再这样给我到处宣传，我可不答应你。

　　　b. 待要不接，又怕给他掉在地上，惹出事来。

　　　c. 他自己说，她要把博士与教授的尊严一齐给他毁掉了。

吕氏也指出："还有一些句子里表示起词替代补词去作一件事，这当然也是一种'服务'，所以那个补词也可以算在关切补词里头。这里所用关系词原来多用'替'，但现在北方话用'给'的也不少。"例如：

（20）a. 你若见了三妹妹，替我问候一声罢。

b. 大娘只管留下罢。我娘不应，我替她老人家应了。

c. 结结实实的替我给他写一封书子。①

1.2.2.2　20世纪后半期的初步确立

20世纪后半期的汉语研究先后接受了结构主义、格语法、功能主义、类型学等多元研究理论的影响，此时关于益损者范畴的研究以吕叔湘《现代汉语八百词》（1980；增订本1999）和朱德熙《语法讲义》（1982）的研究为代表，此外还有其他各语法背景下的研究等。

在结构主义的影响下，《现代汉语八百词》对益损者范畴的研究较前有很大的进步，明确写到"受益者"和"受害者"概念。在解释词条"为"时指出有"引进动作的受益者；给"的用法；在解释词条"给"时区分了"引进交付、传递的接受者""引进动作的受益者""引进动作的受害者""'给我'加动词，用于命令句，有两种可能的意思：a）同'为我''替我'……b）加强命令语气，表示说话的人的意志"的不同用法，并指出"'给……'用在动词前，有时会产生歧义，要根据上下文判断"。例如：

（21）a. 你给他打个电话，说他在我这儿有事。（＝替他打电话通知别人）

b. 你给他打个电话，叫他马上到这儿来。（＝打电话通知他本人）

c. 对不起，铅笔给你弄丢了。（＝把你的铅笔弄丢了）

d. 你看，铅笔给你弄丢了吧？（＝你把铅笔弄丢了）

朱德熙（1982：179）认为介词"给"有"引出受益或受损的与事来"的用法，并指出"这一类用法的'给'字常用于祈使句，'给'字后头的宾语指受益者"，例如：

（22）a. 你给我翻译。/你给我把灯开开。

b. 你给孩子洗洗手。/你给我写封信。

c. 你叫他给我翻译。/我叫他给我把灯开开。

---

① 出自清代古典小说《儿女英雄传》，原文如此。

　　d. 我让他给孩子洗洗手。/你让他给你写封信。

　　傅雨贤、周小兵等（1997：57）所指出的"给"的九种用法中也包括"引出受益者"。

　　需要提一下的是，《现代汉语虚词例释》（1982：207）虽没有明确提出"受益者"或"受害者"概念，但某些描述的文字表明作者已经有了这一意识，如在分析"给"的用法时说："介绍出服务的对象，大致相当于'为'或'替'"，"介绍出受到某种行为的不利影响的人或事物"，"介绍动作或行为的'承受者'"。可见，该辞书已经把一些不同的参与者区分开来。

　　其次，格语法理论框架下的研究。

　　当格语法理论介绍到国内后，汉语语法学界立刻产生了极大的兴趣，许多语法学家积极借鉴并吸收了相关知识，研究汉语语法格局中的动词和前后名词之间的语义关系，如孟琮等（1987：7）、鲁川和林杏光（1989）、鲁川（1992）、林杏光等（1994：24）、黄锦章（1997）、贾彦德（1997）等，但都没有直接使用受益者或受损者，与之相关的是"与事"概念。如鲁川和林杏光（1989）说与事的格标有"给₁""对₂""为₁"等，例句如"他给老师送煤""他送煤给老师""他对/向/朝老师敬了个礼""他为/给/替老师买煤"等。不过，显然其中格标为"对₂"的与事归入对象比较合适。

　　需要提到的是，格语法理论传入汉语学界是在 20 世纪 80 年代之后，不过 70 年代之初已经有一些运用格语法理论研究汉语的学者，如李英哲（Li，1971）将 Fillmore 所列举的各种格应用于汉语并寻求格标记，列举的格及格标记中涉及了受益格，并举例"他为玛丽唱一支歌"。再如汤廷池（Tang，1972，1973）和邓守信（Teng，1975；汉译本，1983：183）接受了 Fillmore 的受益格概念，并认为汉语中也存在此格。

　　研究者在形式语法框架下也做了初步探讨。黄居仁（Huang，1989）根据汉语特点提出了一个不同于上面所讲的语义角色层级序列，把受益者和受损者放到层级序列的同一位置，具体如下：

ag>**ben/mal**>goal（pat）/exp>instr>theme>loc/dom

　　谭馥（Tan，1991：166）指出汉语有一类特别的被动句，例如：

（23）a. 李四被（后边的司机）按了一喇叭。

b. 老师被（学生）贴了大字报。

它们在英语中不存在相应的形式。这些动词在逻辑上有两个名词性成分作其宾语，其中之一可以通过被动化而成为句子主语；而英语中的相应动词则不允许有两个这样的名词性成分作宾语。谭馥提出上面"被"的一个功能是把一个论旨角色"受害者"（maleficiary role）加入到动词的论元结构中，这样本来只有一个宾语的动词如"按"和"贴"就变成双宾语动词了。据此她加以类推，从而也认为不及物动词"死"在句子"她死了父亲"中实际上是一个及物动词，句中"她"的论旨角色是受害者，是后来加进动词的论元结构中的。

潘海华（1997）是另一篇尝试把词汇映射理论应用在汉语句法研究中的经典论文。潘文赞同上面谭馥所说的有一个论旨角色被加入到了动词论元结构之中，但并不认为这是"被"的缘故。他提出，汉语存在一个普遍的"受害者插入规则"（Maleficiary Role Insertion，MRI）。也就是说，不是由"被"引发才将受害者加入到动词论元结构中，而是受害者插入规则引发了上述的操作。这一规则能够很好地解释上例虽主语"李四""老师"不在句中动词的论元结构之内，整个句子却具有合法性。潘文还指出，类似"她死了父亲"这样的句子同样也遵循受害者插入规则，把受害者加入到其论元结构中。有鉴于此，潘文修改了语义角色层级序列，具体如下：

ag>**ben/mal**>recip/exp>inst>th/pt>loc

该序列是把受害者（mal）插入其中，排在比客体/受事高的位置，即与受益者同一位置。之所以如此修改，就是要利用受害者和客体/受事在论旨角色层次关系上的不同位置，加上主语条件及相关的映射规则来正确地预期受害者作被动句的主语，而不是客体/受事。

对于这两类句子的生成，徐杰（1999a）有不同认识。徐文认为这两类句子有四方面的一致性，因此引入非宾格理论提出了"领有名词提升说"，即认为它们都是领有名词组从动词后面隶属名词组的修饰语位置提升移位的结果。其深层结构（deep structure）或者深层潜在形式（underlying structure）提升如下：

(24) a.　＿＿＿死了张三的父亲
.

　　　→a′. 张三死了父亲。

　　b.　＿＿＿被杀了张三的父亲
.

　　　→b′. 张三被杀了父亲。

在此需要提到海外 Shibatani 等（1994）一文。这是第一篇专门分析汉语受益结构的论文，其中主要讨论的是"送张三一本书""送一本书给张三""给张三送一本书"中三个"给"的渊源关系。

1.2.2.3　21 世纪早期的加深探讨

随着国外众多理论的译介和引进，21 世纪早期国内的汉语研究更为多元。无论是形式学派还是功能学派都开始出现了专门研究益损者的论著。

形式语法框架下的继续研究如朱行帆（2005）、胡建华（2008）等，针对徐杰（1999a）"领有名词提升说"认为领有名词不是移位而来的，而是在 S-结构中基础生成（base-generate），以动词论元身份直接投射到主语位置。潘海华和韩景泉（2005）、杨大然（2008）等认为领有名词是一个基础生成的垂悬话题成分，程杰（2007）则认为句首名词是外合并的经受者（externally merged undergoer nominals）。沈力（2009）则认为，汉语中像"中国出了个毛泽东"是一种动态的存现句，表示蒙受义：在这种蒙受句中含有一个"影响"的轻动词 affect，它选择两种下位事件作补语，即一个是隐现事件，一个是变化事件。

认知语法框架下的继续研究如徐仲华和缪小文（1983）、李临定（1986）、范晓（1989）、张伯江（1989）等，大多只是认为"王冕死了父亲"中"死"的宾语是施事，而"王冕"与"父亲"有领属关系，对"王冕"真正的语义角色却不太关注。林杏光（1999：187、189）则认为王冕和父亲分别充当"与事"和"当事"，而陈昌来（2003：120）认为王冕是"系事"。进入 21 世纪以后，沈家煊（2006）对"王冕死了父亲"句式生成的解释提出了"概念整合说"，刘晓林（2007）提出该句式是广义的存现句，而石毓智（2007）则否定了沈家煊的"概念整合说"，基于语言的历史变化尝试说明该句式的历时来源和产生的认知动因。

21世纪以来，汉语学界在语言类型学上开始重视受益者和受损者语义角色的价值，出现了几篇专门涉及写汉语方言受益者范畴的论文，集中在两个方面：一是开始重视方言语法中受益者和受损者语义角色的事实描写和来源解释，如李如龙和张双庆主编（2000）、刘丹青（2003a）、陈泽平（2006）、郑伟（2017）等；二是在"语义图理论"的指导下，探求受益者和受损者范畴与邻近范畴的关系，如张敏（2008，2010）、盛益民（2010）等。

李如龙、张双庆主编《介词》收集了16篇论文，介绍了吴、闽、徽、客等方言的介词，其中就直接讲到很多介词能够引导受益者，例如苏州方言的"搭"、余姚方言的"则"、徐州方言的"给"、诸暨方言的"得"、新派上海话的"帮"、福州话的"共"、赣语的"跟"、南宁平话的"凑"等。

如果说李如龙、张双庆主编的《介词》比较偏重对方言中引导"受益者"的介词标记的描写的话，刘丹青（2003a）则是第一篇关于探寻方言中受益者标记来源的论文。刘文指出北部吴语中老派的"搭"和新派的"帮"都能用作并列连词，也都能用作伴随介词和受益介词，不过两者从动词而来的语法化轨迹却大相径庭，具体如下：

搭：动词→并列连词

　　　→伴随介词→受益介词

帮：动词→受益介词→伴随介词→并列连词

陈泽平（2006）则探讨了福州方言处置介词"共"的语法化途径，认为其来源是受益介词"共"，并认为"从受益介词转化为处置介词也是一条具有普遍意义的语法化链"。

"语义图理论"自张敏（2008，2010）介绍给国内学者后，引起了汉语学界许多学者的热烈反响，学界出现了几篇涉及或专门写汉语受益者范畴的论文，如盛益民（2010）、郭锐（2012）、卢笑予（2013）、屈倩（2016）等。

张敏（2008，2010）向汉语学界引介了语义图理论的基本原理和操作程序，并举例分析了其在汉语多功能语法形式中的运用，其中就涉及了汉语受益者或受损者范畴。比如北京话中的双宾结构可负载的格式意义包括给予、取得、外位领有者受损、信息转移等，普通话中的"给"可以标记"方向""接受者""受益者"等。

盛益民（2010）认为绍兴柯桥话中"拨"是受益者标记，而"作"是受损者标记。具体而言，该文描写了绍兴柯桥话中"作"的各种虚词用法，构拟了其语义演变路径，指出"作"在"给予"义的基础上发生语法化，只不过这一意义在柯桥话中被"拨"替代。文章重点讨论了受益者标记到伴随者标记以及给予动词经受损者标记到处置标记和致使标记这两个语义演变，最后讨论了太湖片吴语受益者标记来源的三种类型：给予义动词、伴随者标记和帮助义动词。盛益民（2015，见李小凡等，2015：333）提到衢州柯城话受益者标记用"帮"［pɔ³³］，而受损者标记用"拿"，广东廉江话中的"共/捞/同"都能介引受益者，而只有"同"能介引受损者。

郭锐（2012）指出，目前概念空间和语义图所做的工作，更多的是关注语言中一些虽然具体但却较为零散的功能，因此他希望能在更高层次上"构成一个人类语言的完整概念空间"。例如他发现Haspelmath（2003）所建立的"工具范畴的概念空间"和"与格功能的概念空间"虽然大部分是不同的，但都有"Recipient（接受者）-Beneficiary（受益者）"部分，因此就以之为对接点，建立了一个所谓的"与格概念空间和工具格概念空间的拼接"。

卢笑予（2013）认为临海方言中非谓语前置词"拨"除了可以作为处置式受事标记、接受者标记外，也可以作受益者标记。屈倩（2016）是一篇用英文写的硕士学位论文，利用"语义图模型"和历史语言学的语法化理论，以湖南方言中受益者标记为着眼点，对湖南方言受益者标记及与之同形的相关功能间的语义关联进行了考察。

另外，计算语言学研究中也涉及受益者语义角色的地位和分析，如徐德宽（2005）、柏晓鹏（2017）等。此外，还有研究古代汉语中受益标记的李崇兴（1994）、蔡燕凤和潘秋平（2015，见李小凡等，2015：256）等，以及研究少数民族语言受益者范畴的和福月（2016），这里不再一一赘述。

1.2.3 相关研究简要评论

从以上梳理可见，国外语言学界对受益者和受损者有较长时间和较为深入的研究，从无意识的自发到有意识的自觉，从最初的混沌粗放到后来的细化分类，从形态到句法到语义，从现象到描写到解释，从观察到分析到综合，取得了十分可观和丰硕的成果。当然，倾向性也是存在的，毕竟对受损者的研究仍然内容单薄，没有系统，缺乏深入。

而汉语益损者和益损构式研究更是有待改进。黎锦熙虽然没有明确提出"受益者"和"受损者"的概念，但其论著对汉语语言事实的描写为后来者的研究提供了坚实的基础。吕叔湘很敏锐地发现"给"所带宾语在语义上的差别，已经有意识地比对受益者、受损者以及其他邻近概念，并区分了"接受者""受益者""受害者"等。朱德熙则指出受益者和受损者是与事中的两个小类。但可惜的是，这些概念并没有在后来的研究中得到重视和落实。

虽然海外的三位学者 Li（李英哲）、Tang（汤廷池）和 Teng（邓守信）在分析汉语时套用 Fillmore 所设"受益格"来分析汉语中的相关现象，其实也并没有真正为汉语建立益损者范畴。而中国学界对语义格和语义角色的认知差异很大，早期的语义格分类大都混同了受益成分和与事成分，或者说也并没有确立受益语义格的地位。

如果说汉语学界之前有关益损者的研究还只是注重描写，形式语法的相关研究则开始对汉语益损者范畴的地位作出初步的解释，当然大多还是从西方理论出发，或者说是拿已有的理论和认识来套汉语现象。

21 世纪以来类型学研究得到了前所未有的重视，越来越多的语言学家开始把汉语纳入世界语言的研究之中，对受益者和受损者语义角色的重视程度也前所未有。以上各阶段研究成果的发展进程也在辞书编纂上有所反映。例如现代汉语中最具影响力的辞书《现

代汉语词典》（以下简称《现汉》）前后的版本对"给"介词用法
的解释有一个改进的过程，其中最大的变化反映在最近三版上。第 5
版《现汉》（2005：464、1422）把"给"的一个介词用法解释为
"为（wèi）""表示行为的对象；替"，第 6 版（2012：442）和第 7
版（2016：443）则增加了"给"的"引进动作的受害者"的用法。

因此，我们尝试全面考察汉语益损者范畴和益损构式，希望把
相关成果纳入世界语言与之有关的研究之中，使对现代汉语的益损
现象的研究能够进入全面认识的新阶段。

1.3　理论背景和研究方法

语法研究主要是对语言进行分析研究，总结和归纳语法单位如
词、短语、句子的一些结构规律和组合形式，但是如果对这些结构
和形式所表达的语义内容和语义关系避而不谈，那么就可能无法真
正理解和掌握语法。汉语的形态不是很丰富，语法形式也不够发
达，因此从意义入手去探求汉语语言现象背后深藏的语法规律或许
相对而言是一个较有效的途径和方法。在当今语言学研究领域，形
式主义和功能主义基本上构成了两大研究阵营。

益损构式是基于益损意义建立起来的。有鉴于此，本书主要采
用与意义联系紧密的功能主义的研究背景和切入角度，主要涉及格
语法、构式语法、语言范畴论、认知语法、语用学理论等。必要情
况下，我们会随文简要介绍与本书写作相关的主要观点和思想。

在研究方法上，本书在深入描写的同时注重理论的解释，在类
型考察当中结合个案的分析，在定性分析基础上和定量统计相互印
证，在共时研究的框架下和历时演变交互补充，整体归纳和局部演
绎并驾齐驱，异类比对和同类比对兼而顾之。

1.4　本书框架和语料来源

本书基本研究思路是：首先，综述国外和国内语言学界益损者
范畴研究现状，指出其发展空间；其次，考察和分析现代汉语普通

话和方言的益损者语义角色范畴和益损构式；最后，总结全书。具体框架如下。

第一章是绪论，介绍本书研究缘由和研究意义、研究现状和相关评论、理论背景和研究方法、文章框架和语料来源等。

第二章是主体第一部分，根据益损者在句法上的体现，从益损图景中概括益损构式，把益损者首先分为认知概念上的益损者和语义学上的益损者；考察益损者语义-句法特征，比较益损者与相近语义范畴如接受者、受事、原因、来源等在语义-句法上的异同。

第三章至第六章是主体第二部分，考察现代汉语中四种不同但关系紧密的益损性结构和构式，即益损性介宾结构"给/…+N"、双宾语益损构式"V+N_1+N_2"、不及物动词带宾益损构式"N_1+Vi+N_2"和动宾式离合词伪定语构式"Vm+N+的+Nm"。

第七章是主体第三部分，考察现代汉语益损构式的不对称现象，探究不对称现象产生的原因。

第八章是结语，概括中心论点，并指出本书有待改进的地方。

本书的语料除转引其他语言学论著例句外，主要出自北京大学CCL语料库（网络版）和北京语言大学BCC语料库（网络版），为节约篇幅不再注明出处；部分出自作者内心自省，但已向他人求证认定。以上语料例句以章为单位，每章统一编排序号，同时在与正文论述有关的文字部分下加着重号或下划线，无论原文是否标有；例句前加星号（*）表示该句不成立；加问号（?）表示少部分人能接受；加井号（#）表示句子成立但对比原句在意义或句法上已经发生变化。

其他方面如码化符号，本书在叙述时统一，但引用文献有抽象格式，则照录原文；注释采用脚注，按页排序。引用前辈时贤观点提及姓名时均未使用诸如先生、女士、教授、老师等尊称，仅为行文简便，并非表示不尊重。

第二章　语义角色系统和益损者范畴

正如前文所言，利益关乎物质和精神两大层面。从认知的角度分析，我们认为所谓受益性是指在事物、信息、情绪、名誉、权利、能力等方面获得增益、满足或实现，而所谓受损性是指在以上方面遭受耗损、缺失或破坏。

长期以来，受益者和受损者特别是受损者的语义内涵并没有得到深入讨论，大多数论著都是把它们当作现成概念使用。本书所研究的受益者和受损者，并不是认知意义的范畴，或者说并不是纯粹的意义范畴，而是用一定的语法形式手段标示的，因而是句法-语义范畴。作为句法-语义范畴，尽量做到对内具有一致性，对外具有排他性。因此我们需要对益损者的地位和定义作出合理的界定和概括，对益损者和相关概念作出辨析和分化。

2.1　语义角色和题元关系之别

前面讲到 Fillmore 对于受益者语义角色地位的认识摇摆不定，最终在其格体系中取消了它并将它归入终点格。一些研究语义角色的论著特别是涉及汉语语义角色的论著，如孟琮等（1987：7）、鲁川和林杏光（1989）、林杏光等（1994）、贾彦德（1997）、袁毓林（2002，2007）、陈昌来（2003：20）等都没有列出受益者和受损者。然而也有很多论著，如 Baker（1988：37）、Givón（1993：91）、Palmer（1994：4）、Van Valin 和 LaPolla（1997：85）、Saeed（2015：151）、顾阳（1994）、温宾利（2002：49）、冯志伟（2006）等都把受益者看作常见和公认的语义角色之一。因此我们首先讨论语义角色是什么，然后分析受益者和受损者是否应该看作语义角色。

2.1.1　语义角色的语法学定位

袁毓林（2007）认为，语义角色（semantic roles）一般指谓词所描述的事件或活动中的参与者角色，或者说指有关语言成分的所指在语句所表达的事件中所扮演的参与者角色。在句法学和语义学等的大量研究文献中，语义角色有着不同的称谓，如 deep case（深层语义格，Fillmore，1968）、thematic relations（题元关系，Gruber，1965；Jackendoff，1972）、participant roles（参与者角色，Allan，1986）、semantic roles（语义角色，Givón，1984）、thematic roles（论旨角色，Dowty，1989，1991；Jackendoff，1987，1990）、grammatical roles（语法角色，Palmer，1994）、argument roles（论元角色，Goldberg，1995，2006）等。在现代汉语语义角色的直接或间接研究中，孟琮等（1987：7）称为"名词宾语类"，鲁川（1987）、范晓（2003）、陈昌来（2003）称为"语义成分"（semantic constituent）。

语义角色不仅表面上有着不同名称，而且其实际定位和范围也有所不同。本章主体研究是从 Fillmore 格语法出发来考察在句法-语义界面（interface）上的益损者，因此采用较为通行和大家熟识的"语义角色"来称谓，引用时则遵照原文。语义角色之所以有上述不同称谓，一是因为以上各家因研究理论基础有所不同，解决问题出发点有所侧重，二是因为各家术语虽然在大体范围上接近，但是在所适用领域和界定上却各有宽窄甚至不同，有的看作纯意义概念，有的看作兼具句法和语义双重属性的概念。

绝大多数语义角色是由名词性成分担任。Fillmore（1968：21；1971a）提出"一句一例原则"（One-Instance-per-Clause Principle），即每个名词性成分在一个句子里可以承担并且只能承担一个格角色，而且谓语不能给不同的名词性成分指派相同的格角色。被指派语义角色的名词短语，即具有指称功能（referential function）的名词短语，在逻辑形式（logic form）上称为"论元"（argument）。论元凭借其本身或其语迹（trace）在逻辑形式中占据的位置获得语义角色。

那么，实际上语义角色和论元是否一一对应呢？请看例句：

（1）a. Tom lent Mary a story book.

　　　b. Jason gave the books to Anna.

从意义角度看，a 句的 Tom 和 b 句的 Jason 既可以看作施事也可以看作来源，而 a 句的 Mary 和 b 句的 Anna 既可以看作接受者也可以看作终点，还可能看作受益者，即他们都同时兼任多个参与者角色。汉语中的使动用法、动补结构也是如此。例如：

（2）a. 张三吓了李四一跳。

　　　b. 张三打败了李四。

a 句的"李四"既是"吓"的受事又是"跳"的主事，b 句的"李四"既是"打"的受事又是"败"的主事。

有鉴于此，Fillmore（1971b：376）不得不承认"看来有时谓语的一个论元不只具有一个角色；这可以说一些论元同时充任几个角色，也可以说是在某些情境中充任不同角色的论元必须（或可以）是同一个论元"。

这种论元和语义角色之间的并非一一对应的关系极不利于句法和语义分析。我们认为有必要在语义角色之外设立一个概念。有两种解决方案：一是把语义角色看作脱离句法的纯意义概念，只有语义属性，而把新设立概念同论元一一对应，这一概念既有语义属性也有句法属性；二是把语义角色同论元一一对应，既有语义属性也有句法属性，而把新设立概念看作脱离句法的纯语义概念，只有语义属性。

Palmer（1994：4）等选择了前一种解决方案，把语义角色看作纯语义层面上的，也称为"概念角色"（notional roles），而把在句法上同论元一一对应的角色称为"语法角色"（grammatical roles）。概念角色和语法角色的区别和联系体现在：首先，概念角色可以看作语法角色的例示（exponent）或实现（realization），或者说前者由后者表达出来，也可以说语法角色是语义角色的"语法化"；其次，语法表现因语言而异，语义特点适于任何语言，语法角色从形式出发，相对清楚而数目有限，施事、受事、受益者、工具和处所是最重要的五个，语义角色不那么容易界定，数目也不容易限定；

最后也是最重要的一点，语义概念范畴跟语法范畴从来都不是一一对应的关系。

Carnie（2002：166）等则选择了后一种解决方案，把语义角色同论元一一对应起来，而把纯意义层面的概念称为"题元关系"（thematic relations）。他认为，语义角色主要表示的是动词所指的活动或事件中的相对恒定的参与者角色，这种关系是外显的、恒定性的。题元关系主要表示的是名词短语所指称的实体对动词所指称的动作或状态来说所承载的语义关系，这种关系是潜在的、可能的。因而，一个论元可以承载多个题元关系，但只能承载一种语义角色，即语义角色是题元关系的集合，其中最突出的题元关系表示语义角色。

这两种解决方案殊途同归，不同点在于对"语义角色"的定位和认识。我们比较赞同后者，即把语义角色定位为一种句法-语义概念，这也完全符合 Fillmore 格语法的研究初衷和基本精神。Fillmore 的格语法侧重考察的是传统格所表达的语义功能，Fillmore（1968：21）为"格"赋予"句子底层的句法-语义关系"这一新的含义。也就是说，虽然说各个语义角色的定义是从意义的角度出发，但是语义角色从来就不是一个纯意义范畴。正如张伯江（2009：4）所指出的，"施事和受事（作为语义角色）又常常是基于语法上的区别而划分出来的，所以又不完全是语义概念"。李宇明（1996）也认为"纯语义平面上的语义角色并不见得都能对句法发生影响"，当然李文所说的"纯语义平面上的语义角色"即本书中所说的题元关系。

2.1.2 题元关系和事件场景

那么，题元关系是基于什么的一个概念呢？我们认为，题元关系是基于事件场景（event scenes）的一个概念。

在 20 世纪 70 年代末，Fillmore（1976，1982）提出"框架语义学"（Frame Semantics），场景是其中一个非常重要的概念。他认为：句子描述的是场景，场景中的各参与者承担格角色；通过透视域（perspective）的选择，一部分参与者进入透视域，成为句子核心（nucleus）成分，每一个核心成分都带有一个（深层）语法关系；其他参与者不一定能进入句子，即使出现在句子中，也只能成为句子外围（periphery）成分。这样，每一个句子就有语义角色和语法关系两个分析平面，这两个分析平面把句子跟它所描述的场景联系起来，解释句子的语义和句法现象。

袁毓林（1998：124）提出"配位方式"（argument selection）概念。"配位方式"指动词配项之间的同现选择限制以及主语、宾语等句法成分对施事、受事等语义角色的选择关系。直观而言，配位方式是能够在同一个句子中共现的、从属于同一个动词的语义角色在句法上的安排方式。因此，配位方式反映动词语义场景某种透视域的句法实现。从不同的透视域去观察，同一个语义场景中有关要素的作用或角色可能会发生变化。

有鉴于此，题元关系才真正称得上深层结构的语义范畴，例如在事件场景"Jason 给 Anna 这本书"（注意：不是在这个句子）中，Jason 的题元关系可以是施事、来源等，Anna 的题元关系可以是接受者、受益者、终点等。那么在不同的句子中，显示出来的语义角色就各不相同，例如：

（3）a. Jason gave the book to Anna.

　　　b. Jason gave Anna the book.

　　　c. Anna was given the book by Jason.

　　　d. The book was given to Anna from Jason.

论元 Jason 在前三例中的语义角色是施事，在后一例中是来源；论元 Anna 在 a 句、d 句中语义角色是终点，在 b 句、c 句中语义角色是接受者或受益者。

再比如在事件场景"强盗杀了张三的父亲"中，就"杀"这一行为而言，"强盗"是执行者即施事，"张三的父亲"是"杀"的承受者即受事，也是"杀"的直接受损者，而"张三"是"杀"的间接受损者，也是"父亲"的领有者。试比较：

（4）a. 强盗杀了张三的父亲。

　　　b. 张三被杀了父亲。

上例 a 句得到凸显的是作为施事的"强盗"、作为受事的"张三的父亲"，但"张三"没有得到凸显，他只是以定语、"父亲"的领有者角色呈现；而在 b 句中"张三"作为主语、受损者得以凸显，"父亲"仍作为受事。

综上，我们认为，首先，区分题元关系和语义角色，可以解决与论元的关系问题：语义角色是一种句法-语义范畴，具有句法和语义双重属性，它和论元是一对一的关系；题元关系是一种意义范畴，只具有语义属性，它和论元、语义角色是多对一的关系。

其次，区分题元关系和语义角色，还可以解释语义角色所谓的"相对性"和"复合性"现象。山梨正明（1994）提出"语义角色的相对性"观点，詹卫东（2001）也有类似看法。山梨指出，观察视点的移动可以导致对同一事物语义角色的判定有不同的认识。如"雪が水になる"（雪变成了水）中的"水に"从不同的角度看，可以认为是结果格，也可以认为是目标格。孟琮等（1987：11）指出"名词宾语有时可以同时兼属两个名词宾语类"，袁毓林（1998：126）也讲到语义角色的合并（incorporation）和转化（transform）现象，张国宪（2001）等持有类似观点，称为"复合性"。例如：

（5）a. 他用炉子烤白薯。
　　　b. 他在炉子上烤白薯。

"炉子"在上例 a 句中是"烤白薯"的工具格，在 b 句中则是处所格。那么，到底哪种格才是炉子本来的角色？是工具格"处所化"还是处所格"工具化"了，还是炉子兼有工具格特征和处所格特征，或者是各种语义角色本身是相对的，可以相互转化？由此看来，语义角色只有入句后才能真正确立。再比如：

（6）a. 我指导过学位论文。
　　　b. 我指导过张三。
　　　c. 我指导过张三的学位论文。
　　　d. 我指导过张三学位论文。
　　　e. 张三，我指导过学位论文。

不言而喻，上例 a 句中"学位论文"是"指导"的受事，b 句中"张三"也是"指导"的受事。但作为受事，它们不可能出现在同一句子中；如果要在同一句子中呈现信息，其中之一的语义角色必须转化。"张三"在 c 句中转化为领有者语义角色，在 d 句中转化为受益者语义角色，在 e 句中转化为指涉者语义角色。

因此，如果把语义角色和论元看成一对一关系，那么所谓相对性和复合性就是题元关系多样性带来的。

再次，区分题元关系和语义角色，还可以解释论元结构（或"语义结构"）和句法结构上的差异。在任何语言中"偷"和"抢"的论元结构都相同（沈家煊，2000a）。具体如下：

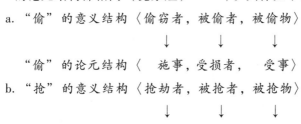

a. "偷"的意义结构〈偷窃者，被偷者，被偷物〉
　　　　　　　　　　↓　　　　↓　　　　↓
　"偷"的论元结构〈　施事，受损者，　受事〉

b. "抢"的意义结构〈抢劫者，被抢者，被抢物〉
　　　　　　　　　　↓　　　　↓　　　　↓
　"抢"的论元结构〈　施事，受损者，　受事〉

但是在汉语的"主动宾"基础句中却有不同句法结构，具体如下（根据沈文改动，原文有误）：

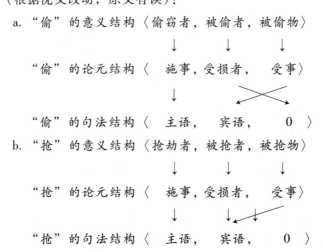

a. "偷"的意义结构〈偷窃者，被偷者，被偷物〉
　　　　　　　　　　↓　　　　↓　　　　↓
　"偷"的论元结构〈　施事，受损者，　受事〉
　　　　　　　　　　↓
　"偷"的句法结构〈　主语，　宾语，　0　〉

b. "抢"的意义结构〈抢劫者，被抢者，被抢物〉
　　　　　　　　　　↓　　　　↓　　　　↓
　"抢"的论元结构〈　施事，受损者，　受事〉
　　　　　　　　　　↓　　　　↓
　"抢"的句法结构〈　主语，　宾语，　0　〉

再比如，汉语中"说坏话"和"毁谤"的意义相近，"毁谤"这种行为有受事对象，"说坏话"也应该有受事对象（朱德熙，1982：147），论元结构大体相同，具体如下：

a. "毁谤"的意义结构〈毁谤者，被毁谤者，毁谤言论〉

$$\downarrow \qquad\qquad \downarrow \qquad\qquad \downarrow$$

"毁谤"的论元结构〈 施事，   受损者，   受事〉

b. "说坏话"的意义结构〈毁谤者，被毁谤者，毁谤言论〉

$$\downarrow \qquad\qquad \downarrow \qquad\qquad \downarrow$$

"说坏话"的论元结构〈施事，   受损者，   受事〉

不过"毁谤"是及物动词，而"说坏话"不能再带宾语，因此二者在句法结构上有很大差异，具体如下：

a. "毁谤"的意义结构〈毁谤者，被毁谤者，毁谤言论〉

$$\downarrow \qquad\qquad \downarrow \qquad\qquad \downarrow$$

"毁谤"的论元结构〈施事，   受损者，   受事〉

$$\downarrow \qquad\qquad \downarrow \qquad\qquad \downarrow$$

"毁谤"的句法结构〈主语，   宾语，   0 〉

b. "说坏话"的意义结构〈毁谤者，被毁谤者，毁谤言论〉

$$\downarrow \qquad\qquad \downarrow \qquad\qquad \downarrow$$

"说坏话"的论元结构〈施事，   受损者，   受事〉

$$\downarrow \qquad\qquad \downarrow \qquad\qquad \downarrow$$

"说坏话"的句法结构〈施事，介词宾语，   0 〉

最后，区分题元关系和语义角色，还可以解释一些空语类和兼语现象。例如：

（7）a. 小明给小华买了一部电脑编程序。

b. 那孩子追得老头儿直喘气。

（8）a. 盛情的女主人邀请我们参观她的厨房。

b. 大家选他当代表。

例（7）两句都存在空语类。a 句"编程序"前存在一个空主语"小华"，正是因为在语境中"小华"存在多种题元关系，所以在该句中能充当受益者和施事。b 句存在多个歧义，这不仅与句法上的空语类有关，也与语义上语义指向的不同有关，归根结底是和题元关系的多样性有关。和上面例（2）a 句一样，例（8）一般看作兼语句，其中的"我们"和"他"兼不同谓词性成分的宾语和主语，这也与题元关系的多样性有关。

综合以上可见，区分题元关系和语义角色不仅可行，而且必要。语义角色是一种句法 - 语义范畴，题元关系是一种意义范畴；语义角色是题元关系的实现，或者可以说，语义角色是题元关系在句法上的语法化。与此相关的是益损者也同样需要区分题元关系和语义角色。

2.2　语义角色的系统和特征

Fillmore（1968：24）只列出了 6 个语义角色，同时认为"肯定需要再增加一些格"。Blake（1994：67）的语义角色增加到包括"受益者"在内的 14 个。在汉语语义角色研究的论著中，鲁川、林杏光（1989）建立了包含 18 个格的具有层次性的汉语格系统，鲁川（1992）扩充到 8 类 32 种，林杏光等（1994）将汉语动词语义格分为 7 类共 22 种，贾彦德（1997）划分为 7 类共 21 种，陈昌来（2003：20）分为 4 大类 16 小类。袁毓林（2002）归纳了 17 种语义角色，同时认为"肯定不能涵盖现代汉语动词论元的所有论旨角色"，"在必要时必须作出更为精细的分别"，袁毓林（2007）后来增加到 21 种。

然而，一方面，以上有些学者所建立的语义角色系统有交叉现象。如陈昌来（2003：168）把"向、为、给、替、对"等介词的一些宾语称为"当事"，即"标示针对（指向）对象"；陈昌来（2003：286）把"对、对于、面对、向、为、给、替"等介词的另一些宾语称为"关事"，即"主事动作行为或心理活动等的针对、替代、协同、排除的对象"。然而，我们很难说"向反动当局示威"和"向对方发射了几发炮弹"两个句子中的介词宾语到底有多大区别。同时陈昌来（2003：286）分析说"为、替、给"引导的成分是针对对象还是替代对象有时是有歧义的，往往要看具体语境来分辨，如"小宝替小明打了一壶开水"，若打开水本该由小明做，却由小宝替他做了，"小明"就是替代对象，若小宝打开水送给小明，"小明"就是针对对象。我们认为，无论是哪一种解释，"小明"都是受益者，所不同的是一个是替代型受益者，一个是服务型受益者。

　　另一方面，以上学者建立的语义角色系统不够完整。如袁文系统没有比较者、伴随者等，而且各家也都没有单列受益者或受损者。[①] 近期，一些汉语学者建立的语义角色系统开始出现受益者"身影"，如 Bai（2012）、朱晓丽（2016）、柏晓鹏（2017）都区分了"接收者"和"受益者"，朱文把"受益者"界定为"表示动作或行为的直接获益者"。

2.2.1　语义角色的层级系统

　　我们依据名词性成分在"基础句"（fundamental sentence）[②] 中的句法表现，并基于前辈时贤的研究成果特别是袁毓林（2002，2007）和陈昌来（2003）等建立自己的语义角色系统。

　　语义角色分为核心类（core category）、次核心类（sub-core category）、外围类（periphery category）以及超级类（super category）。从宏观看，一般而言，核心类在基础句中作句子主语或宾语；次核心类在基础句中虽然不作主语或宾语，然而对于句子意义的完整表达有时具有重要作用，一般是加相关标记或介词作句中状语；外围类大多数情况下加相关标记或介词，作句中状语或句首修饰语；超级类比较特殊，也作句子主语或宾语，但为命题小句形式。

　　从中观看，核心类分为主体格和直接客体格（或简称"客体格"），次核心类即间接客体格（或称"对象格"），外围类分为环境格和情境格，超级类即命题格。一般而言，基础句中主体格是谓语动词的有意或无意、自主或不自主的发出者，作句子主语；直接客体格是谓语动词所涉及的直接对象，作句子宾语；间接客体格是句子谓语动词所涉及的间接对象；情境格主要指句子谓语动词所涉及的原因、目的等情境因素；环境格主要指句子谓语动词所涉及

---

① 袁毓林（2002）在结语中特别指出"施事有时必须分为施益性的和受益性的与事，有时必须分为目标性（或受益性）的和来源性（或施益性）的"。可以看出袁文已经意识到"受益性"在语义角色分类上具有重要参考价值。

② "基础句"概念来自鲁川（2000），指的是未受"语用"影响，只按"语义的先决性"和"句法的强制性"来排定语序的句子。与之相对的是"交际句"（communicative sentence）。袁毓林（2002）、陈昌来（2003）等都有所借用。

的时间、地点等场景因素。

从微观看，主体格分为施事（Agent）、感事（Experiencer）、致事（Causer）和主事（Theme），直接客体格分为受事（Patient）、结果（Result）、目标（Target）和系事（Relevant），间接客体格分为伴随者（Comitative）、指涉者（Relative）、接受者（Recipient）、领有者（Possessor）、比较者（Comparative Standard）和益损者（Benefactive and Malefactive），情境格分为工具（Instrument）、材料（Material）、方式（Manner）、依据（Basic）、原因（Reason）、目的（Purpose），环境格分为时间（Time）、处所（Location）、方向（Directional）、源点（Source）、终点（Goal）、路径（Path）、范围（Range），超级类即命题（Preposition）。语义角色层级系统如表 2.1 所示。

表 2.1　语义角色层级系统

宏观（4 大类）	中观（6 次类）	微观（28 小类）
核心类	主体格	施事、感事、致事、主事
	直接客体格	受事、结果、目标、系事
次核心类	间接客体格	伴随者、指涉者、接受者、领有者、比较者、益损者
外围类	情境格	工具、材料、方式、依据、原因、目的
	环境格	时间、处所、方向、源点、终点、路径、范围
超级类	命题格	命题

我们有四点说明。

首先，袁毓林（2002）把主事、系事和范围分别当作主体格、直接客体格和环境格的收容所。这样处理是为了方便和周全，虽然看起来整齐划一，但实际上内部却有很大差别。比如袁文把"小王长了一个疖子"中的"小王"和"锅里的水开了"中的"锅里的水"都归入"主事"，但显然两者有很大的差别，前者真正的"主事"是宾语"疖子"。再如袁文把"范围"解释为"动作、行为所涉及的数量、频率、幅度、时间等相关事项"，却没有罗列重要的原因、依据、目的等，尽管袁毓林（2007）有所改进，但仍存在偏颇。

其次，除了与事，袁毓林（2002）没有涉及任何有关间接客体格的语义角色，比如比较者、益损者、伴随者、指涉者、领有者等。我们列出这些间接客体格，是因为在汉语中它们大多有自己的虚词标记，在其他语言中也是如此。

再次，我们把主体格和直接客体格看作核心类，把间接客体格看作次核心类，把环境格和情境格看作外围类，这是因为在基础句中核心类一般作句子主语或宾语，而次核心类和外围类一般带介词作句中状语。而在某些非基础句中，次核心类和外围类也可以作主语或宾语，核心类也可以带介词作句中状语，而且有时还能产生某种语义角色的错配（mismatches of roles）和歧义现象。例如"张三的照片"，从结构形式上看"张三"是"照片"的定语，一般看作领有者；而从实际意义上看"张三"也可能是"照片"的施事或受事，即"张三拍摄的"或"拍摄张三的"。再比如"我的书教不成了"，"我"在结构形式上是定语，但实际上却是施事，萧国政（1986）称为"隐蔽性施事定语"。

最后，在具体句子中，我们认为各语义角色和论元是一一对应的关系，但每个语义角色很可能还兼有其他的题元关系。正是因为每个名词性成分兼有多种题元关系，所以在意义大体相同而句法结构不同的句子中就可能担任不同的语义角色。

2.2.2 语义角色的分类特征

袁毓林（2002）指出，语义角色的语义特征（semantic feature）包括动态语义特征和静态语义特征。动态语义特征指各个语义角色在动词表示的述谓结构中所呈现出来的施动性、受动性等语义特点，如施事语义角色具有施动性，受事语义角色具有受动性，结果具有变化性和渐成性，与事则具有自主性等。静态语义特征指充当某语义角色的名词性成分本身所具有的词汇语义特征，或者说实现不同的语义角色的词语在语义上所受到的约束，如施事通常由有生名词来实现，受益者和受损者也如此，而受事则不受此限制。可见所谓动态语义特征其实指的是语义角色的句法属性，而静态语义特征指的是语义角色的意义属性，这也恰恰说明具有双重属性的语义角色是一种句法-语义范畴。

Dowty（1991）提出原型施事（proto-agent）和原型受事（proto-patient）概念。他指出，长期以来语义角色在语言中的数量和构成难以确定，其切分、划界、定义等存在很大困难，这说明它们不是"离散"（discrete）范畴，而是边界模糊的"丛集"（cluster）概念。因此他认为，鉴别语义角色应以事件为基础，可以用原型施事和原型受事两个角色有效地描述论元选择，这两者分别由一些语义特征组成。在此基础之上，陈平（1994）把原型施事特征概括为自主性、感知性、使动性、位移性和自立性，把原型受事特征概括为变化性、渐成性、受动性、静态性和附庸性。由此语义角色是原型特征不同组合的结果，如施事是"自主性+使动性+感知性+移动性"，有时只是"自主性+使动性"，有时只是"自主性"或只是"使动性"，典型的客体是"变化性+渐成性+附庸性+受动性"。

然而，一方面，Dowty所提出的原型施事和原型受事的语义特征并非完美和毫无问题。例如"自立性"或"非自立性"（"附庸性"）在区分施事和受事上价值并不大，而Dowty所说原型受事的前三个语义特征其实可以只用一个性质概括，即"受影响性"。另一方面，Dowty和陈平只是搭起了语义角色特征分析的大致框架，更多的是考察动词核心论元位置上语义角色的句法-语义特征，对于那些外围论元或非核心论元位置上语义角色的句法-语义特征是否也能完全用上述两组特征描写出来却不置可否。詹卫东（2001）指出"语义范畴的设置应该以形式上有可观察的依据为准则"，因此他认为Dowty这样做"只不过是将一个抽象的概念，用另外一些抽象程度差不多的概念作了一些替换罢了"。

袁毓林（2002）则对此有所改进，把语义特征分析具体落实在各个语义角色上。关于施事等主体论元，他用"自立性""使动性""感知性""述谓性""变化性"来区分，其中"述谓性"（predicative）指"直接和间接地指陈一个致使性的事件"。例如施事具有"自立性"和"使动性"，感事具有"自立性"和"感知性"，致事具有"自立性"、"使动性"和"述谓性"，而主事具有"自立性"和"变化性"。同时他认为在语义上这四类可以看作原型施事典型性逐渐减弱，而在句法上也可以通过能否"作基础句的主语""出现在'不VP'之前""出现在'没有VP'之前"等句法特点来区分。

关于受事等客体论元，袁文用"受动性""变化性""自立性""渐成性""关涉性""类属性"来区分，其中"关涉性"（concerned）指"其所指表示相应感事所感知的对象和目标等关联物"，"类属性"（classification/attribute）指"其所指表示相应主事的属性、类型等"。例如，受事具有"自立性"、"变化性"和"受动性"，与事具有"自立性"、"受动性"和"参与性"，结果具有"变化性"、"受动性"和"渐成性"，对象具有"自立性"和"关涉性"，系事具有"自立性"和"类属性"。①袁文同时认为在语义上这四类可以看作原型受事典型性逐渐减弱，而在句法上也可以通过能否"作基础句的宾语""作近宾语""作远宾语""作'把'的宾语"等句法特点来区分。

关于工具等凭借论元，袁文用"自立性""附庸性""位移性""变化性"等语义特点来区分。例如，工具具有"自立性"和"位移性"，材料具有"自立性"、"位移性"和"变化性"，方式具有"非自立性"和"附庸性"等。在句法上可以通过能否作"介宾""'用'之宾""'把'之宾""'在'之宾"，以及能否"话题化"等句法特点来区分；场所、源点和终点用能否作"'在'之宾""'从'之宾""'往'之宾"，以及能否"话题化""述题化"等句法特点来区分。

我们认为，袁文的语义角色系统需要辩证看待。首先，袁文整体上运用Dowty所列出的八个语义特性，删除了"自主性"和"静

---

① 袁文的文字叙述和表格项目有一定出入。如在文字叙述中"与事"有"参与性"，表格中却没有显示；表格中"与事"显示有"关涉性"，文字叙述中却没有说明。袁文的"参与性"是否等同于"关涉性"我们不得而知。另外，"受事"和"结果"在表格中列有"关涉性"，而在文字叙述中没有；"对象"在表格中列有"类属性"，而在文字叙述中没有。

态性"，增加了"述谓性""关涉性""类属性"，落实到了对主要
语义角色的语义特征分析上，把语义角色特征分析往前推进了一
步。不过，没有具体分析"源点""终点""范围""命题"等几
个语义角色的语义特征。

其次，袁文依次把施事、感事、致事和主事看作逐渐减弱的原
型施事典型性，那么以上语义特征哪一种或几种语义特征决定了其
典型性的强弱？袁文依次把受事、与事、结果、对象和系事看作逐
渐减弱的原型受事典型性，那么以上语义特征中哪一种或几种决定
了其典型性的强弱？对于这些袁文没有说明。

再次，袁文认为"凭借论元和环境论元作为外围论元，它们共
有的语义特征是：既不具有使动性，也并不具有受动性"，那么区
分主体论元和客体论元最主要的语义特征是什么？是"使动性"和
"受动性"吗？袁文没有说明。

最后，正如他自己所言，这十七种语义角色"肯定不能涵盖现
代汉语动词论元的所有论旨角色"，因此为了更加有效地说明句子的
结构形式和意义之间的关系，他认为必要时可作出更为精细的分别。

下面我们具体分析各个语义角色的语义、句法等各项区别性
特征。

2.2.2.1　核心类中的主体格

主体格中，施事是发出自主性行为活动的主体，感事是心理活
动和非自主性行为活动的主体，致事是引起致使事件的主体，主事是
性质、状态或变化事件的主体。可见，这四种语义角色共同的语义
特征是"主体性"和"自立性"："自立性"是它们作为事物本身
具有的基本语义属性或特征，而"主体性"是它们在进入句法结构
与谓语动词互动的关系时被赋予的语义特征，也是区别于客体格等
的首要语义特征。主体格各角色在语义特征上的区别见表 2.2。

表 2.2　主体格语义特征比较

语义特征	施事	感事	致事	主事
+自立性/-附庸性	+	+	+	+

语义特征	施事	感事	致事	主事
+主体性/-客体性	+	+	+	+
+不变性/-变化性	+	+	+	-
+事物性/-事件性	+	+	+/-	+
+使动性/-意动性	+/-	-	+	○

注："客体性"即"对象性"；○表示其无所谓第一列正反两方面性质，下同。

例如：

(9) a. 小王吃了一个馒头。
　　　施事

　　b. 爸爸挖了一个菜窖。
　　　施事

　　c. 老王认识李校长。
　　　感事

　　d. 他的成就令同行羡慕。
　　　致事

　　e. 村后的桥坍了。
　　　主事

　　f. 张三踢中卫。
　　　主事

　　主体格原本是句子的核心类论元并担任句子主语，也可以通过某些句法操作或语用操作变换为其他句子成分。如施事可以通过被动化操作降格为句法上的外围成分，也可以通过话题化操作成为句子的话题，通过焦点化操作成为句子宾语。例如：

(10) a. 那个馒头被小王吃了。
　　　　施事（被动化操作）

　　 b. 爸爸啊，挖好了一个菜窖。
　　　　施事（话题化操作）

　　 c. 院子里站了很多人。
　　　　施事（焦点化操作）

因此，主体格各角色在句法特征上主要有如下区别（见表 2.3）。

表 2.3　主体格句法特征比较

句法特征	施事	感事	致事	主事
基础句主语	+	+	+	+
"没有 VP"前	+	+	+	-
"不 VP"前	+	+	-	-
"被"之宾	+	-	-	-

2.2.2.2　核心类中的直接客体格

直接客体格中，受事是施事的行为活动所影响的直接客体，结果是施事的行为活动所产生的直接客体，目标是感事的心理活动所感知的直接客体①，系事是主事性质、状态或变化事件所指涉的直接客体。直接客体格各角色在语义特征上有如下区别（见表 2.4）。

表 2.4　直接客体格语义特征比较

语义特征	受事	结果	目标	系事
+主体性/-客体性	-	-	-	-
+自立性/-附庸性	+	-	+	-
+受影响性/-非受影响性	+	+	-	-

袁毓林（2002）指出它们"共有的句法功能是能作基础句的宾语"，并认为"受事和与事可以作双宾动词的宾语（即分别作远宾语和近宾语），而结果、对象和系事不能"，"受事和结果可以作介词'把'的宾语，与事、对象和系事不能"。我们有两点说明。

首先，我们非常赞同袁文"共有的句法功能"观点，即认为所有的直接客体能作基础句的宾语是它们的必要条件。因此我们认为所谓的不能作宾语的"意念上的受事"或"间接的受事（者）"

---

① 本书中的"目标"，吕叔湘（1946）仍看作"受事"，林杏光等（1994）称为"当事"，程琪龙（1995）称为"感知对象"，袁毓林（2002）称为"对象"，并解释说"对象：感知行为的对象和目标（target）"。

的说法模糊了语义角色的句法-语义性质。

吕叔湘（1946）、朱德熙（1982：147）把准二价动词和准三价动词的由介词引入的宾语或者把所谓的一些"伪定语"也称为"受事"。吕文指出汉语中有如下一类"VN 的 O"现象：

（11）a. 爹，您千万别介<u>他</u>的意。

b. 又不知哪里去说<u>我</u>的鬼话去了。

c. 你可得小心，别上<u>他</u>的当。

d. 别理这东西，您小心吃了<u>他们</u>的亏。

吕文把此类现象称为"领格表受事"，以区分"领格表领有"，并解释说，N 是以定语的形式出现在宾语之前，但"完全没有普通的领属意义，而表直接或间接的受事者，和各种宾语（accusative，dative，ablative 等）相当"。朱著说："'毁谤'这种行为有受事对象，'说坏话'也应该有受事对象……'说坏话'不能带宾语……要让受事在句子里出现，可以有以下三种办法：（1）让受事作为双宾语构造里的近宾语出现：说他坏话；（2）用介词把受事介绍出来：给他说坏话；（3）让受事作为准定语出现：说他的坏话。"我们认为这三个句式中的"他"都不是受事，而是受损者。因为它们都不能"作基础句的宾语"。王力（1985［1943］）也把下例被动句主语称为"间接的受事者"：

（12）a. <u>宝玉</u>……被袭人将手推开。

b. <u>司棋</u>被众人一顿好言语，方将气劝得渐平了。

显然，这些所谓的"间接的受事者"并不能作相应句子谓语所在的基础句的宾语，因此这些成分不如用"受损者"语义角色定位准确。

其次，我们对"结果不能作双宾语动词的远宾语"观点不敢苟同。其实，像"开水烫了他好几个泡""孩子咬了他两道牙印儿""吓了我一身冷汗"中的"好几个泡""两道牙印儿""一身冷汗"就是结果作远宾语（马庆株，1983）。因此这不是一个很好的句法区别特征。我们认为"动词和（结果）宾语之间一般都可加'成'字"（孟琮等，1987：7）倒是一个很好的形式区分。当然，"成"最好也能与表示"从无到有"的"出（来）"（吕叔湘，1999：122、

124）等互补使用。因此，我们可以把直接客体格各角色在句法特征上的区别列为表 2.5。

表 2.5 直接客体格句法特征比较

句法特征	受事	结果	目标	系事
基础句宾语	+	+	+	+
"没 V"之宾	+	+	+	−
"把"之宾	+	+	−	−
"V 成/出"之宾	−	+	−	−

例如：

（13） a. 小王吃了<u>一个馒头</u>。

      受事

  b. 爸爸挖了<u>一个菜窖</u>。

       结果

  c. 老王认识<u>李校长</u>。

      目标

  d. 老赵是<u>仓库保管员</u>。

      系事

  直接客体格原本是句子的核心类论元并担任句子宾语，也可以通过某些句法操作或语用操作变换为其他句子成分。如受事可以通过被动化操作成为句子主语，也可以通过话题化操作成为句子话题，还可以通过处置化等操作降格为外围句法成分，如受事和结果可以用"把"，目标可以用"对（于）"等①。例如：

（14） a. <u>那个馒头</u>被小王吃了。

   受事（被动化操作）

  b. 小王把<u>那个馒头</u>吃了。

     受事（处置化操作）

  c. 爸爸把<u>一个菜窖</u>挖成/出来了。

---

① "对（于）"还能介引指涉者，与"受事"不同，见下文分析。

结果（处置化操作）

d. 那个馒头啊，小王吃了。

受事（话题化操作）

e. 我对数学特别爱好。

目标（次话题化/背景化操作）

f. 对于这个问题他还没有完全理解。

目标（话题化操作）

2.2.2.3 次核心类中的间接客体格

一般而言，次核心类在基础句中虽然不作主语或宾语，然而对于句子意义的完整表达有重要作用，一般要加相关标记或介词作句中状语。

间接客体格也可以称为"对象格"，因为几乎所有的间接客体格都可以称为"表示……的对象"。在间接客体格中，伴随者指在句子所描述的事件活动中不可或缺的且主动参与并协同完成该事件活动的间接客体，现代汉语中主要由介词"和、跟、与、同"等引入。伴随者和共同施事（Co-agent）在某些语言中往往共用介词，如刘丹青（2003a）指出"伴随介词和并列连词在汉语中总是同形的"。例如：

（15）汉语普通话

a. [［我和他］吵架了]

共同施事

b. [我［和他］吵架了]

施事 伴随者

（16）苏州方言

a. 俚爷搭俚兄弟一淘到苏州来哉。我父亲和我弟第一起到苏州来了

共同施事

b. 我刚刚勒房间里搭弟弟讲闲话。我刚刚在房间和弟弟说话

施事 伴随者

（17）南宁平话

a. 老师凑同学都去喇。老师和同学都去了

共同施事

b. <u>我</u>凑<u>老王</u>商量一下。我跟老王商量一下
　　施事 伴随者

（18）日语

a. Taroo <u>to</u> Hanako ga 　 kenka si-ta.

太郎 和_连花子 主格 　吵架 了

　　　共同施事

b. Taroo ga Hanako <u>to</u> 　 kenka si-ta.

太郎 主格 花子 　跟_介 吵架 　了

施事 　　伴随者

当然，也有些语言的伴随者和共同施事引入的介词并不同形，例如：

（19）英语

a. John and I 　 quarreled.

约翰 和_连我 吵架了

共同施事

b. John quarreled with me.

约翰吵架了 跟_介我

伴随者

（20）贵州毕节彝语（丁椿寿，1993）

a. zu³³ɬa¹³tʂʰɿ²¹ʐo³³ <u>tɕʊ⁵⁵</u> zu³³ɬa¹³ʔɯ⁵⁵ʐo³³ʑi¹³tse³³dʊ³³

男青年 这个 和_连 男青年 那 个 结婚 了

　　　共同施事

b. zu³³ɬa¹³tʂʰɿ²¹ʐo³³ ʔa²¹mə³³ɬa¹³ʔɯ⁵⁵ʐo³³ <u>bu³³</u>ʑi¹³tse³³dʊ³³

男青年 这个 女青年 那个 跟_介 结婚 了

施事 　　　伴随者

指涉者指在句子所描述的事件活动中不可或缺的但并非主动参与该事件活动的间接客体。这一间接客体往往是施事实施某行为动作指向、关涉的对象，现代汉语中主要由介词"对""向""关于"等引入。例如：

（21）a. 阿贵去了之后，他就对陈杨氏说起这件事。
　　　　　　　　　　　　　　指涉者

　　　b. 关于这个问题，我直接跟老王联系。
　　　　　指涉者

　　显然从心理距离来看，伴随者更接近于施事，而指涉者更接近于目标。这也可以解释某些引入它们的介词的直接源流关系。因此，伴随者和指涉者的最大区别在于在活动事件中是否主动参与。比如，一般而言例（15）~（19）各 a 句中"他""伲兄弟""同学""Hanako""I"被看作主动参与谓词相关活动事件；而例（21）中的"陈杨氏""这个问题"并不是事件活动的主动发起者，也不是主体，只不过是在这些事件中所关涉的参与者。上面讲到介词"对""向""关于"等也可以引入受事，两者的区别在于：这些介词的宾语如果能够放回谓语后面直接宾语位置，那么它们就是目标或受事；如果不能，就是指涉者。如例（21）b 句，虽然 b 句似乎可以变换为"[?]我直接跟老王联系这个问题"，不过"联系"在《现汉》（2016：811）的解释为"彼此接上关系"，可见真正受事是"老王"，而"这个问题"是指涉者。

　　接受者指在句子所描述事件活动中不可或缺并成为该事件活动中受事所转移终点的间接客体，即狭义"与事"。现代汉语中动词"给"的宾语即为接受者，学界一般也把给予意义的双宾语句占据间接宾语位置的看作接受者。例如：

（22）a. 我买了一所房子给你。
　　　　　　　　　　　　（终点型）接受者

　　　b. 你把书给忑王了没有？我给了。
　　　　　　　　　　　（终点型）接受者

　　　c. 拿一本书到我。（南昌方言）
　　　　　　　　　　　（终点型）接受者

　　　d. 临走还送了他们咸鱼、腊肉、毛巾、肥皂。
　　　　接受型受益者

　　接受者有环境格中"终点"的一些特征，在某些语言中可以使用和终点相同的介词，如英语中的"to"和汉语某些方言中的

"到"，可以称为"终点型接受者"；也有受益者的一些特征，如"给予本身就可以看成是一种服务"，而服务对象即受益者。曹炜（1993）则明确指出，传统语法将双宾动词的近宾语看作受事远不如格语法将其视为"受益者"更为恰当。有鉴于此，我们在后文中把双宾语句中近宾语也称为"接受型受益者"。

比较者即"比较基准"，指在句子所描述的事件活动或性质状态中不可或缺的并用以比较的间接客体，现代汉语中主要由介词"比""比起"或介词框架"和/与/同/跟……一样"等引入（陈昌来，2002：198；刘丹青编著，2017：199；余义兵，2008）。用例从略。

领有者指拥有某一事物的另一事物，现代汉语中一般由助词"的"标示。根据袁毓林（1995）所说，"的"前后的两个名词之间有"述谓关系"（predicative relation），只不过谓词没有出现，但是"这两个名词性成分的语义连接（connection），可以明确地激活（activate）这个谓词"，可见尽管领有者绝大多数情况下并不和句子所描述的事件活动直接相关，但是领有者自身与被领有者（possessee）即"的"后的中心语名词描述某种性质，因而有学者如黎锦熙（1992［1924］：22）、刘丹青（2003b：180）、完权（2015，2016）把"的"看作介词。另外我们赞同孙文访（2018）区分领有和领属，并认为领属是一种纯意义范畴，包括定语领属、谓词领属和外部领属等，也即上文所讲的题元关系。例如：

(23) a. 这是我的一本书。

　　　定语领属/领有者

　　 b. 我有一本书。

　　　谓词领属/主事

(24) a. 他来了客人。

　　　外部领属/受益者

　　 b. 王冕死了父亲。

　　　外部领属/受损者

和孙文不同的是，我们用"领有"专指"定语领属"，认为"领有者"是句法-语义范畴，是一种语义角色。

益损者，根据益损情况，分为受益者和受损者，指在句子所描述的事件活动中非直接和非强制参与的、获益或受损性质最为凸显的有生者或含有生者的集合体。现代汉语中可以用介词"给""为""拿""替""代"等引入，也可以由语序来实现。具体分析见后面章节。

我们把以上间接客体格各角色在语义特征上的区别列为表 2.6。

表 2.6　间接客体格语义特征比较

语义特征	伴随者	指涉者	比较者	领有者	接受者	益损者
+自立性/−附庸性	+	+	+	+	+	+
+主体性/−客体性	−	−	−	−	−	−
+受影响性/−非受影响性	−	−	○	○	+	+
+直接参与性/−间接参与性	+	+	+	−	+	−

以上语义特征大致能把上述间接客体格区分开来，当然具体分析时还需要借助相关的介词、助词等虚词或者更为细致的语义特征。前者如表示比较的"比"、表示领属的"的"，后者如表示益损者属性的"益损凸显性"等。有些间接客体格使用同形的介词，如汉语中伴随者和指涉者都可以用"跟""和"等词。

2.2.2.4　外围类中的情境格

外围类大多数情况下加相关标记或介词，作句中状语或句首修饰语。从中观看，外围类分为环境格和情境格，情境格指句子谓语动词所涉及的原因、目的等情境因素，环境格指句子谓语动词所涉及的时间、空间等场景因素。

在情境格中，工具是动作、行为所借助的器物用具，具有"被用性""具象性""不变性""无生性"等语义特征，介词主要有"用""拿"等；材料是动作、行为所使用的材质物资，具有"被用性""具象性""变化性""无生性"等语义特征，介词也用"用""拿"等。工具角色和材料角色很相似，在语义特征上具有较多共性，不过最大区别在于前者具有"不变性"而后者具有"变化性"。"不变性"使得工具能反复使用，而"变化性"体现了材料的数量消耗、形体改换或性质异变等。例如：

（25）a. 他用砖头砸墙。

　　　　　 工具

　　b. 他用砖头砌墙。

　　　　　 材料

用砖头砸墙，砖头还是砖头，可以反复使用，所以是工具；用砖头砌墙，砖头在性质上变成了墙，所以是材料。当然，也存在模棱两可的情况。例如：

（26）a. 用酒精消毒

　　b. 用敌敌畏灭蚊

关于上例"用"后的名词性成分，王书贵（1984）认为是工具，而陈昌来（2003：178）认为是材料。根据上面所分析的在数量上的消耗，我们认为看作材料比较好。我们再看：

（27）a. 我们用水浇花。

　　b. 燃气灶着火，请用沙子或用灭火器灭火，不要用水灭火。

a 句"用"后的"水"看作材料应该没有问题，而 b 句"用"后的"沙子""灭火器""水"是灭火工具还是材料？我们认为"沙子""灭火器"是工具，而"水"仍是材料。试比较：

（28）a. 拿棉球用酒精消毒

　　b. 拿水管用水浇花园

　　c. 用喷壶拿敌敌畏灭蚊

　　d. 用灭火器拿干冰灭火

不言而喻，上例中的"棉球""水管""喷壶""灭火器"都是工具。而根据 Fillmore 的"一句一例原则"，其中的"酒精""水""敌敌畏""干冰"就不会是工具，所以只能是材料。这也和我们的一般常识对应，比如棉球是消毒工具而酒精是消毒材料。袁毓林（2002）认为工具和材料在句法上的区别是能否作"把"的宾语，我们认为这一区分不够准确：一则"把"主要用于引入受事成分，二则以上各句的材料似乎很难用"把"引入。

在情境格中，方式是动作、行为所采用的方法手段，具有"被用性""抽象性""不变性""无生性"等语义特征，介词主要有"用""以"等；依据是动作、行为所遵从的前提标准，具有"主导性""抽象性""不变性""无生性"等语义特征，介词主要有"凭""依""以""按照""根据"等。方式角色和依据角色在语义特征上也具有较多共性，以致有些学者不加区分，如袁毓林（2002）只列有"方式"，王丽彩（2008）用"方式范畴"涵盖两者，而石微（2016）则用"依据类"涵盖两者。不过也有很多论著辞书加以区分，如鲁川和林杏光（1989）、贾彦德（1997）、陈昌来（2003：232）等。例如：

（29）a. 农民用<u>密植法</u>来增产粮食。

　　　b. 教授用<u>新的方法</u>提炼晶体。

　　　c. 王科长以<u>卑劣手段</u>爬上了处长位置。

（30）a. 院长依照<u>规章制度</u>管理全院。

　　　b. 我照着<u>处长的指示</u>完成工作。

　　　c. 我们以<u>优惠条件</u>录取了几名尖子学生。

陈昌来（2003：232）指出两者区别在于方式具有"被用性/参与性"而依据具有"非参与性"。我们认为，依据同样具有参与性，不同的是方式的参与性是横向式的贯穿其中，而依据的参与性是纵向式的自上而下。或者说，方式是用来回答如何做而依据是用来回答为什么能这样做。因此方式和依据最大的区别在于前者具有"被用性"而后者具有"主导性"，这也能说明为什么介词"用"不能介引依据角色。

在情境格中，原因是动作、行为所产生的根由，具有"事件（指称）性""无生性""使动性"等语义特征，介词主要有"因""为""因为""由于"等；目的是动作、行为所达到的结果状况，具有"事件（指称）性""无生性""意动性"等语义特征，介词主要有"为""为了""为着"等。原因角色和目的角色也很相似，正如吕叔湘（1982 [1942~1944]：403）所言"目的和原因（尤其是理由）相通：来自外界者为原因，存于胸中者为目的"。因此它们在语义特征上具有一些共性，如"事件（指称）性"和"无生性"。"事件（指称）性"可以借用陈昌来（2003：277）的阐释：

作为句子语义结构中语义成分的原因和目的在句子中主要

由体词性成分体现，从功能看，体词性成分具有指称功能，但从逻辑上看，"原因"和"目的"应该由事件构成，事件则有陈述功能，所以句子语义结构中的原因和目的实际上是由陈述转化来的指称，因而，原因和目的多数可扩展或转换成表示事件的小句。

"事件（指称）性"也成为原因和目的区别于情境格中其他语义角色的一个重要特征，因此可以变换成下文要讲的命题格；而其他四个语义角色具有的是"（具象/抽象）事物性"。例如：

（31）a. 他因为大雨没来上学。

　　　→a'. 他因为下大雨没来上学。

　　 b. 这孩子因考试成绩而沮丧。

　　　→b'. 这孩子因考试成绩不好而沮丧。

（32）a. 干警为了这一证据走访了好几个村子。

　　　→a'. 干警为了找到这一证据走访了好几个村子。

　　 b. 为工程的完成工人们奋战了几个昼夜。

　　　→b'. 为完成工程工人们奋战了几个昼夜。

原因和目的的最大区别在于前者具有"使动性"而后者具有"意动性"。例如：

（33）a. 他因为大雨没来上学。

　　　→a'. 大雨致使他没来上学。

　　 b. 这孩子因考试成绩而沮丧。

　　　→b'. 考试成绩不好致使这孩子沮丧。

（34）a. 干警为了这一证据走访了好几个村子。

　　　→a'. 干警想找到这一证据而走访了好几个村子。

　　 b. 为工程的完成工人们奋战了几个昼夜。

　　　→b'. 工人们想完成工程而奋战了几个昼夜。

尽管上面各句变换前后在句法上并不相同，但在语义上是等值的。然而例（33）和例（34）相互之间不能变换。

我们把以上六种情境格在语义特征上的区别列为表 2.7。

表 2.7　情境格语义特征比较

语义特征	工具	材料	方式	依据	原因	目的
+有生性/-无生性	-	-	-	-	-	-
+事物性/-事件性	+	+	+	+	-	-
+具象性/-抽象性	+	+	-	-	-	-
+被用性/-主导性	+	+	+	+	-	-
+不变性/-变化性	+	-	+	+	+	+
+使动性/-意动性	○	○	○	○	+	-

以上语义特征大致能把上述间接客体格区分开来，当然具体分析时还需要借助相关的介词、助词等虚词或者更为细致的语义特征。

2.2.2.5　外围类中的环境格

在环境格中，时间是事件活动发生的时间环境，介词主要有"在""于"等。石毓智（1995）指出"与物体的长、宽、高三维性质相比，可以说时间只具有一维性"，这或许就是时间词作状语有时可以不用介词的原因之一。

处所是事件活动发生的三维立体空间环境，介词主要有"在""于"等，也可以在后面加各种方位词。路径是位移事件活动通过的二维线性空间环境，介词主要有"沿（着）""通过"等。方向是位移事件活动的趋势方位，介词主要有"朝""向"等。源点是位移事件活动开始的空间环境，介词主要有"自""从"等。终点是位移事件活动结束的空间环境，介词主要有"到""往"等。

以上的处所、路径、方向、源点和终点都是关于空间的，可以合称为空间格。黄锦章（1997：140）指出"处所格是最基础的"，其他表示空间的语义格可以从中推导出来。空间格是人们对空间认知域的语法化概括。空间认知域是人类最为基本的认知域，处所、路径、方向、源点和终点是一般意义上的物理空间或现实空间，空间范畴还"可以拓展至心理空间"（齐沪扬，2014：1），如"心中""脑海里"等。

路径、方向、源点和终点尽管是空间范畴，但也可以引申到时间中，比如"自三月份起""朝 21 世纪进发""追溯到 1978 年"

等。不过它们仍然是关于时间的，也或许正如上面所说时间只具有一维性，所以没有必要像空间格那样分得那么细。

空间和时间都可以截取出来，因此可以形成一定的范围。楚永安（1982）认为"范围实际上就是广义的处所"。笼统地讲，这句话也不是没有道理的。不过，从精细的角度看，正如袁毓林（2002）指出的，范围指"动作、行为所涉及的数量、频率、幅度"等。例如：

（35）a. 还没有说出口，只<u>在心里</u>这样想着，她的脸就发起烧来了。

　　　b. 这个决心只保持了一星期。她<u>在梦里</u>也摆脱不了他的影子。

　　　c. 那通体的形象，就是一举手一投足，竟也同她<u>在梦中、想像中</u>见到的丝毫不差！

上例各句中加横线的成分从宽泛的意义上看作空间范畴也未尝不可。再如：

（36）a. 姑娘，我从山西来，跑了<u>一千多里</u>，不容易，你行个方便。

　　　b. 总之，埋藏在她的思想里的贪得无厌的野心和欲望<u>在这句话中</u>已暴露无遗了。

　　　c. 这个话题<u>在两人之间</u>再未提起。

此例各句中加横线的成分已经不太能看作空间范畴，看作范围较为妥当。

可见，相对于情境格而言，环境格内部还是比较好区分的，此处不再具体说明和举例。

2.2.2.6　超级类中的命题格

超级类比较特殊，也作句子主语、宾语或介词宾语，不过是由主谓结构、动宾结构或动词与形容词等谓词性成分充当的论元。我们知道，不同性质的代词语法功能不同，与之类似，命题格在不同的动词结构和介宾结构中也充当不同的语义角色。例如：

（37）a. <u>小刘跳槽</u>令达利公司的声誉受到影响。

b. 大家知道小刘跳槽了。

c. 达利公司的声誉因为小刘跳槽受到了影响。

同样是主谓结构的"小刘跳槽"，分别作主语、宾语、介词宾语，所担任的语义角色也不相同，分别是致事、目标和原因。再如：

（38）a. 偷面包是可耻的。

b. 他承认偷面包了。

c. 他因为偷面包被抓走了。

同样是动宾结构的"偷面包"，也分别作主语、宾语、介词宾语，语义角色分别是主事、目标、原因。

当然，我们也可以不这样分析，就认为它们是命题格。但显然，命题格即使处于主语、宾语的位置一般也不太可能是施事、受事和结果，因为它们都具有较强的"事物性"。

2.3　益损者是一种语义角色

我们认为益损者应该也必须作为一种语义角色来处理，这不仅在其他语言中非常重要，在汉语中也是如此。

首先，很多语言中有标示益损者特有的或共有的形式标记。即使在英语中，用来标示受益者的介词和标示与事的介词也不相同，Fillmore（1968：32）明确指出英语中"B（Benefactive）的前置词是 for"，而"D（Dative）的典型的前置词是 to"。此外，Menn（1972）、Lass（1986）和 Ruppenhofer 等（2016：107）都指出，英语中可用来表达受损者的结构形式是介词短语"PP-on"。例如：

（39）a. Marge's car broke down **on** me.

b. Sam finked out **on** me again.

c. Sally's elaborate plans collaped **on** her.

d. The volume button broke **on** me the first time, so I returned it and got a new one.

因此从类型学和跨语言的比较来说，汉语需要设立益损者语义角色。

其次，益损者有一些不同于其他语义角色的性质意义。这些性质意义足以把它从众多的间接客体格中区分出来。具体分析见下文。

再次，为了有效说明语言的形式结构和意义结构之间错综复杂的关系，分化语言中存在的大量的歧义句式，我们有必要在语义角色上作出更为精细准确的区分和辨别。

Fillmore（1966a，1968：24）设有"与格"（Dative）概念，并定义为"表示由动词确定的动作或状态所影响的有生物"。然而这个定义并没有把与格和其他一些语义角色区分开，也很可能因为这个缘故，Fillmore（1971a：261）认识到"与格"内部的庞杂繁复，从而宣布取消此格，把它分为感受者（Experiencer）、源点格（Source）和终点格（Goal）。袁毓林（2002）把"与事"（Dative）解释为"动作、行为的非主动的参与者"，这个解释也没有把与事和其他一些语义角色区分开来，例如：

（40）a. 韩老师批评了<u>小刚</u>。

　　　 b. 老板对<u>雇员</u>发火。

袁文认为 a 句"小刚"是受事，b 句"雇员"是与事，那么"韩老师对小刚批评了一顿"中的"小刚"是什么语义角色呢？像受事，因为"小刚"是批评的对象；也像与事，因为这句和 b 句在格式上几乎完全相同。再如：

（41）a. <u>小孩</u>掉沟里了。

　　　 b. <u>村后的桥</u>坍了。

袁文把主语"小孩""村后的桥"看作"主事"。然而，它们也是动作或行为的非主动参与者，从意义上也可以看作"与事"。汉语中的"与事"我们限定为"接受者"，与一般意义上的"与格"并非同质的概念，因此"受益者"既不完全等同于与事，也不应该放在袁文"与格"之中。

最后，也是最重要的一点，汉语学界对一些句子的主要成分或次要成分目前没有一个统一的认识。例如：

（42）a. <u>王冕</u>死了父亲。

　　　 b. <u>王冕</u>被杀了父亲。

　　　 c. 我吃了<u>他</u>三个苹果。

d. 他总是拆我的台。

有人认为 a 句和 b 句中主语"王冕"是宾语"父亲"的领有者（袁毓林，1994，1998；徐杰，1999a；等等），但这显然是从意义的角度而言，也就是上文所说题元关系的领有者，并不能得出句法-语义上的认识，即语义角色中的领有者。"王冕的父亲"中"王冕"才能看作领有者。c 句中"他"和"三个苹果"虽然邻近，似乎可以看作领有者，不过根据 Zhang（1998）、徐杰（1999a，1999b，2004）、张宁（2000）、陆俭明（2002）、黄正德（2007）等分析，这两者之间并不具有句法结构上的领属关系。d 句中"我"是伪定语，应分析为何种语义角色呢？

我们认为，如果设立益损者，这些名词性成分语义角色的定位问题就迎刃而解，因为它们都是受损者。具体分析见下文章节。

以上我们是把益损者看作语义角色。但是，我们首先要区分两种益损者，即作为语义角色的益损者（Benefactive and Malefactive）和作为题元关系的益损者（Beneficiary and Maleficiary）。

作为题元关系的益损者与益损场景相关联，大致与 Chafe（1970：147）所说的"内在受益者"（Intrinsic Benefactives）相当；作为语义角色的益损者与益损结构（Benefactive and Malefactive Construction）相关联，只有那些用相关的语法标记手段来标明益损者的结构才是益损结构，语义角色的益损者才是句法-语义上的益损者，即 Chafe 所说的"语义-句法受益者"（Semantic-syntactic Benefactives）。当然还有受损者。

益损场景有时和其他场景融合在一起表达，有时通过益损结构来表达。例如：

(43) a. 有些警察打了你，你要愿意可以到检察院上诉。

   b. 小明看完了《红楼梦》。

   c. 王五跌倒了。

   d. 强盗杀了王冕父亲。

从认知意义上看，a 句中"有些警察"是动作"打"的发出者或执行者，"你"是承受者，也是受损者。从句法-语义范畴上看，"有些警察"是施事，"你"是受事。也就是说，"你"这一论元承载了"承受者"和"受损者"两种题元关系，但在句法语义学上只分析"受事"语义角色。从认知意义上看，b 句中"小明"是动作"看"的发出者或执行者，"《红楼梦》"是承受者，而显然不能分析为受损者。从句法-语义范畴上看，"小明"是施事，"《红楼梦》"是目标。也就是说，"小明"和"《红楼梦》"各承载了一种题元关系，也各自只分析为一种语义角色。

从认知意义上看，c 句中"王五"是动作"跌倒"的当事和受损者；从句法-语义范畴上看，"王五"是当事。从认知意义上看，d 句中"强盗"是动作"杀"的发出者或执行者，"父亲"是承受者，还可以分析为直接受损者，而"王冕"分析为间接受损者。从句法-语义范畴上看，"强盗"是施事，"父亲"是受事。也就是说，"父亲"这一论元承载了"承受者"和"受损者"两种题元关系，但在语义学上只分析"受事"语义角色。

这样的话，题元关系的益损者和语义角色的益损者并非一回事，两者的关系如下：第一，题元关系的益损者不一定是语义角色的益损者；第二，语义角色的益损者一定是题元关系的益损者。试比较：

（44）a. 张三买了一本书给<u>我</u>。

　　　b. <u>他</u>被张三打了。

　　　c. 张三给<u>我</u>买了一本书。

　　　d. <u>他</u>被张三打断了一条腿。

a 句中"我"在题元关系上既是受益者也是接受者，但在语义角色上仅为接受者。b 句中"他"在题元关系上既是受损者也是受事，但在语义角色上仅为受事。c 句中"我"在题元关系上既是受益者也是接受者，但在语义角色上仅为受益者。益损者和受事的关系，我们下面还要讲到。d 句中"他"在题元关系上是受损者，在语义角色上也是受损者。这是因为在 c 句中受益者由受益者标记"给"标示了，而在 d 句中受损者处于主语位置，由语序手段标示了。具体分析见下文章节。

综上所述，我们区分了两组关联紧密但又有所不同的概念：认知意义上的益损者和句法语义上的益损者、益损场景和益损结构。

2.3.1 益损者概念的界定

关于益损者的概念，以往语言学文献也有所界定，但或多或少存在一些问题；关于益损者的内部分类，谈论得并不太多。这一小节我们首先罗列以往的概念界定和内部分类并加以评述，然后提出本书的解析。

2.3.1.1 以往的界定和评述

在 Fillmore 之前，语言学家对"受益者"是从形式判断的，即由受益格标记所标示的那个名词性成分。Fillmore（1966a，1966b）尝试性地提出了语义上的"受益格"术语，却没有给它一个明确的界定。Chafe（1970：147）认为受益格是语言中一个重要的参与者，但同样也没有予以界定。大多数论著都是把它们当作现成概念来使用，直到 20 世纪 70 年代后才有部分辞书论著给"受益者"下定义。以下是国外辞书的有关定义或描述。

Crystal（1980：52）的描述：

Benefactive 受益者，受益格有些语法分析法用来指一种形式或构式，它在句子中的功能是表示"为了……"或"为了……的利益"的概念。英语中这种"意想中的接受者"常通过 for 介词短语来引入，例如"I've got a book for you"（我有一本书给你）。

Bussmann（1996：127）的描述：

Benefactive 动词所表达的行为事件中的受益者的语义（或题元）关系，例如在"他为她买了一张唱片，为他自己买了一本书"中的"她"和"他"。参考格语法，题元关系。

Matthews（1997：37）的描述：

Benefactive 格或格角色，指在行为中有所获益的个体等，他们并不是行为的直接参与者。例如在"他们为红十字会筹集款项"中"红十字会"就是受益格。这种格角色也被称为受益者。

Heine 和 Kuteva（2002：17）的描述：

受益格（格）："为""为了……的利益"；用来引入参与者的标记，该标记表明动作行为是因某人而发的，或是有益于某人。比

较"受损格"（Malefactive）

以下是国外论著的有关定义或描述。

Niedzielski（1979：165）的描述：

受益者有时被定义为动词的一种体，用来表达某人出于他自己的或其他人的利益完成或带来的动词所指谓的活动或状态。

Halliday（1994［1985］：144）的描述：

受益者是过程发生所指向的或服务的对象。

Radford（1988：373）的描述：

受益者＝从某种活动中受益的实体。

Givón（1993：91）的描述：

受益者＝参与者，通常是人类，执行的行为即为了其利益。

Blake（1994：69）的描述：

行为活动能为之带来利益的有生实体。

Lehmann 等（2000：68）的描述：

受益情状即能够对参与者产生利益的情状。

Saeed（2015：151）的描述：

受益者：获得由行为活动所产生的利益的实体。

Zúñiga 和 Kittilä（2010：2）的描述：

受益者是事件朝有利方面影响的参与者，但并不是该事件的强制性参与者（施事或基本目标即受事）。通常只有有生的参与者能够获取给予他们的利益，所以受益者是典型的有生者。

而在国内，无论是早期还是近期编纂的语言学词典，如《简明语言学词典》《语言学百科词典》《中国语言文字学大辞典》《中国大百科全书·语言文字》等都没有收录"受益者"。国内也只有几位学者谈到受益者的界定。

徐烈炯（1995［1990］：202）的界定：

B：受益（Benefactive）：动作或状态的受益者。

程琪龙（1995）的界定：

受益格（益）——表示某活动、某事件中的受益者。

温宾利（2002：49）的界定：

受益者——从动词所表示之动作或状态中受益者。

冯志伟（2006）的界定：

受益者：由动词所确定的动作为之服务的有生命的对象。

目前，我们只看到 Heine 和 Kuteva（2002：22）对受损者这一语法概念的描述：

受损格（格）："有损于……"；引入主要动词所描述的动作行为的受害者；反受益格（Antibenefactive）。比较"受益格"（Benefactive）

下面我们对以上国内外学者对受益者及相关概念代表性的描述作出评析。

Crystal 的描述指出了受益的意义本质和英语中用来表达受益的标记。不过这个意义本质是从题元关系的角度来说的，并不是从语义角色的角度。Lehmann 等的描述正如 Zúñiga 和 Kittilä（2010：2）所指出的"无论是关于格理论的文献还是关于双宾语小句的研究通常都会使用一个较为宽泛的和基于循环的定义"。

程琪龙的界定过于宽泛。冯志伟的界定说出了受益者的两个特点，即"服务的对象"和"有生性"。但是并不是所有服务的对象都是受益者，而受益者也不一定限于有生的人。此外，这个描述也不适合受损者。

以上描述的确存在这样或那样的问题，或是循环论证，或是范围不清，或是定性不明，不过仍然值得我们学习和借鉴。

2.3.1.2 本书的益损者定义

虽然我们是从汉语的角度给两类益损者作出界定，但它们仍然适合其他语言。

我们给"题元关系的益损者"下的定义是：

在句子所描述的事件或活动中获益或受损的有生者或包含有生者的集合体。

我们给"语义角色的益损者"下的定义是：

在句子所描述的事件或活动中非直接和非强制参与的、其获益或受损性质最为凸显的有生者或包含有生者的集合体。

"语义角色的益损者"的定义有两个要点：一是在事件或活动

中非直接和非强制参与,二是在性质上其获益或受损性质最为凸显。因此,"语义角色的益损者"这个定义至少有三层含义。

第一,益损者是非直接或非强制的参与者。试比较:

(45) a. 张三卖了一本书给*(我)。

　　　b. 张三卖我一本书。

上例 a 句是连动结构,"我"是句子所描述的活动"给"的终点型接受者,也是直接和强制的参与者,不能删除,因而它不是语义角色上的受益者,而是接受者。再看 b 句,一种解读是"我"是句子所描述的活动"卖"所涉及的来源。就"卖"而言,"我"不是此行为的直接和强制的参与者,但是却因为"张三卖了一本书"受到损失。因为这本书是我的,而且很可能解读为在我并不知情的情况下,而这本书其实对我来说很重要。因此"我"尽管不是直接和强制的参与者,但我是受损者。再看例句:

(46) a. 张三给我买了一本书。

　　　b. 张三替我买了一本书。

上例两句中"我"都不是句子所描述的活动"买"涉及的参与者,或者说"买书"行为和"我"没有直接和强制关系,因为"买"这个活动不是"我"实施的;但"我"却从"张三买了一本书"中获益了,因为"我"最终获得了一本书。所以,两者都是语义角色的受益者。

第二,益损者的获益或受损性质最为凸显。一个论元可以承载多个题元关系,但只能承载一种语义角色,益损者是该论元作为语义角色最突出的那个题元关系。请看例句:

(47) a. 老板夸奖了李四。

　　　b. Jack gave a beautiful present to Alice.

上例 a 句中"李四"能够从"老板夸奖"中获得利益,比如他的方案得到了通过,他的能力得到了肯定,或许他将来还能因此加薪升职,然而该句中受益性质并不是"李四"所具有的性质中最为突出的,最突出的是"接受",因为他是夸奖的对象,是受事。b 句的 Alice 能够从"给礼物"行为中获益,因为她获得了一个礼物,但是受益性质也不是 Alice 所有性质中最为突出的,最突出的是终点，因为她是 gave 的对象，是礼物的最终处所。试比较：

（48）a. 张三给我买了一本书。

　　　b. 张三替我开了门。

上例 a 句中虽然"我"是书的接受者，也的确是书的"终点"，但是"接受"性质不是"我"所具有的性质中最为突出的，最突出的反而是"受益"，由受益者介词"给"标示，因此"我"是受益者。b 句中"我"是"张三"服务的对象，除了"受益"性质我们看不出还有其他性质。所以它们都是语义角色的受益者。

第三，益损者是有生者或包含有生者的集合体。请看例句：

（49）a. 张三给我们的厨房安装了玻璃门。

　　　b. 张三替这个专栏写文章。

　　　c. 张三为这份报纸写文章。

上例三句中，"我们的厨房""这个专栏""这份报纸"都不是有生者，很难看作"受益者"，只能看作动作所涉及的对象即指涉者。如果改为有生者或包含有生者的集合体就不一样了。请看例句：

（50）a. 张三给我们安装了厨房的玻璃门。

　　　b. 张三替他们写文章。

a 句中"我们"是有生者，是张三服务的对象，从"张三安装了厨房的玻璃门"中获得了利益，或者说"我们"从张三所提供的服务中获得了利益，因此是"受益者"。b 句同 a 句分析一样。

张伯江（1999）指出，典型的施事是有意志力、自主的指人名词，但根据"移情原则"（Empathy Principle）①，可以认定某些机构名称同样可以作为施事理解。同样，典型的益损者也是有意志力、自主的指人名词，我们也可以将某些机构名词作为益损者理解。例如：

（51）a. 张三为这个报社写文章。

　　　b. 张三为这次会议提供所有开支。

　　　c. 我们要为国家争光，不能给国家添乱。

---

① 张文翻译为"神会原则"，何自然（1991）、沈家煊（2008）等翻译为"移情原则"。我们倾向于后者。

"这个报社""这次会议""国家"虽然并不是有生者，但是包含了有生者（人），或者说正是因为人才办起了报社，组织了会议，构成了国家。因此它们也都可以看作益损者。请比较：

（52）a. 我一直为这个家打拼。

　　　b. 我一直为房子打拼。

上述两句在格式上很接近，但显然在语义上有很大差别。"为"在 a 句标示受益者，而在 b 句标示的是目的。原因在于"家"包含有生者，"房子"不包含有生者。形式上，"为"在 a 句可以用"替"替换，而在 b 句不行；目的具有"事件（指称）性"，所以"为房子"可以改为"为买/装修/换房子"，而"为这个家"不行。

因此，本书所说的益损者如果没有特别说明的话均指"语义角色的益损者"。

2.3.1.3　益损者的句法表现

我们认为，益损者的主要句法表现是可以担任如下句子成分：介词宾语、间接宾语、句子主语、句子宾语的伪定语等。举例如下：

（53）a. 他专门给人家修理电视。

　　　b. 我替你站岗。

　　　c. 对不起，这本书给你弄脏了。

　　　d. 这件事他就这样给你弄砸了。

（54）a. 公社奖励大队一台彩色电视机。

　　　b. 单位分了我一套房子。

　　　c. 张三抢李四 100 元钱。

　　　d. 李师傅拿了我两次钳子。

（55）a. 他来了两个客户。

　　　b. 李妈道："姑爷刚理了发回来，还没有到报馆去。"

　　　c. 王冕死了父亲。

　　　d. 图书馆遗失了许多善本书。

（56）a. 他经常帮炊事员的厨。

　　　b. 叶子担完孙子的心，又开始担女儿的心。

　　　c. （您）不是有意跟我打对仗，拆我的台吗？

d. 后来几个司机不肯好好干，总出领导的洋相。

此外，充当句子间接宾语的受损者可以被动化变成句子主语，如例（54）c、d 句可以变换为：

（57）a. 李四被张三抢了 100 元钱。

b. 我被李师傅拿了两次钳子。

而充当句子宾语伪定语的受损者可以变成介词宾语，也可以变成双宾语句，如例（56）c、d 句可以变换为：

（58）a. 您不是有意跟我打对仗，给我拆台吗？

b. 后来几个司机不肯好好干，总给领导出洋相。

（59）a. 您不是有意跟我打对仗，拆我台吗？

b. 后来几个司机不肯好好干，总出领导洋相。

益损者以上主要句法表现的具体分析参看第三章至第六章。

2.3.1.4 益损者的具体分类

据我们考察，较早涉及受益者内部分类的是 Chafe（1970：147）、Van Valin 和 LaPolla（1997：383）。前者把受益者分为内在受益者（Intrinsic Benefactives）和语义-句法受益者（Semantic-syntactic Benefactives）。前面我们已经讲到这一分类是认知意义上的，过于宽泛。后者在分析英语介词 for 时指出，for 后面的名词性成分至少能表示三种意义不同的受益者：普通型受益者（Plain Beneficiaries）、替代型受益者（Deputative Beneficiaries）和接受型受益者（Recipient Benefictives）。举例如下：

（60）a. Rita sang for the students.

b. Pat stood in line for Kim.

c. Robin baked a cake for Sandy.

这一分类被后来的很多语言研究者接受，如 Rangkupan（1997）、Boneh 和 Nash（2007）、Lacroix（2010）、Kittilä（2005）、Creissels（2010）、Zúñiga 和 Kittilä（2010）、Zúñiga（2011）、黄汉君（Huang，2014）等。

Kittilä（2005）区分了两类受益者：纯受益者（Pure Benefciaries）和接受-受益者（Recipient-Benefciaries）。前者大致相当于

Van Valin 和 LaPolla 所说的普通型受益者和替代型受益者，后者即接受型受益者。而宋在晶（Song，2010）在 Van Valin 和 LaPolla 分类基础上用"关联-受益者"（Engager-Benefciaries）替代了接受型受益者，原因是"这个参与者并不必要成为真正的接受者而编码为接受-受益者，只要满足他/她和客体有关联即可"。

我们认为，Van Valin 和 LaPolla（1997：383）所分出的三类受益者大体符合 for 的意义表达，也能代表英语中受益者语义角色的小类。但是这个分类是根据英语介词 for 所带名词性成分与动词之间的关系划分的，一方面是否完全符合其他语言例如汉语还要进一步验证，另一方面受益者类型是否还有其他小类也值得我们进一步探讨。Song（2010）用"关联-受益者"替代了"接受-受益者"，其理据也十分充分，的确这个参与者并不必然是接受者。因此，我们还需从受益者本身的语义出发来细致分类。而关于受损者的分类，现在学界几乎处于空白阶段。

表 2.8 是我们对汉语的益损者进行的分类。

表 2.8　汉语益损者分类

	一级	二级
益损者	受益者	接受型受益者
		服务型受益者
		替代型受益者
		感知型受益者
		强令型受益者
	受损者	领有型受损者
		指涉型受损者
		源点型受损者

我们首先把益损者分为受益者和受损者，然后把受益者分为接受型受益者、服务型受益者、替代型受益者、感知型受益者、强令型受益者等，把受损者分为领有型受损者、指涉型受损者和源点型受损者等。具体而言，接受型受益者指能从得到施事所给予或准备

给予的事物的给予性事件中得益的一类受益者，服务型受益者指能从施事者取悦或招待等服务性事件中得益的一类受益者，替代型受益者指能从原本由自己完成却最终由施事者代劳的事件中得益的一类受益者，感知型受益者指能从他人的某种思维活动中得益的一类受益者，强令型受益者指能从发出的指令使受话者执行的事件中得益的一类受益者。各举几例如下：

（61）接受型受益者

　　a. 我给他递过去一支笔。

　　b. 小 C 结婚，单位分配给他一套一居室单元。

（62）服务型受益者

　　a. 他给我们当翻译。

　　b. 他走到桌前，拿起一支雪茄，李石清掏出火柴为他点烟。

（63）替代型受益者

　　a. 天这末黑，你眼不好使，我帮你站岗吧。

　　b. 替天下儿女尽孝 为社会家庭分忧（上海市某敬老院广告语）

（64）感知型受益者

　　a. 运涛他娘要是个明白人，这会儿不能光为运涛，也得替春兰着想。

　　b. 祥子怎能没看见这些呢。但是他没工夫为他们忧虑思索。

（65）强令型受益者

　　a. 你给我滚开！

　　b. 雪瑛气得发昏，叫道："乔致庸，你给我站住！"

　　领有型受损者指谓语动词所表示的行为事件对某人或集合体的所有物造成耗费、破坏等后果从而致使其遭受损失的一类受损者，指涉型受损者指谓语动词所表示的行为事件对某人或集合体的名誉、情绪、精神造成伤害等从而致使其遭受损失的一类受损者，源点型受损者指谓语动词所表示的行为能给该动作行为的实施者带来利益而利益的来源能因此构成损失的一类受损者。各举几例如下：

（66） 领有型受损者

　　a. 王冕死了父亲。

　　b. 对不起，这本书给你弄脏了。

（67） 指涉型受损者

　　a. 对于毛泽东同志的错误，不能写过头。写过头，给毛泽东同志抹黑，也就是给我们党、我们国家抹黑。

　　b. 他们拍摄到丧礼上人们在现代电声乐器伴奏下高唱圣歌的场景。他们放声大笑，开死者的玩笑，又唱又跳。

（68） 源点型受损者

　　a. 明明他要发咱们的洋财。

　　b. 她从不沾她的光。

益损者以上内部分类具体分析参看第三章至第六章。

2.3.2　益损者的语义特征

　　益损者之所以作为益损者，是因为具有和其他语义角色不同的性质特征。作为句法-语义范畴的益损者具备一定的句法-语义特征。Zúñiga 和 Kittilä（2010：4）概括了受益者的性质，罗列为以下四点：典型的受益者在句法上是可选的、受益者既不是事件的施事也不是基本的目标、受益者从受益事件中获益、受益者通常是有生的。这四点大体能概括受益者的性质，但是益损者作为一种语义角色，还是要从语义角色的语义特征上去概括和分析，并且还要把它们和其他邻近的语义角色区分开来。

2.3.2.1　非直接参与性

　　首先，我们引入"直接参与性"和"非直接/间接参与性"概念。"直接参与性"体现在意义上是与谓语动词有选择关系，体现在句法上是能充当基础句主语和宾语。比如说到"吃"时，一般选择说"谁吃"和"吃什么"而不会说"用什么吃"，说到"跌倒"时，一般选择说"谁跌倒"而不会说"在哪里跌倒"。"非直接参与性"体现在意义上是与谓语动词没有选择关系，体现在句法上是只能充当基础句的状语或句首修饰语等。例如当说到"排队"时，一般选择说"谁排队"，而不会说"什么时候""在哪里排队""为谁排队""为什么排队"等。因此间接客体、环境和情境等都具有"非直接参与性"。

显而易见，益损者具有"非直接参与性"。

2.3.2.2 对象性

其次，我们先来区分两个既有区别又有联系的概念，即"对象"（Object）和"对象性"（Objectivity）。

从语义角色系统的角度讲，"对象"不是一个纯粹的语义角色，"'对象'应理解为语义要素"（完权，2017）。也就是说，对象其实是几个在意义上具有"对象"属性即"对象性"的语义角色的总称。

下面我们摘录《现汉》中几个介词的部分解释或说明：

a. 和：介引进相关或比较的对象：他~大家讲他过去的经历。

b. 同：介引进动作的对象，跟"跟"相同：有事~群众商量。

c. 跟：介引进动作的对象。a）同：有事要~群众商量。

   b）向：你这主意好，快~大家说说。

d. 向：介引进动作的方向、目标或对象，~东走｜~先进工作者学习｜从胜利走~胜利。

e. 对：介用法基本上跟"对于"相同：~他表示谢意｜决不~困难屈服｜你的话~我有启发｜大家~他这件事很不满意。

f. 就[2]：介引进动作的对象或范围：大家~创作方法进行了热烈的讨论｜~手头现有的材料，我们打算先订出一个初步方案来。

下面是吕叔湘（1999）对同样的介词的释义：

a. 和：指示动作的对象；向；对；跟。我很愿意~大家讲一讲｜我~你谈谈，好不好？

b. 同：引进动作的对象；向；跟。他上午已经~我告别了｜~坏人坏事做斗争。

c. 跟：指示与动作有关的**对方**；只跟指人的名词组合。a）
对。把你的想法~大家谈谈。b）从……那里。这本书你~
谁借的？

d. 向：引进动作的**对象**，跟指人的名词、代词组合，只用在
动词前。~人民负责｜~先进工作者学习｜~老师借了一本
书｜你们需要什么，~我们要好了。

e. 对：指示动作的**对象**；朝；向。小黄~我笑了笑｜决不~困
难低头｜他~你说了些什么？

f. 就：介引进**对象**或事物的关系者：~公共财产，无论大小，我
们都应该爱惜｜大家~这个问题的意见是一致的。

上面各介词所引进的宾语都称为"对象"。有的可以看作同一类
语义角色，如"同"和"跟"、"给"和"向"；有的不能看作同一
类语义角色，如"同"和"向"。不然的话，《现汉》就不会把
"跟"又分为两条，分别释义为"同"和"向"。我们再看该词典对
另外一些和以上介词有明显不同语义角色的介词的释义：

a. 为：介表示行为的**对象**；替：~你庆幸｜~人民服务｜~这
本书写一篇序。

b. 拿：介引进所处置或所关涉的**对象**：别~我开玩笑。

c. 就：介表示动作的**对象**或话题的范围：他们~这个问题进
行了讨论｜~工作经验来说，他比别人要丰富些。

它们的宾语同样也释义为"对象"。

不仅如此，受事客体格同样也具有对象属性，如马贝加（2002）
"表示对象的介词"一章中涉及受事、接受者、处置者、比较者、
所为者/所替者等 15 小类，邢福义（1991）指出"及物动词的常规
受事宾语有两类：一类是对象宾语……另一类是目标宾语"，吕叔
湘（1999：479）在分析"烧"的用法时说"宾语表示对象。~水
｜~肉｜~菜"，石毓智（2007）认为"动宾之间的抽象语法意义
是动作行为与所关涉的对象"，邓思颖（2011：89）指出"动作、
行为所涉及的对象，往往指存在、移动位置或发生变化的人或事

物"，施春宏（2015）在解释"他把池塘下了毒""他把山上都种
了松树"的句法语义问题时就说"这些句子中，内宾语是动作的对
象……外宾语不是述语动词直接支配的对象"，等等。《现汉》
（2016：1208）对"受事"的解释为"语法上指动作的对象，也就
是受动作支配的人或事物"。受事具有对象属性还有一些句法上的
表现，例如：

（69）a. 我们对这个问题好好研究一下。

　　　b. 学校对他们已经作了严肃的处理。

　　　c. 对于那些违法团体，政府部门坚决予以取缔。

（70）a. 我们好好研究一下这个问题。

　　　b. 学校已经严肃地处理了他们。

　　　c. 政府部门坚决取缔那些违法团体。

上例各句介词"对"或"对于"的宾语在语义上其实都是句
中行为动词的受事宾语，都可以改为"施动受"结构。上面已经指
出"对"或"对于"是比较典型的表示对象的介词，正是因为受
事或多或少地具有对象性才能够用它们引入。

不仅受事客体格具有对象性，目标客体格也具有对象性，也可
以由"对"或"对于"引入。例如：

（71）a. 我对他并不了解。

　　　b. 希望主持者对这点加以注意。

　　　c. 对于生命，我们都应该好好珍惜。

（72）a. 我并不了解他。

　　　b. 希望主持者注意这点。

　　　c. 我们都应该好好珍惜生命。

例（71）各句介词"对"或"对于"的宾语在语义上其实都
是句中心理动词的目标宾语，都可以改为"施动受"结构。而袁毓
林（2002，2007）直接就把感知行为所带的宾语称为"对象"。

受事和目标具有对象性，还体现在某些原本是所谓的"准双向
动词"（袁毓林，1989，1998：260）发生了功能扩展和句法结构变
化，变成了"双向"的及物动词。例如：

（73）a. 她的观点虽然有一点本质主义的味道，但是质疑了当

时的所谓"客观真理"。

b. 毫无疑问，陈建功所捕捉到的这两种意识只是近距离地契合改革潮流的反映。

c. 像将军这样年纪，只要效忠朝廷，取功名富贵如拾芥耳。

d. 郁达夫长于旧体诗，他十分倾心黄景仁。

《现汉》（2016：741）对"对象"的解释是"行动或思考时作为目标的人或事物"，从某种意义上讲"行动时作为目标的人或事物"即受事，"思考时作为目标的人或事物"即目标。可见，所谓的"对象"的确并非一个纯粹的语义角色，至少包括伴随者、指涉者、比较者、益损者等间接客体格，也包括受事、目标等直接客体格。尽管它们都具有对象属性，但是它们又有句法上的不同，因而为了区别它们和谓语动词之间的关系，我们有必要把"对象性"分为"直接对象性"和"非直接对象性"。鉴于它们和谓语动词之间的关系，"直接对象性"可以称为"客体性"，"非直接对象性"就直接称为"对象性"。由此，"（非直接）对象性"体现在意义上与谓语动词所表示的动作行为或性质状态没有直接选择关系，或者说该对象并不直接参与动作行为本身，但是又是动作行为所涉及的除主体和客体之外的事物。例如：

（74）a. 张三比李四跑得快一点。

b. 于福的老婆是小芹的娘。

c. 张三欠了李四一百块钱。

d. 张三总是拆李四的台。

a 句中"跑得快一点"虽然是"张三"的性质状态，但是是相对于"李四"而言的，"李四"虽不是句子主语或宾语，但在语义上是不可或缺的。b 句中领有性定语"于福"和"小芹"在语义上也是不能缺少的，不然就形成了与原句意义相悖的荒谬可笑的"老婆是娘"（陆丙甫，2008）。c 句中"欠一百块钱"行为涉及另一对象即"李四"。d 句中"拆台"行为也涉及另一对象即"李四"。以上各句显示，某些成分虽然并不是作句子直接宾语，但同样对句子完整意义的表达具有重要作用。

显而易见，益损者还具有"对象性"。

2.3.2.3　益损凸显性

再次，我们引入"凸显性"概念。这是为了区分对象格内部的小类，我们把对象格分为接受者、比较者、益损者、伴随者、指涉者、领有者。之所以区分这些语义角色，是因为它们都在某一个方面有突出的特性，比如指涉者凸显与谓语动词有关的"关涉性"，接受者凸显与谓语动词有关的"接受性"，而益损者则凸显与谓语动词有关的"益损性"。"益损凸显性"从某种意义上讲就是"受影响性"，但是"受影响性"不一定是"益损凸显性"，因为"益损凸显性"是一种"间接影响性"。

从语义角色系统的角度讲，"受影响者"（Affectee）也不是一个纯粹的语义角色。"受影响"也应该理解为语义要素，也就是说，受影响者其实是几个在意义上具有"受到影响"属性语义角色的总称。按照程琪龙（1993）的理解，"受影响"指的是"（在行为事件中）某实体在性状、方位、领属关系等方面有具体的改变"，或者是"信息在人或动物大脑中获得、改变或遗失的心理过程"以及"人或动物情绪受影响的心理过程"。我们看下面对这几个相关语义角色的界定：

受事（Patient）

a. **受影响**的客体称作受事者。（顾阳，1994）

b. 因施事的行为而**受到影响**的事物。（袁毓林，2002，2007）

c. 施事动作行为直接**影响**的客体事物。（陈昌来，2003：79）

与事（Dative）

a. 动作或状态**影响**所及的生物。（杨成凯，1986）

b. （承受格）表示由动词确定的动作或状态所**影响**的有生物。（冯志伟，2006）

感事（Experiencer）

a. （感受格）指受到或接受或经历或遭遇某种行为**影响**的实体。（杨成凯，1986）

b. 经历动作或状态的人或生命体，受感于谓语或述语所表达的动作或状态，是非自愿、非自发、消极的参与者，在与知觉、感官、心态等有关的事件中**受到影响**。（邓思颖，2011：89）

以上界定中都有"受影响"语义要素，但并非同一语义角色，但都可以称为"受影响者"。实际上的确有很多学者如木村英树（1997）、黄正德（2007）、张伯江（2009）等把受事也看作"被/受影响者"。孙天琦（2015）认为"受影响者"包括了受益者、接受者、受损者、来源等，何玲（2014）特别指出受事者（Affectee）"包含承受者（Undergoer）、受事（Patient）和惠益格（Beneficiary）"，"和受事（Patient）不同，后者只是前者的一个子类"。

有意思的是，程琪龙（1995）特别提到跟受事语义角色相关的两对概念："对象—非对象"和"影响—非影响"。可见程文是把这两组概念当作意义特征来区分。此外，程文还指出"有时对象和非对象之间、影响和非影响之间界限并不清楚"，其实，之所以不清楚，除了其他因素，还因为对象和影响都有"直接"和"间接"之分。

由此可见，"对象"和"受影响者"都并非一个语义角色，而是多个语义角色的合称。因此我们认为益损者既属于"（非直接）对象"，也属于"（非直接）影响者"。这也可以说明如果仅从纯意义角度划分语义角色是行不通的，语义角色的划分应该兼有句法分布和意义特征两方面，语义角色是句法-语义范畴。

益损者在语义特征上和接受者、伴随者、指涉者、领有者都有某种交叉。也正是因为有交叉，所以在不同的句子里它们只担任一种语义角色，但是可以兼任几种题元关系。此外，某些益损者还和外围类情境格中的终点语义角色有交叉现象，不过我们可以引入"有生性"把它们区分开来。

2.3.2.4　有生性

这一点上文已经分析过。我们这里想重申的是，有生性是一种事物属性的体现，而非其他方面。试比较：

（75）a. 他从<u>我这</u>_儿/<u>这里</u>拿走了一本书。

b. <u>医院这</u>_儿/<u>这里</u>死了一个人。

  c. 医院里死了一个人。

（76）a. *他从我拿走了一本书。

  b. 医院死了一个人。

"我"是有生的，本身是一种事物属性，但是在例（75）a 句中的"从我这ᵧ/这里"是作为处所即环境属性，也即源点环境格，所以去掉"这ᵧ/这里"句子就不成立。①"医院"本身有处所即环境属性，因为可以表示某个地方，但也有事物属性，因为是由有生的人构成的。在例（75）b、c 句中加了"这ᵧ/这里/里"这些"后置词"（postposition）（刘丹青，2003b），就凸显了其处所即环境属性，因而例（75）后两句是存现句；而没有加后置词也就无法凸显其环境属性，相反其事物属性就得到凸显，因而例（76）b 句是一个益损句。

  综上，Zúñiga 和 Kittilä（2010：4）所说的"典型的受益者在句法上是可选的"对应我们的"非直接参与性"，"受益者既不是事件的施事也不是基本的目标"对应我们的"对象性"，"受益者从受益事件中获益"对应我们的"益损凸显性"，"受益者通常是有生的"对应我们的"有生性"。因而，我们把受益者的语义-句法特征归纳为：［-直接参与性］［+对象性］［+益损凸显性］［+有生性］等。益损者的四个语义特征中前三个更侧重于句法方面，而有生性更侧重于意义方面，但也需要在句法上有所体现。这四个方面大体上可以把益损者与邻近语义角色区分开来。

2.4 益损者与相关角色的比较研究

  益损者在语义特征上与受事、与事、接受者、指涉者、领有者和终点等语义角色都有某种联系和纠缠。

---

① 英文对译的句子是"He took a book from me"，尽管介词宾语不像汉语这样需要类似"这里/这ᵧ"的代词，但是英语同样也无法直接表达汉语"医院死了一个人"这样的句子。可见，正如刘丹青（2003b：115）所言，"缺少后置词的概念，确实给汉语的语法学框架造成了复杂而难以解释的局面。因此，我们需要一个包含了后置词的汉语介词研究框架"。

2.4.1　益损者与受事的比较

受事和益损者在语义特征和句法性质上有一定的纠缠，如张国宪（2001）讲道"夺事有两类：一类含受事特征，是'夺事·受事'格……"，夺事即本书所说的受损者。

关于受事语义角色，贾彦德（1999：227）界定为"谓词所表的行为、运动、变化或者情感与意愿，有的有对象、承受者即受事"，孟琮等（1987：7）界定为"动作或行为直接及于事物"，袁毓林（2002）界定为"因施事的行为而受到影响的事物"，并指出其语义特点有"（1）自立性，（2）变化性，（3）受动性"，陈昌来（2003：79）界定为"施事的有意识的动作行为的直接承受者或接受者"，并指出"非动作动词涉及的客体事物不是受事"。

贾著的界定比较宽泛，因为他把一些非动作动词的宾语也看作受事；袁文的界定也比较笼统，因为在一个事件中"受到影响的事物"很多；而陈著的界定加了"直接"并限定"非动作动词涉及的客体事物不是受事"，就相对比较明确。强调受事的"直接影响性"的还有孟琮等（1987：7）、刘东立等（1992）、鲁川（1992，2001）和林杏光（1999：188）等。

当然，语义特点只是一方面，句法特征的概括或许更有帮助。袁毓林（2002）把受事的句法地位概括为"受事一定是跟施事相对的，它们共同成为某类及物动词的两个必有论元（obligatory arguments）"，并把受事的句法性质概括为"能作基础句的宾语"、"能作远宾语"和"能作'把'的宾语"。这些认识应该能得到绝大多数学者的认同。

显而易见，益损者在活动事件中也是受到影响的事物，但不是最直接的受影响者，这就是我们在界定益损者时强调其"非直接和非强制参与"的原因。试比较：

（77）a. 张三抢了 50 块钱。

　　　b. 张三抢了李四。

　　　c. 张三抢了<u>李四</u> 50 块钱。

　　　d. 张三抢了<u>李四</u>的 50 块钱。

（78）a. 张三偷了 50 块钱。

b. *张三偷了李四。

c. 张三偷了<u>李四</u>50 块钱。

d. 张三偷了<u>李四</u>的 50 块钱。

不言而喻，例（77）a 句中"50 块钱"和 b 句中"李四"都是"抢"的宾语，在语义角色上也都是受事；c 句是一个双宾语构式，然而其中的"李四"不再可能是受事，因为一个句子中不会有两个非并列关系的受事。因此我们认为它退为间接宾语，在语义角色上成为句子的受损者。例（78）a 句中"50 块钱"作受事宾语成立，而 b 句中"李四"作受事宾语不成立；然而当"李四"作间接宾语即 c 句双宾语构式却成立。可见，无论是"偷"还是"抢"，被偷者和被抢者作为直接的受影响者即宾语有不同的句法表现，一个成立而另一个不成立，具体原因可参看沈家煊（2000a）的分析；但在语义角色上都可以作受损者或领有者，因为在题元关系上它们是间接的受损者。

实际上，当"李四"改为具有处所意义的"李四那里/那ᵣ"，就无法变换为双宾语构式，例如：

（79）a. 张三从<u>李四那里</u>抢了李四 50 块钱。

b. *张三抢了<u>李四那里</u>50 块钱。

c. #张三抢了<u>李四那里</u>的 50 块钱。

（80）a. 张三从<u>李四那里</u>偷了李四 50 块钱。

b. *张三偷了<u>李四那里</u>50 块钱。

c. #张三偷了<u>李四那里</u>的 50 块钱。

下面古今汉语的例子也能说明益损者和受事既有联系也有区别。近代汉语中"造福"和"效命"很显然是施益他人的动宾式词语，后面一般不能再带宾语。两者需要引进受益者时，或者在之前使用受益者介词"为""与"等，或者在之后使用"于"。请看例句：

（81）a. 先生既如此说，何不仕于朝廷，为生民<u>造福</u>者?①

---

① 出自元代马致远《陈抟高卧》，原文如此。

  b. 三者可以为天地立心，为生民立命，为子孙<u>造福</u>。

  c. 阅两日，而渠寇亦得伏法，不烦兵革，巨寇潜消，公
之<u>造福</u>于民非细矣。

（82）a. 吾父子以丰衣美食养士四十年，及遇敌，不能与我东
向发一箭。今若闭垒，何人与我<u>效命</u>。

  b. 我辈十有余年为国家<u>效命</u>，甲不离体，已至吞并天
下，主上未垂恩泽，翻有猜嫌。①

  c. 今特部众逼城，要求州主奏知此事，除去佞臣，吾等
皆愿<u>效命</u>于朝廷也。②

  显然，这些由"为"或"与"引进的论元不该看作受事：因
为它不能直接位于动词后作基础句的宾语，不能作"把"的宾语
等。把这些论元看作对象大概没有人反对，但具体是什么对象呢？
是指涉者，还是接受者或者受益者？"造福""效命"的对象是有
生的，还是看作受益者较好。然而，因为汉语双音化的作用，加上
"于"逐渐附缀化和零形化，"造福""效命"都变成了双音节动
词，而"于"引进的论元因为"于"的脱落就成为直接后置于这
些动词的成分。因此正如张谊生（2010）所说，附缀"于"零形
化的结果是：一些形容词的词性发生转变，成了及物动词；一些不
及物动词的功能得到扩展，转化为及物动词。例如：

（83）a. 作为一个君主，不仁不义，怎么能臣服文武百官，怎
么能<u>造福</u>天下百姓！

  b. 他们也在晨光曦微之中计谋过未来，计谋着<u>造福</u>人
类，<u>造福</u>社会，却从未计谋过别人的东西。

（84）a. 早年投身于启蒙的学人，或如严复、刘师培等，进了
"筹安会"，忙不迭地去拍袁氏皇帝的马屁，或如罗振
玉辈，结交遗老，<u>效命</u>清廷，终于沦为汉奸，为国人
所不齿。

  b. 被陛下指骂为无能的人，我还能忍受，但是若被讥嘲

---

① 出自《旧五代史·庄宗纪八》，原文如此。

② 出自清小说《杨家将》，原文如此。

为卑鄙小人，那么，我冒死效命陛下到今天，也就毫无意义了！这个道理你还不懂吗？

"造福"一词在现代汉语中鲜有直接带宾语的例子，而在当代汉语中大量涌现。尽管古今汉语中词语的界限可能是不同的，但是这些句子所反映的事件场景古今应该没有什么变化，因此这些原本是益损者角色的成分因为"于"的错配和脱落而变成受事语义角色。当然，词汇双音化也使一些原本能带两个宾语的双及物动词丢失一个宾语变为单及物动词，或者使能带一个宾语的单及物动词变成不及物动词，详见董秀芳（2013）的分析。

通过对益损者与受事的比较可知，益损者与受事句法结构上的差别在于能否作谓语动词的直接宾语，意义上的差别在于是不是谓语动词的直接影响者。

2.4.2 益损者与与格、与事的比较

益损者和与格也有交叠纠缠。Fillmore（1968：24）格清单中包含了与格，并界定为"由动词确定的动作或状态所影响的有生物"，不过 Fillmore（1971a：261）宣布取消与格。Givón（1984：107）的语义角色体系虽然区分了与格和受益者，但对两者的界定却几乎没有什么区别。Heine 和 Kuteva（2002：19）把"与格"界定为"'给'；通常介引指人名词，这个名词在语义上是动作的接受者，在句法上一般实现为间接宾语"。贾彦德（1999：227）把"与格"界定为"某些谓词所表行为、动作的间接对象"，袁毓林（2002）界定为"动作、行为的非主动的参与者"。

据我们考察，"与事"可能最早见于朱德熙（1982：95、175）。朱氏称之为"施事、受事以外的另一方"，主要指由介词"跟、给、对、为、比"介引的对象。同时，朱德熙（1982：179）在解说介词"给"的用法时指出"另一种用法是引出受益或受损的与事来"。从其整体系统看，朱氏的与事和施事、受事等相对。傅雨贤、周小兵等（1997：198）认为与事是句中介宾结构的八个语义类型之一，并分为"受益者""交付者""对象"三个小类。陈昌来（2003：167）则把与事界定为"跟主事或主事和客事一块儿参与

某动作行为的另一参与者成分",并指出"与事……是上位语义成分","可以分为当事和共事"。鲁川(1992)把与事界定为"获益或受损的间接客体",刘东立等(1992)界定为"事件中有利益或损失的间接客体",林杏光(1999:189)界定为"事件中有利害关系的间接客体"。后面的三个界定更像是为"益损者"量身定制的。

李炜和王琳(2011)、李炜和石佩璇(2015)整理出汉语的与事范畴系统,指出"汉语与事系统"包括了"受益关系"、"指涉关系"和"相与关系"。"受益关系"即本书所说的介词标记受益者,其实还应该包括标记受损者,因此称为"益损关系"会更全面;"指涉关系"即本书所说的介词标记指涉者;"相与关系"即本书所说的标记伴随者、比较者等。

由此可见,相比于早期的 Fillmore 和朱德熙,20 世纪 90 年代的学者对与格、与事的认识趋势是范围逐渐缩小。Fillmore 的与格和受益者是分立的,而汉语学界目前较为普遍认识的"与事"大致相当于本书所说的"间接客体格"或"对象格",正如张国宪(2001)所说"与事是个十分宽泛的概念"。因此从这个意义上讲,我们认为"与事"是包含了受益者、受损者以及其他某些语义角色的。

2.4.3　益损者与终点、接受者的比较

益损者与终点、接受者也有交叠纠缠。何晓炜(2011:96)指出,一些研究用"目标"(Goal,即本书所说的"终点")指空间目标(Spatial Goals),还有一些研究者用来泛指"接受者"(Recipient)、"受益者"(Benefactive)等论旨角色。Fillmore 的格语法中有"终点"而无"接受者"。Fillmore(1971a)把以前的与格分散到其他格中,其中"表示物体向一个人移交或运动时,那个人作为运动的归宿而归入终点格"(杨成凯,1986)。Dik(1978:74)则把这一角色称为接受者,把它与受益者分开考虑,并将两者间的层级关系也纳入题元层级的描述范围。

我们曾讲到把接受者作为一种间接客体格而把终点作为一种环境格。例如:

(85)　a. I sent a package to the boarder.

b. I sent a package to <u>the border</u>.

（86）a. I sent <u>the boarder</u> a package.

b. *I sent <u>the border</u> a package.

例句中，the boarder（寄宿者）和 the border（边境）都可以作介词 to 的宾语，但是只能是前者作双宾语句的间接宾语，其原因可以归结为前者是有生的。可见 the boarder 和 the border 不属于同一种语义角色，而是分属接受者和终点。显而易见，接受者语义角色蕴含终点语义角色，反之则不然。

邓守信（Teng, 1975：151）指出下例 a 句中 him 是有歧义的。

（87）I'll write a letter for <u>him</u>.

→a. 我给他写信。

b. 我替他写信。

如同汉语翻译所表示的，him 既可以理解为信件的接受者，也可以理解为写信行为的受益者。然而，请看下例：

（88）a. I'll write him a letter for <u>you</u>.

b. *I'll write him a book for <u>you</u>.

c. I'll write <u>him</u> a letter.

d. I'll write <u>him</u> a book.

根据"一句一例原则"（Fillmore, 1971a），上例 a 句的 him 不能分析为受益者，只能分析为接受者。但把信换成书后，b 句就不成立，这说明英语"write a letter"已经凝固化或构式化（汉语"写信"亦如此），不只是写信，还可能包含了"给予义"，这也说明间接宾语的位置很可能并非接受者语义角色的位置，或者说间接宾语具有的终点性质很可能是谓语动词所携带的。因此，我们认为c 句和 d 句的 him 分析为益损者更为恰当。再请看例句：

（89）a. 我替你给了他十块钱。

b. 我为你送了张三一本书。

（90）a. 我替你要了他十块钱。

b. 我为你抢了别人一个戒指。

由此，并非所有的接受者都是受益者，同样也并非所有的受益者都是接受者。因此，在语义角色上必须区分接受者和益损者，它们最大的区别就在于有接受者语义角色的句子一定是对接受者有所传递，或实物，或信息等，重在传递过程；而有益损者语义角色的句子一定对益损者有所影响，或施益，或致损，重在益损结果。

上面已经说到 Platt（1971：50）区分了所谓的"内受益者"和"外受益者"。其实这恰恰说明所谓的内受益者应该看作接受者，它和真正的受益者是两个不同的语义角色。而且两者使用的介词也完全不同。对比上文例（85）和下面各例：

（91）a. The man gave a present to <u>his wife</u>.

b. The gamekeeper shot a rabbit to <u>the squire</u>.

（92）a. The man gave a present for <u>his wife</u>.

b. The gamekeeper shot a rabbit for <u>the squire</u>.

例（91）a、b 两句的意义和例（85）a、b 两句基本相同，而例（92）a、b 两句的意义和它们分别差别很大。

我们认为，某些接受者是益损者的下位概念①，也就是说这些接受者是从益损者内部再分出的小类，即接受型益损者。当然，一方面鉴于很多语言把双宾语看作一种基本的句法格式，另一方面某些接受者（如"终点型接受者"，见上文分析）和益损者还有很多不同特性，所以接受者"另立门户"也是可以的。

2.4.4　益损者与指涉者的比较

益损者和指涉者虽然都属于间接客体格，但差别较大。例如：

（93）a. 他对数学很感兴趣。

→ a'. *他很感兴趣。

b. 他向我咨询了一个问题。

→ b'. ?他咨询了一个问题。

（94）a. 他为我排了队。

→ a'. 他排了队。

---

① 该观点并非我们的创见，其实国外很多学者有这样的认识，例如 Croft（1991：179）、Luraghi（2003：40）等。如 Luraghi 的认识如下：Beneficiary is sometimes considered as a higher level category which also includes Recipient（受益者有时被认为是一个较高级别的范畴，其中也包括接受者）。

　　　b. 他买了我一本书。

　　　→ b′. 他买了一本书。

可见，一则在语义上指涉者在句子所描述的事件活动中协同完成，而益损者并不直接和强制参与句子所描述的事件活动；二则在句法上指涉者不可或缺或者缺少了后在表意上不完整，而益损者却可有可无。

2.4.5　益损者与领有者的比较

益损者和领有者有着极为紧密的关系。正是因为在大多数情况下，某事物认知意义的领有者在这一事物获得或丧失隶属者后被认定为语义角色上的益损者，Payne 和 Barshi（1999）、Kliffer（1999）等称为"External Possessor"（外部领有者）。但是正如我们在上文所说这只是论旨角色上的领有者，我们不能在语义角色上认为一个事物既是益损者又是领有者。一方面，在理论上这不符合"一句一例原则"；另一方面，在语言事实上和语法分析上也不对等，因为一个充当句法成分的事物不可能既用领有者介词或词缀标记又用受损者介词或词缀标记。此外，有些很难说是领有者，或者说不宜也不必看作领有者。例如：

（95）a. 那条黑影吓了我一身疙瘩。

　　　b. 开水烫了他好几个泡。

　　　c. 雨水浇了他个落汤鸡。

我们很难说"我""他"和"一身疙瘩""好几个泡""（一）个落汤鸡"具有句法-语义即语义角色上的领有者和被领有者关系，因为在结构上它们之间无法加领有者标记"的"，如"？我的一身疙瘩""？他的好几个泡""？他的（一）个落汤鸡"。

就受益者而言，有的和领有者关系较为密切，而有的没有任何关系，例如：

（96）a. 为人民服务。

　　　b. 你给他打个电话，说他在我这儿有事（＝替他打电话通知别人）

　　　c. 天这末黑，你眼不好使，我帮你站岗吧。

以上介词"为/替/给/帮"后面的名词性成分都是受益者，但是无所谓领有关系。

2.5　本章小结

在本章中，我们首先区分了认知上的题元关系和语义学上的语义角色，然后在前人基础上建立了自己的语义角色系统并设立了区分各语义角色的分类特征，接着对益损者做了概念上的界定和语义特征上的分析，最后对益损者和相关角色做了比较分析。

我们认为，益损者应该看作一种语义角色，特别是在汉语中。这不仅因为汉语中有标记益损者的专有介词，而且因为汉语中有能够专门表达益损性的构式。

第三章　益损者作介词宾语

益损者是句法-语义范畴，但不是句子的核心论元成分，因此只有入句后才能判定其语义地位，一般情况下由相应的语法手段标记。一个典型而完整的受益/受损结构应该包括施益者/致损者、施益/致损行为、受益者/受损者和受益者/受损者标记。其中又以受益者/受损者和受益者/受损者标记最为重要，因为它们是表明一个结构是不是益损结构的前提条件。Zúñiga 和 Kittilä（2010：7）指出，语言中用来编码受益事件和受损事件的主要机制有格标记（case）、介词标记（adposition）、连动结构（serial verb construction）和施用结构（application）等。但显然这种认识较多地从形态语言出发，而忽视某些形态手段并不发达的孤立语中语序的重要性。现代汉语中虚词和语序是最主要的语法手段。因此本章讲虚词手段，后三章讲语序手段。

汉语普通话中用来引入益损者的介词标记有"给""为""代""替""帮""拿"等介词，汉语方言的介词标记更是多种多样。无论是普通话还是方言，使用的介词标记不同，那么所引入的益损者的小类也会不同。

3.1　普通话中的受益者介词

3.1.1　受益者介词"给"

现代汉语中，"给"（gěi）是个高频词，据《现代汉语频率词典》（1986：1302）统计排第114位。"给"作为动词是"给予、交付"之义，同时具有非常丰富的虚词用法，如介词、助词等。

（1）a. 我买了一所房子给你。

　　　b. 我给了你一所房子。

（2）a. 我给你买了一所房子。

　　　b. 他们给地铁工人演出。

很显然，例（1）a 句中"给"是动词，"你"是其宾语，语义角色是终点型接受者；b 句中"给"也是动词，"你"是其间接宾语，语义角色是接受型受益者。例（2）两句中"给"是介词，是"对某受惠目标发生某动作"，也就是说其后的"你"和"地铁工人"在语义角色上是受益者。受益者可以进一步细分，这点辞书论著大多没有提到。

首先，"给"可以介引接受型受益者。例如：

（3）a. 我给他递过去一支笔。

　　　b. 单位给每个人分配了一间屋子。

　　　c. 我给她带来了一个好消息。

各句中"给"介引的宾语是接受型受益者：从语义角色上担任受益者，从题元关系上兼为接受者和受益者。介引接受型受益者的"给"一般处于句法环境"给 N_1+V+N_2"中，V 是"给予类动词"，本身有"传递"性质，传递的 N_1 既可以是具体名词也可以是抽象名词。整句可以变换为"V+N_2+给 N_1"，例句如下：

（4）a. 我递过去一支笔给他。

　　　b. 单位分配了一间屋子给每个人。

　　　c. 我带了一个好消息给她。

尽管在这些变换式中"给"的性质不尽相同，但是句子的意义大体还是相同的。介引接受型受益者的"给"一般不能换成"为""替""代""帮"等，换了之后或者句义有所改变或者句子不成立。例如：

（5）a. 我#为/#帮/#替/#代他递过去一支笔。

　　　b. 单位#为/#帮/#替/#代每个人分配了一间屋子。

　　　c. 我#为/#帮/#替/#代她带来了一个好消息。

其次，"给"可以介引服务型受益者。例如：

（6）a. 他给我们当翻译。

b. 医生给他们看病。

c. 大队领导及时给他讲清政策规定，疏导思想。

以上例句中"给"介引的宾语是服务型受益者：从语义角色上担任受益者，从题元关系上也只是受益者。介引服务型受益者的"给"所在的句法环境中，V一般不会是"给予类动词"，整个句子也不能变换为"V+N₂+给N₁"。例句如下：

（7）a. *他当翻译给我们。

  b. *医生看病给他们。

  c. *大队领导及时讲清政策规定，疏导思想给他。

这类"给"一般可以换成"为""帮""替"，但不能换成"代"。例句如下：

（8）a. 他为/帮/替/#代我们当翻译。

  b. 医生为/帮/替/#代他们看病。

  c. 大队领导及时为/帮/#替/#代他讲清政策规定，疏导思想。

最后，"给"可以介引替代型受益者。例如：

（9）a. 原本他要来的，现在那我就给他向你请个假。

  b. 祥子没去端碗，先把钱掏了出来："四爷，先给我拿着，三十块。"

  c. 我给他赔了十块钱。_{我替他赔钱}

这类"给"可以换成"替""代"；但一般不能换成"为""帮"，换了之后，或者句义有所改变，或者句子不成立。例如：

（10）a. 原本他要来的，现在那我就替/代/#为/#帮他向你请个假。

  b. 祥子没去端碗，先把钱掏了出来："四爷，先替/代/#为/#帮我拿着，三十块。"

  c. 我替/代/#为/#帮他赔了十块钱。

可见，标记接受型受益者、服务型受益者和替代型受益者的"给"可能会有歧义。例如：

（11）a. 你给他打个电话。

  b. 你给他沏一杯茶。

  c. 我给他还了本书。

例（11）中，"给"既可以认为是标记替代型受益者也可以认为是标记接受型受益者，有了上下文和不同的语境，才可以把它们区分开。以 a 句为例：

（12）a. 你给他打个电话，说他在我这儿有事（＝替他打电话通知别人）

　　　b. 你给他打个电话，叫他马上到这儿来（＝打电话通知他本人）

再看下列例句：

（13）a. 你给我滚开！／快给我把门关上。

　　　b. 快给我进来罢，外面风大得很。

　　　c. 你给我走开！／你给我小心点儿！／瞧你一身泥，快给我把衣服换了！（不是换我的衣服）

　　　d. 大赤包学着天津腔，高声的叫："胖妹子！可真有你的！还不给我爬起来！"①

《现汉》（2016：443）对这个"给"的解释是"用于祈使句，加强祈使语气"；吕叔湘（1982［1942~1944］：47）解释为"顺某人之意而为之"，吕叔湘（1999：226）进一步指出"加强命令语气，表示说话的人的意志"。尽管这个"给我"如尹海良（2014）等所说具有"强势指令"意义，在功能上相当于一个语气副词，但显而易见这里的"给"和标记受益者有极大的关系。我们赞同李炜和王琳（2011）、李炜和石佩璇（2015）的观点，即认为这里的"给"是表示受益关系的意义，陈丽冰（2016）也认为"这其实是受益介词的一种衍生用法"。我们称之为"强令型受益者"。标记强令型受益者和服务型受益者的"给"可能会有歧义，这一点吕叔湘（1999：226）已经指出。例如：

（14）快给我把衣服换了！

　　＝a. 瞧你一身泥，快给我把衣服换了！（换你的衣服）

　　＝b. 瞧我一身泥，快给我把衣服换了！（换我的衣服）

（15）瞧你一身泥，快给我把衣服换了！（换你的衣服）

---

① 出自老舍《四世同堂》，原文如此。

$\neq$ a. 瞧你一身泥，快为/替我把衣服换了！

$=$ b. 瞧你一身泥，快把衣服换了！

（16）瞧我一身泥，快给我把衣服换了。（换我的衣服）

$=$ a. 瞧我一身泥，快为/替我把衣服换了。

$\neq$ b. *瞧我一身泥，快把衣服换了。

之所以标记强令型受益者和替代型受益者的"给"可能会有歧义，我们认为是因为标记强令型受益者的"给"很可能就是从标记服务型受益者的"给"而来。如虽然我们认为例（14）b句"瞧我一身泥，快给我把衣服换了"中"给"是标记服务型受益者，但它多多少少也是有说话人对听话人命令的口气或祈使的语气。

综上所述，"给"是较为典型的受益者标记，可以介引接受型受益者、服务型受益者、替代型受益者、强令型受益者等，演变途径大致如下：

（终点型接受者→）接受型受益者→服务型受益者 → 替代型受益者
　　　　　　　　　　　　　　　　　　　　　　　　 → 强令型受益者

3.1.2　受益者介词"为"

现代汉语中，"为"（wèi）也是一个高频词，据《现代汉语频率词典》（1986：1300）统计排第 39 位。"为"具有非常丰富的虚词用法，例如：

（17）a. 大家都为这件事高兴。

b. 为建设伟大祖国而奋斗。

（18）a. 为你庆幸。

b. 为人民服务。

例（17）两句"为"是介词，表示原因和目的。例（18）两句"为"也是介词，词典解释为"表示行为的对象；替"。我们认为这个"为"是一个受益者介词，标记的就是受益者。不过可以进一步细分，例如：

（19）a. 小李热情地为顾客服务。

b. 我们要为人民服务。

　　c. 他走到桌前，拿起一支雪茄，李石清掏出火柴为他点烟。

　　这里"为"介引的宾语是服务型受益者，可以换成"给""替"，但不能换成"代""帮"等。

（20）a. 小李热情地给/替/*代/*帮顾客服务。

　　　b. 我们要给/替/*代/*帮人民服务。

　　　c. 他走到桌前，拿起一支雪茄，李石清掏出火柴给/替/*代/*帮他点烟。

再看例句：

（21）a. 干部要处处为群众着想。

　　　b. 翠芬："哟！您不高兴呢？我加了薪水，您应该为我欢喜才对呀！"

　　　c. 祥子怎能没看见这些呢。但是他没工夫为他们忧虑思索。

　　这里"为"的宾语是感知型受益者，可以换成"替"，但不能换成"给""代""帮"等。

　　"为"介引的宾语一般不能是接受型受益者、服务型受益者和替代型受益者，例如：

（22）a. *张三为李四送一本书。

　　　b. *我不跟你说了嘛，我们那儿同事为我减肥呢。让我少吃点儿。

　　　c. 发给我的奖金，均由他为我存入银行了。

　　a 句"为"后的名词性成分一般分析为服务型受益者，而无法分析为接受型受益者。对比 b 句和例（19）b 句，用"帮"替换"为"，其后的名词性成分也只能分析为服务型受益者。对比 c 句和例（19）c 句，用"代"替换"为"，其后的名词性成分也只能分析为服务型受益者。

　　简而言之，"为"也是较为典型的受益者标记，可以介引服务型受益者和感知型受益者，演变途径大致如下①：

---

① "为"在古代汉语中有"帮助"义，见罗竹风主编《汉语大词典》（第 6 卷）（1990：1107）。所以"为"的服务型受益者介词用法应是来源于其接带服务型受事的动词用法。

（服务型受事→）服务型受益者→感知型受益者

3.1.3 受益者介词"帮"

《现汉》（2016：39）和吕叔湘（1999：61）都把表示"帮助"的"帮"看作动词，举例如下：

（23）a. 大孩子能帮妈妈干活儿了。

　　　b. 我们帮你/咱们帮帮张大爷/帮他一把/你来帮着抬一下箱子/帮他复习功课

陈昌来（2002：50）把"帮"处理为动介兼类词，李宗江、王慧兰（2011：385）列有介词"帮（帮着）"，分"引入受助者"和"引入服务对象"两种用法，举例如下：

（24）a. 要是今天借不到钱，量不到米，明天阿四也帮她们摇船去。

　　　b. 吴胖子抢着斟酒，徐太太帮着小保姆上菜。

（25）a. 你帮我数着点儿，别超过三百六十个字儿，啊。

　　　b. 服务小姐轻悄地移到她桌前，柔声地问："小姐，我帮您取点菜，好吗？"

我们认为，现代汉语中的"帮（着）"的确有介词用法，而所引进的大都是受益者。请看例句：

（26）a. 诶，我说，这位老同志，你帮我借套被褥和一副碗筷。

　　　b. 李兰英笑道："我留下来，帮你烧火煮饭，你下地回来，也有热饭吃，不行吗？"

　　　c. 天这末黑，你眼不好使，我帮你站岗吧。

这几句中"帮"引入的受益者都是替代型受益者。以 a 句为例，"借套被褥和一副碗筷"原本是"我"，最后由前面的主语"你"完成。这个"帮"可以替换成"代""替"，但不能替换成"为""给"。再看例句：

（27）a. 帮您守卫。

　　　b. 刚才我们的三轮车过桥的时候，几个人一起来帮我们推车，我想这地方可真不坏。

　　　c. 我马上走过去，帮他提着马灯，点上火，然后接过马灯挂在我的头顶上。

这几句的"帮"介引的是服务型受益者，也就是说"守卫"原本不是"您"应该做的。这个"帮"可以替换成"给""为""替"，不能替换成"代"。再看例句：

(28) a. 帮他复习功课。

　　b. 我不跟你说了嘛，我们那儿同事帮我减肥呢。让我少吃点儿。

　　c. 金园区的一等伤残军人吴会进退伍后，……市妇联牵线搭桥帮他娶了媳妇。

这几句中"帮"是从旁协助的意思。以 a 句为例，"复习功课"仍是由"帮"后的宾语"他"完成，从旁协助也是一种服务，因此我们也把"他"看作服务型受益者，不过这个"帮"不能替换成"代""替""给""为"等。

需要说明的是，有时"帮"标记的是哪一种受益者很难区分。例如：

(29) a. 我的意思是说，我的阅历比你们俩多点儿，我可以帮你们指点一下儿。

　　b. 呆会儿有两人来找我谈稿子，这是稿子，你帮我接待一下儿啊。

　　c. 那孩子长到七岁时，身子已很高大，能帮着爹爹上山砍柴了。

以 a 句为例，"我可以帮你们指点一下儿"既可以理解为指点的对象是你们，即"我给你们指点一下"；也可以理解为指点的对象是别人，即"我可以帮着你们指点他们"。

简而言之，"帮"也是较为典型的受益者标记，可以介引替代型受益者和服务型受益者，演变途径大致如下：

（服务型受事→）服务型受益者→替代型受益者

3.1.4　受益者介词"替"

对于"替"，吕叔湘（1999：528）的认识如下：

〔动〕代替。可带"了、过"，可重叠。可带名词宾语。

你歇歇，我~你干会儿 | 有事你就走吧，我~你值班。

〔介〕为；给。跟名词组合。大家都~你高兴 | 我们要设身处地地~他想想。

也就是说，吕著认为"替"在句中如果是"替代"的意思，那么就是作动词；如果是"为、给"的意思，那么就是作介词。《现汉》（2016：1289）也是类似看法。

我们认为，表示"替代"意义的"替"应该处理为动介兼类词。理由如下：

第一，诚然，在"X+替+Y"句中，"替"可能带"了""过"等体成分，也可能重叠；但在"X+替+Y+V"句子中，以上操作都不成立，例如：

（30）a. *你歇歇，我替了/过你干会儿。

b. *有事你就走吧，我替了/过你值班。

（31）a. *你歇歇，我替替你干会儿。

b. *有事你就走吧，我替替你值班。

第二，我们用变换分析法来验证"替+Y+V"中的 V 一般不能省略和移位。例如：

（32）a. ?有事你就走吧，值班我替你。

b. 有事你就走吧，值班我替你值。

c. 有事你就走吧，值班这个事我代替你吧。

d. ?有事你就走吧，值班这个事我代替你值吧。

（33）a. ?替你的人来了。

b. 代替你的人来了。

c. 替你值班的人来了。

d. ?代替你值班的人来了。

实际上由于双音化的趋势，表示"替代"的"替"的动词用法主要由"替代""替补""替换""顶替""代替""取替""接替"等双音节词替代（这里的"替代"就不能换成"替"或者"代"）了。

第三，我们从语料库中随机抽查了"替"表示"替代"意义的 200 条有效语料，其中"X+替+Y"只有 13 句，占比 6.5%，而

"X+替+Y+V"有 187 句，占比 93.5%。可见"替+Y"后面加 V 的情况占绝大多数。当 V 成为句子的语义表达重心，"替+Y+V"由连动结构逐渐变为状中偏正结构，"替"也就演变为介词。洪波（2000）明确指出"在连动结构里，'替'的宾语在语义上是后一个动词的受益对象，因而'替'逐渐虚化为介引受益对象的介词"，并认为"平行虚化"是其虚化原因。

第四，我们可以想一下，如果"替"没有表示"代替"的介词用法，那么"替"表示"为、给"的介词用法从何而来。"替"的"代替"动词用法和"为、给"介词用法之间并没有直接的关系，因此只能是"替"的"代替"介词用法在中间起桥梁作用。

其实很多论著辞书都把"替"看作介词，比如陈昌来（2002：72）、李晓琪主编（2003：384）、方清明编著（2017：151）等。例如，陈著把"替"分为两种：一种是"与事介词"中的"当事介词"，一种是"关事介词"中的"对象介词"。举例如下：

（34）a. 我们替你着想。

　　　b. 律师替小王辩护。

　　　c. 律师替小王捎了一个口信。

　　　d. 我替他打水。

陈著解释说，"（与事）是必有的语义成分，是动作行为的针对对象和协同参与者"，"在抽象句中不能缺少"，而"（关事）是语义结构中动词所关涉的有关对象、方面、范围、条件，这些成分跟动词的关系最为松散"，"可以大体分为对象（动作的针对对象、协同对象、替代对象等有关人或事物）、方面……"。

我们也认为，具有"替代"意义的"替"兼作动词和介词，而且以介词用法为主。因此介词"替"后有生的名词性成分或代词都可以看作受益者。请看例句：

（35）a. "你替我们跟她道个歉吧。"我说，"我们可不是成心想得罪她。她是你的好朋友吗？"

　　　b. 王掌柜，你说我爸爸白喝了一辈子的茶，我送你几句救命的话，算是替他还账吧。

　　　c. 于是又突发奇想，盛情邀请一个单身的朋友那个月住在我这里，免费上网，免费住宿，还提供饮料和食物，条件是替我照顾咪咪。

这几句中"替"引入的受益者都是替代型受益者。以 a 句为例，该句的意义是"道歉"原本是"我们"做而现在是"你"做，可见是"你"替代"我们"做了这些事。这个意义的"替"可以换成"代"，但不能换成"给""为""帮"等。再看例句：

（36）a. 律师替小王辩护。

　　　b. 阿 Q 要画圆圈了，那手捏着笔却只是抖。于是那人替他将纸铺在地上。

　　　c. 替法西斯卖力，替剥削人民和压迫人民的人去死，就比鸿毛还轻。

这几句中"替"引入的受益者都为服务型受益者。以 a 句为例，该句的意义是小王需要别人为他在法庭上打赢官司，于是请了律师做辩护，可见小王是律师服务的对象。这个意义的"替"可以换成"为""给""帮"，但不能换成"代"等。再看例句：

（37）a. 李梅亭忙打开看里面东西有没有损失，大家替他高兴，也凑着看。

　　　b. 不过，你是只金凤凰，落到鸡窝里了。真叫人替你惋惜呀！

　　　c. 运涛他娘要是个明白人，这会儿不能光为运涛，也得替春兰着想。

这几句"替"引入的受益者都为感知型受益者。以 a 句为例，该句的意义是李梅亭找回自己的箱子，大家都因此感到高兴。不过我们不能说他是大家高兴的对象，而后面的 VP 主要是感知类的心理动词。这个意义的"替"可以换成"为"，但不能换成"代""给""帮"等。

有时"替"引入的是替代型受益者还是服务型受益者可能会有歧义。例如：

（38）a. 我替你站岗。

　　　　 = a'. 我代你站岗。

　　　　 = a". 我给/为你站岗。

b. 我替他打水。

=b′. 我代他打水。

=b″. 我给/为他打水。

以 a 句为例，该句既可以表示原本站岗的是你不过现在我代替你，也可以表示我的职责是为你站岗。

"替"介引的宾语一般不能是接受型受益者和服务型受益者，例如：

（39）a.[#]我替她写了一封信。

b.[*]张三替李四复习功课。

上例 a 句可以成立，但是"替"表示的是替代型受益者，而无法表达"我给他写一封信"意思；b 句不能成立，因为无法表达"张三帮李四复习功课"意思。

简言之，"替"也是较为典型的受益者标记，可以介引替代型受益者、服务型受益者和感知型受益者。很显然上面引入替代型受益者的介词"替"是从动词"替"而来，这是语法化的重新分析机制所致；而引入服务型受益者和感知型受益者的介词"替"又是从引入替代型受益者的介词"替"而来，这是语法化的类推机制所致，演变途径大致如下：

（替代型受事→）替代型受益者→服务型受益者→感知型受益者

有意思的是，我们可以看到，"替"的受益者类型演变是从"替代型受益者"到"服务型受益者"，而上文"帮"（和"给"）的受益者类型演变却是从"服务型受益者"到"替代型受益者"，这看起来有些矛盾。其实我们可以借用刘丹青（2003a）所说的北部吴语同义多功能虚词的"搭"和"帮"也是相反的语法化轨迹来解释。它们的语法化轨迹如下：

搭：动词 →并列连词

　　　→伴随连词→受益介词

帮：动词 →受益介词→伴随连词→并列连词

刘文指出，人们谈论单向性的时候，往往是以语法单位的类别来显示虚实程度的，其实这是一种简单化的说法，无法面对实际情况的复杂性。即使是方向相反的语法化链，也未必违背语法化的单向性。只要每一链条内各环节单位的语法化程度依次加深，就仍然符合语法化的单向性。北部吴语"搭"和"帮"正好相反的语法化链正是这种情况。现代汉语中的"替"和"帮"也应该是如此。

从另一个方面来看，"给"的受益者类型演变也是从"服务型受益者"到"替代型受益者"，因此，很有可能是"替"在"给"具有了介引"替代型受益者"功能之后，反过来又使得原本具有介引"替代型受益者"功能的"替"类推具有介引"服务型受益者"功能的可能。

总之，这类现象实际上并没有违背语法化的单向性，也正如刘文所说，这可以让我们对语法化的单向性有更加全面深入的认识。

3.1.5 受益者介词"代"

同样，《现汉》（2016：249）把表示"代替"的"代"看作动词。我们认为"代"的语法化程度其实比"替"更高。

首先，该词典为说明"代"动词用法的意义举了"代课"和"代笔"两例。然而"代课"和"代笔"已经词化①，词典也已经收录。此外还有"代步""代称""代管""代驾""代培""代销""代用"等，这里的"代"都是词内语素。

其次，据我们统计，在现代汉语语料中"代"单独作谓语的例子已经很少了，而在当代汉语语料中几乎所有的例句都是"X+代+Y+V"结构。例如：

(40) a. 怎样方能充实呢？我当时可说不出来，但他却已代我明白地喊出了。

　　 b. *但他却已代我。

　　 c. *但他却已代代/代了/过/着我明白地喊出了。

(41) a. 回家路上，鸿渐再三代母亲道歉。

　　 b. *鸿渐再三代母亲。

---

① 吕叔湘（1999：144）举了一例"王老师给我代过几节课"。我们认为"代课"是一个离合词，这里是其离合用法。

c. *鸿渐再三代代/代了/过/着母亲道歉。

目前，我们只看到陈昌来（2002：194）、方清明编著（2017：54）等把这样的"代"也看作介词。例如：

(42) a. 我代你受过吧。（陈昌来，2002：194）

　　 b. 请代我向你家人问好。

　　 c. 发给我的奖金，均由他代我存入银行了。

不过，很多方言词典都收录了介词"代"，如南京方言词典、梅县方言词典等。

我们认为在当代汉语中具有"替代"意义的"代"只作介词，介词"代"后的名词性成分或代词都应该看作受益者。这个受益者只能是替代型受益者，"代"可以换成"替"，但不能换成"给""为""帮"，试着比较：

(43) a. 我替/*给/*为/*帮你受过吧。

　　 b. 请替/*给/*为/*帮我向你家人问好。

　　 c. 发给我的奖金，均由他替/#给/#为/#帮我存入银行了。

简言之，"代"也是较为典型的受益者标记，不过只可以介引替代型受益者。显然它是从动词"代"而来，这是语法化的重新分析机制所致，演变途径大致如下：

（替代型受事→）替代型受益者

综合以上普通话各受益者介词的语法化轨迹，我们可以发现，它们大多是由动词直接语法化而来，走的是刘丹青（2003a）所列的北部吴语中新派的"帮"的轨迹。至于这些受益者介词是否会进一步语法化，目前未为可知。我们把普通话中介引受益者的介词及相关介引小类列为表 3.1。

表 3.1　普通话中受益者介词介引受益者类型比较

受益者类型	给	为	帮	替	代
接受型受益者	+	−	−	−	−
服务型受益者	+	+	+	+	−
替代型受益者	+	−	+	+	+

受益者类型	给	为	帮	替	代
感知型受益者	-	+	-	+	-
强令型受益者	+	-	-	-	-

可见，服务型受益者和替代型受益者是介词标记引入的主要受益者类型。

上面讲到"给""为""帮""替""代"是现代汉语引入受益者语义角色的主要介词标记，而"跟"也可以"偶尔用来标记受益者"（刘丹青，2003b：204），例如：

(44) a. 你跟我拿样东西。

　　 b. 你放心，我会跟你在老师面前说一些好话的。

这里"跟"引入的是服务型受益者。不过据我们考察，这主要是用在（南方人的）口语中，书面语很少见。此外，"与"在近代汉语中也是引进受益者的介词，相当于"为"或"替、代"（马贝加，2002：235；许少峰，2008：2283），但并没有沿用至今。

3.2　普通话中的受损者介词

3.2.1　受损者介词"给"

现代汉语普通话中的介词"给"也可以标记受损者（吕叔湘，1999：226；傅雨贤、周小兵等，1997：57）。例如：

(45) a. 对不起，这本书给你弄脏了。

　　 b. 小心别把玻璃给人家碰碎了。

　　 c. 怎么把屋里给我搞得这样乱七八糟的？

(46) a. 这件事他就这样给你弄砸了。

　　 b. 剩下的那几条金鱼也是他给我养死的。

　　 c. 文件他给你搞丢了。

《现汉》第 6 版（2012：442）也增加了"给"的这种用法，例如：

（47） a. 我把刀子给他弄丢了。

　　　 b. 没几天他就把书房给我翻了个乱七八糟。

　　我们非常赞同如上观点，并进一步认为"给"所引进的受损者是领有型受损者。不过，这种标记受损者的"给"和表示被动的"给"可能会有歧义。例如：

（48） a. 铅笔给你弄丢了。

　　　 →a′. 你看，铅笔给你弄丢了。（＝铅笔被你弄丢了）

　　　　 a″. 对不起，铅笔给你弄丢了。（＝把你的铅笔弄丢了）

　　　 b. 水给我洒了一地。

　　　 →b′. 对不起，水给我洒了一地。（＝水被我洒了一地）

　　　　 b″. 你看，水给我洒了一地。（＝你把我的水弄洒了／你把我的地弄湿了）

　　上例中"给"后宾语既可能是施事者也可能是受损者，有了上下文和不同的语境，才可能把它们区分开。以 a 句为例，a′句中"给"的宾语"你"在题元关系上是"弄丢"的施事，在语义角色上也是施事；a″句中"给"的宾语"你"和谓语动词"弄丢"没有直接关系，在题元关系上是"铅笔"的领有者，不过在语义角色上却是受损者。因而，我们认为这里的"给"所标记的受损者是领有型受损者。此外"给"还可以标记指涉型受损者，例如：

（49） a. 再说，他自己也没脸再在城里混，因为自己的女儿给他丢了人。

　　　 b. 对于毛泽东同志的错误，不能写过头。写过头，给毛泽东同志抹黑，也就是给我们党、我们国家抹黑。

　　　 c. 就是放下工作不说，说个人关系，现在老张刚调走，处里就我一个人招呼，你是老同志了，不能给我拆台。

　　显而易见，标记受损者的"给"来源于标记受益者的"给"。一方面，就汉语而言，两者具有相同的句法结构，不同的是谓语动词，试比较：

（50） a. 铅笔我给你**修好了**。

　　b. 铅笔我给你**弄丢**了。

　　另一方面，从类型学上看，有很多语言受益者和受损者使用同一标记。如上文讲到 Kunuz Nubian 语的词缀-de：s-、Jinghpo 语的词缀 Ya^{33}、Yoruba 语的虚词 fún 等都可以标记受益者和受损者（Abdel-Hafiz，1988：114；Peng & Chappell，2011；Creissels，2010）。其中，Jinghpo 语词缀 Ya^{33} 和 Yoruba 语虚词 fún 等的语法化来源都是动词，也都是表示给予意义的"给"。

3.2.2　受损者介词"拿"

　　现代汉语中关于虚词的几本重要论著辞书如吕叔湘（1999）、《现代汉语虚词例释》（1982）、张斌主编（2001）、朱景松主编（2007）、方清明编著（2017）等，此外还有《现汉》（2016）、《现代汉语规范词典》（2014），它们对"拿"的介词用法在主要认识上大同小异，我们以《现汉》为例。

　　该辞书对"拿"的介词用法描述如下：

　　⑧介 引进所凭借的工具、材料、方法等，意思跟"用"相同：~尺量｜~眼睛看｜~事实证明。⑨介 引进所处置或所关涉的对象：别~我开玩笑。⑩介 跟"来说、来讲"搭配使用，引进要说明的事物或情况：~我们来说，加班是常事。

　　我们认为这里所说的"引进所处置或所关涉的对象"中有些"拿"其实就是引进受损者。例如：

（51）a. 他又拿孩子撒气了。

　　　b. 别拿我穷开心。

　　　c. 会说的也开始拿对手插科打诨。

（52）a. 小姐，就别拿我打哈哈了，您一点也不知道我心里多么难过！

　　　b. 妈您不知道，您不在这儿，爸爸就拿我一个人撒气，尽欺负我。

　　　c. 我不是那卖笑的轻浮女子，什么话都可以听——你少拿我开涮！

我们在实际语例中发现，其中的谓语动词主要有"开玩笑""赌气""出气""开刀₂""寻开心""开涮""开胃""发泄""取笑""耍""寻晦气""说笑""捣乱"等。一方面，这些词语所实施的行为动作能对所涉及的客体对象产生损害性的影响，例如"开玩笑"的意思是"用言语或行为戏弄人"，"撒气"的意思是"拿旁人或借其他事物发泄怒气"（《现汉》，2016：725、1119）。另一方面，其中大部分句子中的"拿"可以替换为"给"，或者"拿"的宾语变换为"伪定语"（详见第六章分析）等。例如：

（53）a. 爹在哪儿不畅快了，回来给我撒气？

　　　b. 麻副指被郑有田噎得有点恼羞成怒："妈的你这哈哈郑，你少给我打哈哈！"

　　　c. 戚宝珍打起精神，勉强露出愉快的样子，望了余静一眼，遮掩地说："表妹给你开玩笑，——没啥事。"

（54）a. 他们拍摄到丧礼上人们在现代电声乐器伴奏下高唱圣歌的场景。他们放声大笑，开死者的玩笑，又唱又跳。

　　　b. 何五爷才到禁烟督办处不久，这个瘾字分明是那些不逞之徒，穷极无聊，有意来寻他的开心。

　　　c. 在同事相处中，有些人总想在嘴巴上占便宜。有些人喜欢说别人的笑话，讨人家的便宜，虽是玩笑，也绝不肯以自己吃亏而告终。

显而易见，"拿"所介引的受损者是指涉型受损者。当然，对于这样的"拿"有些学者可能仍持保守态度，不过笔者相信当汉语益损者语义角色地位在学界中取得一致认识之后，"拿"作为一个受损者标记也会得到认可。

需要说明的是，原本只引进受益者的"为""帮"等也开始有了引进受损者的一些用例，如：

（55）a. 至少说明，××县拒不落实中央减轻农民负担的政策，是给党抹了黑，是为国家添了乱。

　　　b. 我们的一言一笑都代表着重庆一千五百万人民，我们在为重庆树立形象，不能为重庆抹黑，不能为巴山蜀水的父老乡亲丢脸。

c. 有一次在宝胜家作客，他特意拿来几个大苹果，分给每人一个，又红又大，只是分给张策的那个有块一分硬币大的斑痕，凹陷到苹果里面。一般情况下，客人是不会为此而挑剔主人的，但这种场合，都想尽办法为宝胜出难题。

(56) a. 请问我买的东西物流帮我弄坏了怎么办？

b. 说实话我也不知道为什么每次考试都有老师帮我算错了分，还是进阶性的那种。

c. 不知道这个事情你知道吗？你的前任帮我弄错的。

尽管"为""帮"这种用法在使用频率上还并不高，且大都是在口语色彩较浓的文章或网络媒介之中，但是这种现象的出现值得我们思考和进一步挖掘。

3.3　方言中的受益者介词

汉语的方言十分丰富，各地方言中标记受益者的介词也十分丰富。上面所说的普通话里受益者介词"替、代、给、为、帮"因为语言接触或语言发展也能在某些方言中使用，方言中还有一些相对而言比较独特的受益者介词，我们以《现代汉语方言大词典》（李荣主编，2002）和《汉语方言大词典》（许宝华、宫田一郎主编，1999）为主要参考资料，辅以其他论著辞书，考察汉语某些方言区一些重要的益损者介词。

3.3.1　受益者介词"跟"

普通话里"跟"有动词、介词和连词用法，其中"跟"作连词时主要表示并列关系，其前后成分构成共同施事。作介词主要介引伴随者，表示"共同，协同"；也可以介引指涉者，表示"指示与动作有关的对方"等；还可以介引比较者，"引进用来比较的对象"（吕叔湘，1999：230）。其实汉语普通话中的"和、跟"也可以"偶尔用来标记受益者"（刘丹青，2003b：204）。然而，在方言中"跟"用作受益者介词的用法比较普遍，只是各地读音略有差异。例如：

（57）a. 请你跟<u>我</u>写封信得_给他。（武汉方言）

　　　b. 你洗不干净，我来跟<u>你</u>洗。（南昌方言）

　　　c. 你跟<u>我</u>写封信。（贵阳方言）

（58）a. 编笕笕_{什器}来做哝子_{什么}？装鱼，鱼跟<u>哪个</u>吃？（四川永川方言）

　　　b. 到了就跟<u>我</u>写封信来。（南昌方言）

（59）a. 跟<u>我</u>站好！/你跟<u>我</u>把咯碗饭吃咖！（长沙方言）

　　　b. 你跟<u>我</u>把这碗饭吃了它！（武汉方言）

（60）a. 跟<u>大家</u>办事。（四川邛崃方言）

　　　b. 我跟<u>他</u>办了再跟<u>你</u>办。（武汉方言）

　　例（57）中"跟"是"替"的意思，介引的是替代型受益者。例（58）中"跟"是"给"的意思，介引的是接受型受益者。例（59）中"跟"是"给"的意思，介引的是强令型受益者。例（60）中"跟"是"为"的意思，介引的是服务型受益者。

　　另外，潘秋平（2009）指出新加坡华语里"跟"也能引进受益者。例如：

（61）a. 我跟<u>老太爷</u>开门。

　　　b. 我跟<u>老太爷</u>治病。

　　　c. 我跟<u>小明</u>换尿布。

（62）a. 我跟<u>小明</u>买东西。

　　　b. 我跟<u>小明</u>借故事书。

　　　c. 你跟<u>小妹</u>还钱_{付钱}。

　　例（61）中"跟"是"为"的意思，介引的是服务型受益者。但是，例（62）在新加坡华语中是有歧义的，既可以解释为"向"，也可以解释为"为"。以例（62）a句为例，该句可以完全理解为"向卖东西的小明买东西"，也能表达"我为小明买东西"意思。潘文指出新加坡华语还有如下用例：

（63）a. 你们跟<u>我</u>安静！

　　　b. 你跟<u>我</u>走开！

　　　c. 你跟<u>我</u>小心点儿！

这里的“跟我”与现代汉语普通话中的“给我”一样，“给”也是引进强令型受益者。

可见，“跟”作受益者介词时主要用于西南官话、湘语和赣语的某些方言区。而其他方言区的“跟”有标记指涉者、比较者等用法，但都没有标记受益者用法。

3.3.2 受益者介词“搭”

“搭”是吴语区常用的一个介词，苏州方言中读作［taʔ^{55}］、上海方言中读作［taʔ^{55}］，宁波方言中读作［tɐʔ^{55}］。例如：

（64）a. 倷去搭徐先生泡杯茶。/女朋友搭俚打仔件绒线衫。（苏州方言）

b. 我搭侬梳头。（宁波方言）

（65）a. 请俚搭吾写封信。/小张今朝赠来，倷搭俚代领一份吧。（苏州方言）

b. 信搭我带带出。（宁波方言）

（66）a. 搭吾坐好仔，覅瞎动！/倷搭吾滚，滚得越远越好！（苏州方言）

b. 倷搭吾用功读书，其他事体用勿着倷问讯！（苏州方言）

例（64）中“搭”是“为”的意思，介引的是服务型受益者；例（65）中“搭”是“替”的意思，介引的是替代型受益者。《现代汉语方言大词典》把例（66）中“搭吾［taʔ˥ŋəu˩˧］”看作“习用短语”，解释为“给我，在祈使句中加强命令语气”。我们认为，这里的“搭”从直接来源看也是标记受益者的介词，即引进强令型受益者。

在上海话中，“搭”还有变体“脱［t‘əʔ^{55}］”和“得［təʔ^{55}］”（钱乃荣，2000；见李如龙、张双庆主编，2000：39），例如：

（67）a. 搿椿事体我脱侬去办。

b. 我要脱阿哥报仇。

c. 我脱侬$_{你}$介绍迭$_{这}$种药喏，就能够预防感冒个$_{的}$。

（68）a.（“噢”，伊$_{他}$讲：“侬$_{你}$等一等嚎！”）伊讲：“我得侬去查。”

b. 侬刷一趟卡以后呢，伊得侬记一块洋钿。

"搭"在吴语区某些方言点还有其他介词用法，如在苏州方言、宁波方言中还可以介引伴随者或指涉者，相当于普通话中的"跟"或"对"，也有连词用法，相当于普通话中的"和"。安徽绩溪方言中的"搭"读作［tɔʔ⁵⁵］，虽然也有上述介词和连词用法，但没有介引受益者的用法（赵日新，2003：267）。而其他方言连介词和连词的用法都没有。可见，"搭"是吴语区特有的一个受益者介词。

3.3.3 受益者介词"共"

普通话里"共"除了能作语素就是副词用法，并没有介词用法。但在闽南方言中能作介词，介引受益者。闽语区厦门方言中"共"读作［kaŋ³³］或［ka³³］，福州方言中"共"读作［kɔyŋ²⁴²］。例如：

（69）a. 我共伊请假，伊今仔日头痛发烧无法去做工。（厦门方言）

b. 看见肉俗便宜，伊也共我买两斤。（厦门方言）

（70）a. 共伊对手帮助一下。/我共汝做。（福州方言）

b. 我共你买一枚一个。/你共我问他一下。（海口方言）

例（69）中"共"相当于"替"，介引替代型受益者。例（70）中"共"相当于"为"，介引服务型受益者。

曹茜蕾（Chappell，2000：272）指出，闽语中的"共"有时有歧义，例如：

（71）汝共我买鱼。

上句有两个解释：一个是"你向我买鱼"，另一个是"你给/为我买鱼"。

闽语区中的"共"还可以作介词引入指涉者，相当于普通话中的"对、向"；也可以作连词，相当于普通话中的"和"。而其他方言区都没有这些用法。可见，"共"是闽语区特有的受益者介词。

3.3.4 受益者介词"同"

在普通话中，"同"用作介词时主要是介引伴随者，或者用作连词表示并列关系。在某些方言中"同"也会用作受益者介词，只是读音略有差异，如吴语区丹阳方言中"同"读作 $[tɔŋ^{24}]$ 或 $[tɔ^{24}]$，赣语萍乡方言中"同"读作 $[t'əŋ^{44}]$，客家话梅县方言中"同"读作 $[t'uŋ^{11}]$，闽语海口方言中"同"读作 $[ʔdaŋ^{21}]$，粤语广州方言和东莞方言中"同"都读作 $[t'oŋ^{21}]$。例如：

(72) a. 呢件衫系佢同我做嘅。/唔该你同我讲佢听喇。（广州方言）

b. 佢同𠍲个门关好了。/这本书同𠍲拿去还。（梅县方言）

c. 你同我写封信。（东莞方言）

(73) a. 我同你买喇。（广州方言）

b. 你同大家办事。（梅县方言）

c. 同我攞支杯嚟。（东莞方言）

d. 嫑急，我同汝想个主意。（海口方言）

e. 不要慌急，我同你出支主意。（萍乡方言）

f. 我同你想个办法。（丹阳方言）

例（72）各句中的"同"相当于"替"，介引的是替代型受益者。例（73）各句中的"同"相当于"为"，介引的是服务型受益者。再看下列例句：

(74) a. 你同我识相点！（丹阳方言）

b. 你同我嘎抻该碗饭！（萍乡方言）

c. 你同我扫干净地下！（东莞方言）

这里的"同"与普通话中的"给"一样，也是引进强令型受益者。

可见，"同"作为受益者介词使用范围较广，有吴语、赣语、客家话、闽语、粤语方言区等。当然这些方言区的"同"有的也可以标记指涉者、比较者等。

3.3.5 其他受益者介词

"佮"是汕头方言中的一个介词，读作 $[kaʔ^2]$。例如：

(75) a. 伊佮人做会计。他给人当会计

b. 我佮伊焅药。我替他熬药

c. 你免佮**我**烦恼。你用不着为我担忧

a 句的"佮"是"给"的意思，介引的是服务型受益者，b 句的"佮"是"替"的意思，介引的是替代型受益者，c 句的"佮"是"为"的意思，介引的是感知型受益者。

汕头方言中的"分［puŋ³³］"也能介引接受型受益者，是"给"的意思，例如：

(76) a. 我呾件事分**你**听。

b. 汝欲知亓秘密全呾分**汝**听。你想知道的秘密全说给你听（闽南语歌曲《手牵手行》，作词黄泽锐）

此外，梅县方言中的"分［pun⁴⁴］"和金华方言中的"分［pəŋ³³］"也能介引接受型受益者，相当于"给"。例如：

(77) a. 分**佢**食吃（梅县方言）

b. 我分**佟**送雨伞来了。（金华方言）

闽语区福州方言里还有用来介引服务型受益者和接受型受益者的介词"乞"，读作［koky³¹］，例句分别如下：

(78) a. 我乞**汝**剃头。我帮你理发（福州方言）

b. 我毛笔字写燴好，汝乞**我**写嚹。我毛笔字写不好，你给我写一写（福州方言）

(79) a. 掏_拿一张纸乞**伊**写字。／桶桶送过，乞**伊**担水。（福州方言）

b. 乞**我**倾蜀杯开水。给我倒一杯开水（建瓯方言）

安徽黟县方言中的"畀₁［pei⁵³］"能引进替代型受益者，南宁平话中的"凑［ts'ɐu³³］"能表示服务型受益者，例如：

(80) a. 畀**我**写封信好不好？替我写一封信好不好（黟县方言）

b. 渠不是家，我畀**渠**看门。他不在家，我替他看门（黟县方言）

(81) a. 医生凑**渠**看病。医生给他看病（南宁平话）

b. 凑**只**细文崽打一针。给这小孩儿打一针

另外，上海方言中的"告［kɔ³³⁴］"（《上海方言词典》没有"告"，不过有用法几乎完全相同的"交［kɔ⁵³］"）和"拨［pəʔ⁵⁵］"（拨辣［pəʔ³³lAʔ⁴⁴］）。它们也可以介引受益者，不过

前者主要介引替代型受益者，而后者主要介引接受型受益者（钱乃荣，2000；见李如龙、张双庆主编，2000：39）。例如：

（82）a. 我告侬写了张检讨。

　　　b. 伊拨我送过来八只月饼。_{他给我送过来八个月饼}

绍兴方言中的"拨"读作 [kaʔ²]，也是一个受益者介词（盛益民，2010）。例如：

（83）a. 我拨渠买得三本书。_{我替他买了三本书}

　　　b. 门拨我关牢。_{门替我关上}

从以上方言受益者介词看，语法化轨迹分为两个方向："跟、搭、共、同、佮"等走的是刘丹青（2003a）所列的北部吴语中老派的"搭"的线路，即"动词→伴随介词→受益介词"；而"分、乞"等走的是和普通话中的受益者介词"给、为、帮"等相同的语法化轨迹，即"动词→受益介词→伴随介词"。

另外，郑伟（2017：300～308）详细地罗列了一张"各地吴语相关虚词对照表"，其中涉及 56 个吴语方言点的受益者介词的情况，可以参看。

3.4　方言中的受损者介词

普通话中"给、拿"介引受损者的用法，在一些方言中也有；不过各地方言中还另有一些介词也能表达受损意义和性质。

3.4.1　受损者介词"跟"

新加坡华语中，"跟"还能引入受损者（潘秋平，2009）。例如：

（84）a. 对不起，玻璃跟你碰碎了。

　　　b. 小心别把衣服跟人家弄脏了。

　　　c. 跟小明弄脏了书。

这里的"跟"介引的受损者是领有型受损者。

3.4.2　受损者介词"搭"

"搭"在宁波方言中也能引入受损者，例如：

（85）a. 东西莫搭人家弄坏。

　　　b. 杯子也搭我拷腐嘈。

这里的"搭"介引的受损者也是领有型受损者。

3.4.3　受损者介词"共"

庄初升（1998）和李如龙（2000；见李如龙、张双庆主编，2000：129）都指出，闽南话中的"共"也可以引入受损者。例如：

（86）a. 伊瓶仔共侬拍破去。_{他把人家的瓶子打破了}

　　　b. 贼仔面共我〈打〉遘拢肿起来。_{小偷把我的脸都打肿了}

　　　c. 钱共我开了了去。_{钱把我花光了～把我的钱花光了}

　　　d. 将钱共我开了了去。_{把我的钱花光了}

这四句普通话直译的话应该是：

（87）a. 他（啊，）瓶子给人家打破了。

　　　b. 小偷（啊，）脸给我打肿了。

　　　c. 钱给我花光了。

　　　d. 把钱给我花光了。

当然原文可能是为了避免翻译后的歧义，才使用处置式"把"字句，并把受损者改为"把"字宾语的领有者语义角色。这两句"强调的是动作行为的受害者"。同样，它们有相应的处置句式，具体如下：

（88）a. 伊共侬〈的〉瓶仔拍破去。_{他把人家的瓶子打破了}

　　　b. 贼仔共我〈的〉面〈打〉遘拢肿起来。_{小偷把我的脸都打肿了}

改为处置句式后，"强调的则是动作行为的处置对象（即受事）"。可见，益损者一方面和领有者语义角色关系密切，另一方面因为表达的需要可能最终语法化为独立的语义角色。

3.4.4　受损者介词"帮"

"帮"在普通话里主要介引受益者，在很多方言里也是如此。如在武汉、成都、合肥、长沙、南昌、建瓯、南宁等地，"帮"尽管读音略有不同，但都能介引替代型受益者或服务型受益者。不过，曾毅平（2000；见李如龙、张双庆主编，2000：225）指出江西赣州石城（龙岗）方言中的"帮［pɔŋ⁴⁵³］"不仅能介引受益者，还能介引受损者，例如：

（89）a. 帮春华 tə 脑盖上打起只包 lau²⁴。给春华子头上打起了一只包

　　　b. 你帮偓跌 tʰəu 几杆笔呃，还问偓借啊？你给我丢了几支笔了,还向我借呀？

　　　c. 每次来做客都要帮人家舞坏一样东西来。每次来做客都给人家搞

坏一件东西

陈丽冰（2016：104）指出，福建宁德（蕉城）方言中的"帮［pɔuŋ³³⁴］"也能介引受损者，例如：

（90）a. 身份证伊帮汝弄无咯。身份证他给我弄丢了

　　　b. 伊帮我算错咯，害我亏其三百块。他给我算错了,害我亏了三百元

3.4.5　其他受损者介词

盛益民（2010）指出，绍兴柯桥话中"作"是一个多功能虚词，读作［tso³³］或［tsoʔ⁵］，可以介引伴随者、受益者（此处指包括受益者和受损者的广义受益者——笔者注）、处置对象、使役对象、平比对象等，同时具有并列连词的功能。具体来说，"作"只能介引受损者而不能介引（狭义）受益者，这个"作"不能换成介引受益者的"拨"。例如：

（91）a. 奈个屋里头作我弄得一世界？怎么屋里给我弄得乱七八糟

　　　b. 本书我作诺无还哉。书我给你弄丢了

此外，盛益民（2015，见李小凡等，2015：333）指出，衢州柯城话可以用"拿"来标记受损者，广东廉江话的"同"也能标记受损者。广东廉江话的"共、捞、同"都能介引受益者，但只有"同"介引受损者。例如：

（92）a. 梅⁼部车渠拿我弄坏 paʔ。那辆车他给我弄坏了

　　　b. 屋佢*共/*捞/同我整得乱七八糟。屋子他给我弄得乱七八糟

以上方言中的受损者介词显示，这些受损者介词大多来自受益者介词，这和汉语普通话中的"给"以及类型学中其他某些语言中的受损者介词的来源一致。当然鉴于我们的方言材料都不是直接的，我们无法进一步给出更为细致的描写和分析。

3.5 本章小结

本章中我们分析了汉语普通话中的受益者介词和受损者介词，也总结了各个方言中的受益者介词和受损者介词。尽管刘丹青（2003a）的出发点是以北部吴语的"搭"和"帮"为例来说明语法化既有整体上的共性轨迹也有局部的个性发展，不过，无形中也为汉语受益者介词的演变提供了语法化过程的描写。当然，如果再加上标记受损者用法的话，我们可以进一步描写为：

给帮类：动词→受益者介词 ⟶ 伴随者介词→并列连词
　　　　　　　　　　　　⟶ 受损者介词

跟搭类：动词 ⟶ 并列连词
　　　　　　　⟶ 伴随者介词→受益者介词→受损者介词

洪波（2004）、刘永耕（2005）、周红（2009）、晁瑞（2013）等考察了汉语普通话中"给"历时的语法化过程，杨欣安（1960）、朱德熙（1979）、施关淦（1981）、沈家煊（1999）、黄瓒辉（2001）等则考察了"给"在现代汉语中的共时表现。结合上述研究成果，我们把与益损者介词相关的各词性的"给"描述并举例如下：

（93）a. 这封信就是给她的。/我写一封信给她。（动词，宾语是终点型接受者）

　　　b. 我给了她一封信。/我给了她一封信看。（动词，宾语是接受型受益者）

（94）a. 他们给地铁工人演出。（介词，宾语是服务型受益者）

　　　b. 我给她排队。（介词，宾语是替代型受益者）

　　　c. 你给我放开！（介词，宾语是强令型受益者）

　　　d. 你给我打碎了杯子！（介词，宾语是领有型受损者）

（95）a. 我递给她一封信。/我写给她一封信。（助词，宾语是接受型受益者）

　　　b. 我买给她一所房子。/我舀给她一勺酱油。（助词，宾

　　　　　语是接受型受益者）

　　关于助词"给"的分析请参看下文 4.3 节。此外，"给"义动词在很多语言中都会语法化为标记受益者或受损者的介词，具体可参考 Newman（1996）、Fagerli（2001）等论著。

第四章　益损者作间接宾语

长期以来，"双宾语"（Double Object）是语言学界最为关注的句法结构之一。同样，汉语语言学家也撰写了大量的研究论著，20世纪有黎锦熙（1992［1924］）、吕叔湘（1982［1942～1944］）、朱德熙（1982）、马庆株（1983）、李临定（1984）、陈建民（1986）、沈家煊（1999）、张伯江（1999）、顾阳（1999）、徐杰（1999a，1999b）等，21世纪有刘丹青（2001）、张国宪（2001，2003）、陆俭明（2002）、卢建（2003，2017）、何晓炜（2003，2008，2009，2010）、徐德宽（2004）、张伯江（2006，2009）、林艳（2009，2013）、王寅（2011）等。这些论著关注的主要问题有双宾语句的内涵界定、涵盖范围、结构层次、构式语义、句法生成等，也取得了丰硕的研究成果。以往也有学者做过一定的反思和评述，如陆俭明（1988a）、延俊荣（2002）、满在江（2005）、王寅（2011）、林艳（2013）、钟书能和石毓智（2017）等。

我们将在前辈时贤研究基础上对双宾语句的相关问题作出反思，特别是对双宾语句的构式语义提出不同于以往的一些看法。为方便起见，我们把双宾语结构写作"$V+N_1+N_2$"，把双宾语句写作"$S+V+N_1+N_2$"。

4.1　双宾语结构的概念界定

马建忠（1983［1898］：152）讲道"'教''告''言''示'诸动字后有两止词，一记所语之人，一记所语之事。先人后事，无介字以系者常也"，可见马氏已经有了双宾语结构的意识。不过汉语学界通行的"双宾语"术语最先由黎锦熙（1992［1924］：34、

124）提出："有一种外动词，表示人与人之间交接一种事物的，如
'送''寄''赠''给''赏''教授''吩咐'等，常带两个名词
作宾语，叫作双宾语。"然而，汉语中还存在一些谓语动词后面有
两个名词性成分但是并不表示交换事物的句子，例如：

（1）a. 开<u>小王</u>一个玩笑。

b. 小宋赢了<u>我</u>一盘棋。

c. 后面的司机按了<u>李四</u>一喇叭。

d. 他偷了<u>东家</u>一头牛。

e. 我吃了<u>他</u>三个苹果。

在语义上后两句的两个名词性成分有所谓的领属关系，而前三
句很难说两个名词性成分之间有什么关系。那么，我们如何分析这
些句子？它们是否也应该看作双宾语句？汉语中双宾语句或双宾语
结构的构成范围到底如何界定？

4.1.1 "双宾语"和"双及物"的关系

我们先从"双宾语"和"双及物"的关系说起。"及物"一词
译自英语 transitive，早在严复《英文汉诂》（1933［1904］：43）
中就已经出现，该书指出"及物"与"不及物"（intransitive）相
对，构成动词的两个小类。而"双及物"也应是译自英语 ditransi-
tive，据我们考察，较早可能出自《英语基础语法新编》（1972：
28），也是用来指英语中除不及物动词和及物动词外的像 give、
send、offer 等另一个动词小类。①

关于"双宾语"和"双及物"的关系问题，学者也似乎没有
真正弄明白并加以区分，而是根据自己的理解想当然使用。对于黎
氏所讲的由"送、寄"等动词常带两个名词作宾语的结构或句子，
无论是在现代汉语还是古代汉语，普通话还是方言，汉语还是英语

---

① 较早时期学界把及物和不及物分别称为"外动""他动"和"内动""自动"
等，而双及物一般是放在前者中讲。据 Merriam-Webster Dictionary（网址：ht-
tps：∥www. merriam-webster. com），语言学中 transitive、intransitive 和 ditransitive
最早分别见于 1590 年、1612 年和 1963 年，而 direct object 和 indirect object 最早
见于 1879 年。

或其他语言，自然语言还是人工语言中，绝大多数学者还是叫作双宾语句，如周迟明（1964）、马庆株（1983）、陆俭明（1988a，2002）、陈建民（1986）、顾阳（1999）、汪国胜（2000）、何晓炜（2003）、满在江（2005）等，少部分学者叫作双及物结构，如张伯江（1999）、刘丹青（2001）、徐盛桓（2001）、何晓炜（2002，2008）等，还有学者叫作双宾及物结构，如丁建新（2001）等。名称不一，以至于有学者如湛朝虎（2010：2）认为"两种不同的称呼（指'双宾语'和'双及物'——笔者注）不会对研究结果带来太大的影响"。我们根据以往学者的叙述和分析把对它们的关系的认识概括为"等同说"、"包含说"和"部分重叠说"三种。

首先是"等同说"。"等同说"又分为两类。一类是把双及物等同于双宾语，指由双及物动词构成谓语的句子，而不论动词后宾语个数，如黎锦熙（1992［1924］：124，注1）就把双宾语句分为五式，举例如下：

(2) a. 阳货送孔夫子一盘肘子。
　　b. 阳货把一盘肘子送孔夫子。
　　c. 阳货送一盘肘子给孔夫子。
　　d. 阳货送给孔夫子一盘肘子。
　　e. 阳货把一盘肘子送给孔夫子。

杨树达（1984［1934］：121）、吕叔湘（1982［1942～1944］：42）、黎锦熙和刘世儒（1957：163，1959：128）、周迟明（1964）、贝罗贝（1986）、罗耀华（2016）等亦持此观点。

另一类是把双宾语等同于双及物，指由双及物动词构成谓语动词且其后确实有两个宾语的句子。张伯江（1999）指出"汉语可以说存在着一个叫做双及物的构式，其形式表现为：V-N$_1$-N$_2$"。虽然张文另说"这两种说法……一个用的是分解的观点，另一个体现的是整体的视点，它们有实质的区别"，但是我们认为他所说的"区别"只是"角度"的不同，一个是从整体到部分并注重部分分析的"分析观"，另一个是从部分到整体并注重整体的"综合观"（沈家煊，2005），实际上说的是同一种语言现象。这也得到了张国宪（2001）在摘引张伯江一文观点时用括号内容"即双宾语式"

来解说"双及物式"的证实。此外，韩景泉（1992）、陈满华（2008）也有类似的认识。

其次是"包含说"。张国宪（2001）指出，"从意义上说，所有的人类语言都有双及物论元结构式，但句法形式上并非所有的人类语言都采用双宾语结构"，"双宾语句式只是双及物论元结构的一种句法形式，并非人类语言的共性"。可见，张国宪认为"双宾语句"是从句法结构的角度得出的概念，而"双及物"是从意义的角度得出的概念，这从他把双宾语句称为"双及物 A 式"，把与格单宾句称为"双及物 B 式"也可以看出。何晓炜（2003，2009）、卢建（2017：341）等也有类似的认识。

最后是"部分重叠说"。刘丹青（2001）指出"双及物结构指的是一种论元结构……在句法上可以表现为多种句式，有的是双宾语句，有的不是"。至于不是双宾语句的双及物结构是哪些，是不是所有的双宾语句都是双及物式，刘文并没有具体说明。我们笼统地称为"部分重叠说"。

4.1.2　从论元结构出发还是从句法结构出发

可以看出，上面的三种认识涉及从论元结构出发还是从句法结构出发来看待由"送""寄"等动词带两个名词性成分的句子。"名不正则言不顺"，我们认为不可以混淆"双及物"和"双宾语"这两个概念，就如同在英语中 ditransitive 和 double object 是两个术语一样。

我们赞同刘丹青（2001）所认为的"双及物结构指的是一种论元结构"观点，并明确提出"两层面互交叉说"，即认为"双及物"是论元结构层面概念，而"双宾语句"是句法结构层面概念。实际语言中，句法结构和论元结构有对应，但也有扭曲。两者的关系可以用图 4.1 表示。

也就是说，不是所有的"双宾语句法结构"都用来表达"双及物论元结构"，也不是所有的"双及物论元结构"都要用"双宾语句法结构"来表达。我们明确"双宾语句"在句法上动词后一定是带两个名词性成分，这是必要条件。从句法结构上来界定双宾

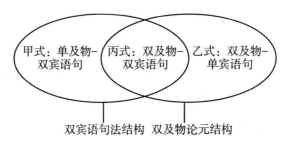

图 4.1　"双宾语句法结构"和"双及物论元结构"关系

注：也存在一种"双及物-零宾语句"，如"他啊，那本书我已经给了"。但这并不影响我们的讨论。下面章节中还会分析到另一种双宾语句，即"不及物-双宾语句"。因为这里只涉及和双及物结构的关系，所以暂不讨论。

语句不是没有根据的。一方面，这名副其实而且实至名归，因为的的确确是谓语动词后面有两个名词性成分作宾语。另一方面，用"双及物"这个概念来界定"双宾语句"这个集合的结果是捉襟见肘。一般语法著作中把双及物动词界定为"能带两个名词性成分作宾语"，这还涉及配价的问题。陆俭明、沈阳（2004：131）指出"一价动词差不多就是一般说的不及物动词"，"二价动词差不多就是一般说的及物动词"，"三价动词差不多就是一般说的双宾动词"。刘丹青（2001）使用的是"双及物（三价）动词"的说法。可见一般的认识是动词及物与否与配价有着对应关系。但是，实际上有些动词的配价和使用却不对应。比如我们说"给、教"等是三价动词，因为它们不仅关联"谁给/教"还关联"给/教什么"和"给/教谁"，所以我们认为它们是双及物动词，这似乎没有问题。然而还有一些动词，比如"偷、抢"也"都是三价动词，都能跟三个语义角色相联系"（沈家煊，2000a），因为它们也不仅关联"谁偷/抢"，还关联"偷/抢什么"和"偷/抢谁"，可是我们似乎没有看到哪本著作把它们当作双及物动词。此外"商量、交换、表明、透露、考、奉承"等动词也是这种情况，如"考、奉承"也不仅关联"谁考/奉承"，还关联"考/奉承什么"和"考/奉承谁"等，然而我们也似乎没有看到哪本著作认为它们是双及物动词。由此看来，从论元结构出发的双及物动词本身就是一个范围不明、成分参差的概念和集合，而用这个模糊的概念去界定双宾语句这个集合最终导致其界限不清的局面也就在所难免。因此，句法结构才是界定双宾语句这一构式的出发点和落脚点。

据此，我们把在语义上是双及物论元、在句法上是双宾语的称为"双及物-双宾语结构式"，这也就构成了学界一般意义上的"双宾语句"。例如：

（3）a. 我送张三一本书。

b.（他）问我一个问题。

c.（妈妈）喂小孩牛奶。

d. 福利委员会补助李晓燕一件棉衣。

以上各句中，一方面动词"送、问、喂、补助"都会涉及三方，即"谁送/问/喂/补助"、"送/问/喂/补助什么"及"送/问/喂/补助谁"，也就是说除了有动作的施事和受事外还有一个间接对象，所以它们也是"双及物论元结构"；另一方面动词后面有两个宾语，显而易见都是双宾语句。由此它们属于图中丙式"双及物-双宾语句"。再看例句：

（4）a. 我给张三送了一本书。

b. 他向我问了一个问题。

c.（妈妈）给小孩喂牛奶。

d. 福利委员会给/向李晓燕补助一件棉衣。

以上各句中，一方面动词"送、问、喂、补助"如上所述涉及三方，是"双及物论元结构"；另一方面动词后面只有一个宾语，从而不是"双宾语结构"。由此它们属于乙式"双及物-单宾语结构式"，也即"与格单宾句"（张国宪，2001）。再看例句：

（5）a. 我已经跟老李商量过这件事了。

b. 总理随即又同来宾交换了纪念礼品。

c. 中国政府向世人表明了自己的立场。

d. 他向朋友们透露了一些家庭秘密。

例句中的"商量、交换、表明、透露"等动词，有的语法论著称为"三价交互动词"（张谊生，1996，1997），有的语法论著称为"准三元动词"（袁毓林，1998：317）。显然，它们所构成的事件也同时需要三个论元角色参与，"一个是施事 A，一个是受事 P，一个是与事 D"（袁毓林，1998：316），不过实际上它们并不能构成双宾语句，这是它们和"与格动词"不同的地方，例句如下：

（6）a. *我已经商量过老李这件事了。

　　　b. *总理随即又交换了来宾纪念礼品。

　　　c. *中国政府表明了世人自己的立场。

　　　d. *他透露了朋友们一些家庭秘密。

再看下面例句：

（7）a. 张三拿了李四100块钱。

　　　b. 昨天邻居买我一把旧椅子。

　　　c. 张三吃了我三个苹果。

　　　d. 张三修了王家一扇门。

以上各句中，一方面在语义上动词"拿、买、吃、修"等只涉及两方，即"谁拿""谁买""谁吃""谁修"和"拿什么""买什么""吃什么""修什么"，而句中的"李四、我、王家"等在语义上和动词本身并没有直接关联，只能回答说"拿谁的""买谁的""吃谁的""修谁的"，即它们都不是"双及物论元结构"；另一方面动词后面有两个宾语，从而都是"双宾语结构"。由此它们属于甲式"单及物-双宾语结构式"。

综上，我们将丙式"双及物-双宾语结构式"和乙式"双及物-单宾语结构式"合称为"双及物式"，而将丙式"双及物-双宾语结构式"和甲式"单及物-双宾语结构式"合称为"双宾语句"。

4.1.3　双宾语结构的界定和说明

上面我们明确了"双宾语句"的构成范围是无论句中谓语动词是哪种论元结构，在句法上后面一定要带两个名词性成分，这是必要条件而不是充分条件。这里有两个补充说明。

第一，这里所说的名词性成分指的是名词、代词和（名词性的）数量词语等。其中名词不包括方位词语，代词不包括虚指代词，（名词性的）数量词语不包括时量词语、度量词语和动量词语等。这个补充说明提出的目的主要是排除马庆株（1983）所讲的"处所类双宾语构造"、"度量类双宾语构造"、"动量类双宾语构造"、"时量类双宾语构造"和"包含虚指宾语的双宾语构造"。关于这些构造并非双宾语结构的分析，可参看顾阳（1999）等，这里不再赘述。

第二，这里要排除两个疑似双宾语句的情况，即两个名词性成分具有同指关系，主要指的是同位同指和兼语同指两种情况。首先看同位同指情况。下面两例都是有歧义的。

（8）局长罢了他们三个人。

= a. 局长罢了他们$_i$三个人$_i$。

= b. 局长罢了他们$_i$三个人$_j$。

（9）校长表扬了一班五个人。

= a. 校长表扬了一班$_i$五个人$_i$。

= b. 校长表扬了一班$_i$五个人$_j$。

以例（8）说明，a 句表示的意思是他们只有三个人，即"他们"和"三个人"同指，那么这就是一个单宾语句。这就如同下例中"她们"和"母女俩"是同指一样。

（10）职工们非常关心她们母女俩。

= a. 职工们非常关心她们$_i$母女俩$_i$。

≠ b. *职工们非常关心她们$_i$母女俩$_j$。

例（8）b 句表示的意思是他们不止三个人，即"他们"和"三个人"不同指，那么它就是一个双宾语句。我们可以通过变换为"把"字句分化它们。

（11）局长把他们三个人罢了。

= a. 局长把他们$_i$三个人$_i$罢了。

≠ b. *局长把他们$_i$三个人$_j$罢了。

我们同样把带"的"字的定中关系的单宾语句变换为"把"字句。

（12）局长罢了他们的三个人。

≠ a. *局长罢了他们$_i$的三个人$_i$。

= b. 局长罢了他们$_i$的三个人$_j$。

（13）局长把他们的三个人罢了。

≠a. ＊局长把他们ᵢ的三个人ⱼ罢了。

＝b. 局长把他们ᵢ的三个人ⱼ罢了。

再看兼语同指情况。请看例句：

（14）a. （我们）叫他ᵢ老大哥ᵢ。

　　　b. 人家称他ᵢ呆霸王ᵢ。

　　　c. 大家骂他ᵢ"癞皮狗"ᵢ。

朱德熙、马庆株、张伯江等少数学者把以上例句也纳入双宾语句。朱德熙（1982：119）说"表示等同：近宾语和远宾语的所指在某一方面有同一性"，马庆株（1983）称为"表称类双宾语构造"，张伯江（1999）称为"命名类"。这类动词有称、称呼、叫、骂等，这些动词后面的两个名词性成分具有同指关系。

英语中也有类似意义的句子，例如（Corder，1968；Quirk et al. 1985：729；《柯林斯高阶英汉双解词典》，2008：1346；《牛津高阶英汉词典》，2018：706。下标为笔者所加）：

（15）a. She considers himᵢ a foolᵢ.

　　　b. They elected himᵢ chairmanᵢ.

　　　c. They have named their babyᵢ Rogerᵢ.

　　　d. His friends call himᵢ Tedᵢ.

　　　e. The Prime Minister is being pressed to rename child bene-
　　　　fitᵢ 'child allowance'ᵢ.

　　　f. They declared himᵢ (to be) the winnerᵢ.

然而 Corder（1968）、Quirk 等（1985：726）、Goldberg（1995：73）、张建理（2006）等讨论时都没有把它们列入双宾语句，学界公认的观点是"宾补结构"（Object-Complement Construction），如 Quirk 等（1985：729）、顾阳（1999）、徐盛桓（2001）等。请比较下面英汉各例：

（16）a. They have named their baby.

　　　b. He is called Ted by his friends.

　　　c. ＊他被（我们）叫老大哥。

　　　d. ＊他被人家称呆霸王。

　　　e. ＊他被大家骂"癞皮狗"。

再请比较下面各例：

（17）a. 他被（我们）叫作/为/成老大哥。

b. 他被人家称作/为/成呆霸王。

c. 他被大家骂作/为/成"癞皮狗"。

（18）a. *（我们）叫作/为/成他老大哥。

b. *人家称作/为/成他呆霸王。

c. *大家骂作/为/成他"癞皮狗"。

由此可见，不仅英语和汉语"表称命名类"呈现出不同，而且汉语中"表称命名类"和其他的双宾语句也呈现出差异。我们赞同安丰存（2003）等的观点，认为这种句式"事实上是兼语式的一种变式"，具体分析可参看该文。我们把这种现象称为"兼语同指"。

综上所述，我们认为不论谓语动词是哪种论元结构，只要在句法上该谓语动词后面带两个没有同指关系的名词性成分的结构就是双宾语结构。含有双宾语结构的句子即为双宾语句。

4.2 双宾语结构的构式语义

大多数学者都认为"双宾语"是一个构式，如张伯江（1999）明确写道"汉语可以说存在着一个叫做双及物的构式，其形式表现为：$V-N_1-N_2$"。但是对于其构式意义，学界却有几种不同的看法。[①]

4.2.1 对四种观点的探讨

张伯江（1999）把双宾语结构的原型语义概括为"在形式为

---

① 我们这里主要讨论的是国内对汉语双宾语构式语义概括的四种观点。此外，马志刚（2011b）把汉语双宾语的语义表述为"某个施为者以某种方式有意致使间宾和直宾建立或丧失领属关系"。我们认为这和张国宪的"转移说"没有太大差别。当然国内也有对英语双宾语/双及物构式语义的概括，如徐盛桓（2001）概括说"施事者（N（=S）通过 V 的行为和 V 展开的某种方式让 N_1 领有 N_2……也可以简称为'给予'"，同时指出"（与张伯江对汉语双宾语句构式语义的概括）是相通的"。

'A+V+R+P'的构式里，施事者有意地把受事转移给接受者，这个过程是在发生的现场成功地完成的"，并指出其核心语义是"有意的给予性转移"。我们称为"给予说"。

张国宪（2001）认为"在现代汉语中'索取'只是一部分双宾语句的语义内涵，而与之对立的'给予'则是另一部分双宾语句的语义内涵"，并指出"'动词+间接宾语+直接宾语'构造的原始句式语义是'强制的索取性转移'"，因此他把双宾句式的语义概括为"施动者有意识地使事物的所有权发生转移"。我们称为"转移说"。

何晓炜（2009，2010）指出双宾语句所表达的基本语义为"传递"，并认为该概念是广义的，可表实物的传递、信息的传递，传递的意义可以引申。我们称为"传递说"。

徐德宽（2004：84、88）把双宾语句写作"VN_1N_2"，指出从最一般的意义上来讲，其意义就是动作 V 使得 N_1 和 N_2 之间发生了某种联系，进而概括双宾语句的构式语义为"N_1 由于 V 得到或失去 N_2"。我们称为"得失说"。

下面我们对以上四种观点加以探讨。

既然把"双宾语"看作一个构式，那么我们先来看看构式的经典定义（Goldberg，1995：4）[①]：

C 是一个构式，当且仅当 C 是一个形式-意义的配对 $\langle F_i,S_i \rangle$，且 C 的形式（F_i）或意义（S_i）的某些方面不能从 C 的构成成分或其他先前已有的构式中得到完全预测。

从这个定义可以看出构式有如下特点：第一，构式具有外在形式和内在意义两个属性；第二，构式的意义不是组成成分的简单相加，而是"言外之意"或"整合之意"；第三，构式的意义已经固化或语法化了；第四，构式的意义是独特的，无法从其他构式推

[①] 虽然 Goldberg（2006：5）重新给"构式"下了一个定义，即"任何语言格式，只要其形式或功能的某些方面不能从其组成部分或其他已经存在的构式中得到完全预测，就应该被看作一个构式"，但这个定义和正文中的定义的区别主要在于 Goldberg 把"意义"改为"功能"，本质上变化不大，而且正文中的定义更为大家所熟悉。

知，更不为其他构式所有。

我们先看张伯江（1999）的"给予说"。他认为双宾语句的核心语义是"有意的给予性转移"，我们可以把这个核心语义分解为"有意""给予""转移"三个方面。"有意"指施事自主和意愿的心理活动，"转移"可以认为是受事客体在空间上从某处到另一处的移位或在时间、性质上"有""无"的转变等；"给予"可以解释为受事移位或转变事件的性质或方式。首先，不是所有双宾语句的谓语动词都是表示主语"有意"为之。例如：

（19）给我一些启发

    a. 他给了我一些启发。

    b. 他的话给了我一些启发。

    c. 他的书给了我一些启发。

    d. 他失败的人生给了我一些启发。

我们暂不论这"一些启发"是谁的。我们应该承认 a 句是一个双宾语句，因为"给"是一个"给予类"动词，后面带了两个宾语，主语是人，在意义上符合张文所说的"有意的给予性转移"。我们也应该承认 b 句是一个双宾语句，"他的话"虽然看起来不是有生名词性词语，但因为是"他"说的，勉强可以算是。我们也不得不承认 c 句和 d 句都是双宾语句，因为它们和前两句在结构上是一样的，然而是否"有意"就要斟酌：c 句似乎可以说是"有意"，因为一般而言写书人的目的就是想启发看他书的人，"启发"就在书里；d 句却无法说是"有意"，因为我们不能说他"有意"让人生失败，他"有意"给我"启发"，甚至主语都不是"有生"的。英语也存在类似的句子，例如（Goldberg，1995：144）：

（20）a. She gave me the flu. （她给我流感）

    b. She got me a ticket by distracting me while I was driving.（她让我得到一张罚单，因为在我开车时，她分散了我的注意力）

    c. Joe accidentally loaned Bob a lot of money. （乔无意中借给鲍勃一大笔钱）

Goldberg 也承认这些句子中的主语并非自愿。再看下列例句

（Goldberg，1995：141、144）：

    （21）a. The medicine brought <u>him</u> relief. （这种药带给他慰藉）

          b. The rain brought <u>us</u> some time. （这场雨带给我们一些时间）

          c. Mary's behavior gave <u>John</u> an idea. （玛丽的行为给了约翰一个想法）

以上句子的主语甚至不是有生的，因此更谈不上"有意"。因此，"有意"不能涵盖所有的双宾语句。

其次，我们知道，与双宾语句接近的句式是与格单宾句和"施动受"格式。请看例句：

    （22）a. 张三向他送了一份礼。

          b. 福利委员会向李晓燕补助一件棉衣。

          c. 张三送礼去了。

          d. 张三卖了一所房子。

前两句是与格单宾句，后两句是一般"施动受"格式。它们同样可以表达施事的有意行为、受事的转移过程和事件的给予性质。以 d 句为例，第一，在该句中，至少目前而言我们完全看不出他是被人强制或胁迫，因而我们得承认"卖"是张三的有意行为。第二，只要"卖了"这件事情发生，那么某物（这里指一所房子）就会从某人（这里指张三）手里转移到另一个人（这里没有明说）手里。第三，"卖了一所房子"表明这所房子是以张三"得钱失物"而某人"花钱取物"即"财货交易"的方式转移的。也就是说 d 句也完全能够表达"有意的给予性转移"这一意义。由此看来，张伯江所说的双宾语句"有意的给予性转移"核心语义完全可以从其构成成分或其他构式中得到预测，这显然并不符合构式的定义。正如张国宪（2001）所说"词汇语义起了十分重要的作用，也可以说这种'有意的给予性转移'主要来自于给予性动词"。但是张国宪的这句话只说对了一半，即前半句非常正确，而后半句应该改为"这种'有意的给予性转移'主要来自于向外性质的转移性动词"。张伯江（1999）所列的六类动词中，不仅"现场给予类"和"远程给予类"具有转移性，而且"瞬间抛物类"、"传达信息类"和"允诺、指派类"也都是具有转移性的。例如他认为"动词'分'并不具有'转移'的意义"，而在"单位分了我一套房子"中就有了。其实，表示"分割、分解"的"分"的确没有"转移"意义，但是表示"分配、分发"的"分"是有转移意义的，而"分房子"的"分"是"分配、分发"之义而非"分割、分解"之义。

最后，既然与格单宾句和"施动受"主动格式都能表达"有意的给予性转移"，那么根据"无同义原则"（The Principle of No Synonymy）的"推论A"（Goldberg，1995：67），双宾语句除了能表达"有意的给予性转移"，应该还有其他意义的表达。而这一其他意义恰恰就是它和其他构式的区别。

因此，我们不认为"有意的给予性转移"是双宾语句真正的构式义。

我们再看张国宪（2001）的"转移说"。他所说的"施动者有意识地使事物的所有权发生转移"可以分解为"有意（识）""（致）使""（所有权）转移"三个方面。上文已经分析了"有意"和"转移"并不能构成构式义。关于双宾语句的"致使"意义，其实可以追溯到 Oehrle（1976：72）、Goldberg（1995：3）等，前者分析为"致使拥有"（caused possession），而后者认为英语中构式"Subj+V+Obj+Obj$_z$"具有"X致使Y收到Z"的意义，或者简称为"致使收到"（cause-receive）。例如（Goldberg，1995：33）：

（23）a. Pat faxed <u>Bill</u> the letter.（帕特把信传真给比尔）

b. Chris baked <u>Pat</u> a cake.（克里斯给帕特烤了一个蛋糕）

c. Mary taught <u>Bill</u> French.（玛丽教比尔法语）

d. Mary showed <u>her mother</u> the photograph.（玛丽让她妈妈看照片）

相应的单宾句如下：

（24）a. Pat faxed the letter.（帕特传真了那封信）

b. Chris baked a cake.（克里斯烤了一个蛋糕）

c. Mary taught French.（玛丽教法语）

d. Mary showed the photograph.（玛丽展示了那张照片）

显然单宾句没有致使意义，与之相比"致使"是双宾句构式新增加的。介词也可以引入与格对象，例如（Goldberg，1995：33）：

（25）a. Pat faxed the letter to Bill.（帕特传真了那封信给比尔）

　　　b. Chris baked a cake to Pat.（克里斯烤了一个蛋糕给帕特）

　　　c. Mary taught French to Bill.（玛丽教比尔学法语）

　　　d. Mary showed the photograph to her mother（but her mother couldn't see it）.［玛丽把照片给她妈妈看（但是她妈妈由于近视看不见）］

Goldberg（1995：33）指出，与格宾语句还能表示并没有达到相应结果的意义，如例（23）c 句表示比尔实际上学会了一些法语，d 句表示玛丽的妈妈实际上看到了照片；而例（25）c 句和 d 句并没有这个意义。沈家煊（1999）指出汉语的"SV 给 xO"和"SVO 给 x"在宾语是否受影响上也大致是这样的情形。因此，与格宾语句只是客观地陈述施事的行为事件，也没有"致使"意义。由此可见，"致使"是双宾语句不同于其他格式的区别性意义，而且"致使"在意义上要比"有意"更有概括性，因为"致使"既可以是"有意"也可以是"无意"（周红，2005：91、268）。

其实，"有意的给予性转移"中"给予（性）"也是含有"致使"意义的。我们可以从"给予"的词汇意义和语义成分两个方面说明。具体如下：

a."给予"的词汇意义：

【给予】jǐyǔ〈书〉 动 给（gěi）。

【给】gěi① 动 使 对方得到某些东西或某种遭遇。（《现汉》，2016：613、447）

b."给予"的语义成分：

1）存在着"与者"（A）和"受者"（B）双方。

2）存在着与者所与亦即受者所受的事物（C）。

3）A 主动地 使 C 由 A 转移至 B。（朱德熙，1979）

刘永耕（2005）认为给予动词"给"具有五个义素，其中也包含了"使获得"。可见，无论从词汇意义还是语义成分上看，

"给予"的确都具有"致使"意义。那么双宾语句的构式是不是就是"致使拥有"呢？我们认为不是。

首先，据 Rappaport 和 Levin（2008）、Levin（2008：132）有力分析，英语 give 类动词的基本意义就是"致使拥有"。上述两文对双及物动词持"对动词类型敏感"（verb-sensitive）的观点，认为这类动词在双宾语句中表达"致使拥有"，在与格单宾句中还是表达"致使拥有"。如果他们观点可靠的话，双宾语句构式意义就不能概括为"致使拥有"，因为按照构式定义，它是不能从组成成分中得到预测和推导的。

其次，汉语、英语和其他一些语言还有一些双宾语句不能概括为"致使拥有"。例如：

（26）a. Joe refused Bob a cookie.

　　　b. Amy asked Sam his name/his birthday/his marital status.

　　　c. He forgave her her sins.

　　　d. He envied the prince his fortune.

（27）a. 他偷了东家一头牛。

　　　b. 张先生打碎了他四个杯子。

　　　c. 我吃了他三个苹果。

　　　d. 李师傅拿了我两次钳子。

（28）韩语（O'Grady，1991：3；Gerdts，1986：109；Pylkkän-en，2008：21）

　　　a. Kay-ka Mary-lul son-ul　mwul-ess-ta.

　　　　 dog-N　Mary-Ac hand-Ac bite

　　　　 'The dog bit Mary's hand. '

　　　b. John-i Mary-lul elkwul-ul kuli-ess-ta.

　　　　 John-N Mary-Ac face-Ac　draw

　　　　 'John drew Mary's face. '

　　　c. Totuk-i Mary-hanthey panic-lul humchi-ess-ta.

　　　　 thief-NOM Mary-DAT ring-ACC steal-PAST-PLAIN

　　　　 'The thief stole a ring from Mary. '　（Lit：The thief stole Mary a ring）

（29）a. 希伯来语（Landau，1999）

　　　ha-yalda kikela　le-Dan et　ha-radio.

　　　the-girl　spoiled to-Dan Acc　the-radio

　　　'The girl broke DaN's radio on him.'

　　b. 德语（Shibatani，1994）

　　　Man　hat　ihm　seine Frau getötet.

　　　one　has　him　his　wife killed

　　　'They killed his wife on him.'

Goldberg（1995：75）概括例（26）a 句意义为"X 致使 Y 收不到 Z"，也可以理解为"致使失去/不拥有"；对于例（26）后三句，Goldberg（1995：131）承认是例外。

例（27）是汉语中所谓的"取得类"双宾语句，沈阳（1994）、李宇明（1996）、杨成凯（1996）、满在江（2004）、张伯江（2009：第八章）等倾向于把它处理为单宾语句，即把动词后的两个名词性成分处理为定语和中心语的关系。马庆株（1983）、陈建民（1986：88）等则认为是双宾语句，而陆俭明（1997，2002）、Zhang（1998）、徐杰（1999b，2004）、张国宪（2001，2003）等指出有足够的证据证明两个名词并非定中关系，而都是谓语动词的论元成分。我们想说的是，既然英语中不排除把"致使失去/不拥有"意义的句子纳入双宾语句，那么汉语中为什么要把既在结构上极其相似又在意义上完全相反的"致使失去"的"取得类"双宾语句排除在双宾语句之外呢？问题还不仅在于此，请看例句：

（30）a. 采用了他五个建议。

　　b. 承担了国家五个项目。

　　c. 出版了王教授五本书。

　　d. 挑选了北大十个学生。

（31）a. 修了王家三扇门。

　　b. 改了你几个错题。

　　c. 说了他几句坏话。

　　d. 后面的司机按了李四一喇叭。

例（30）的句子都可以看作"取得类"双宾语句，如果我们上面的反问成立的话，那么很难说它们是"致使失去"的意义，如我们不能说"采用了他五个建议，他就失去了五个建议"，也不能说"承担了国家五个项目，国家就失去了五个项目"。例（31）a句看起来像"给予类"双宾语句，好像是给予了服务，但很难说"致使王家拥有什么"。

另外，何晓炜（2009，2010）认为"'传递'比'拥有'或'失去'更具代表性"。我们认为"传递"和张伯江所说的"转移"没有什么大的差别，因为与格单宾句也是表示"传递"的。所以"传递"也不是双宾语句构式意义。至于徐德宽（2004）的"得失说"，一则"V 得到或失去 N_2"的认识过于具体而不具有概括性，比如"修了王家三扇门"，我们不能说这个句子表示的是"王家得到三扇门"；二则"N_1 由于 V 得到或失去 N_2"这样的概括很容易让人认为 V 这个动作是 N_1 发出来的，而实际并非如此。可见，"致使拥有"中的"拥有"必须删去从而剩下"致使"。

4.2.2 双宾语结构表示"致使–受益/受损"

那么双宾语句构式意义就是"致使"吗？下面我们将证明"致使"意义并不是双宾语句构式意义的全部。我们认为双宾语句核心的构式意义是"致使间接宾语 N_1 所表示的对象受益或受损"，简写作"致使–受益/受损"。

第一，绝大多数语言都已经有自己独特的致使结构（causative），如汉语有"N_1 + 使/令/叫 + N_2 + V"。用两种不同的格式来表达同一个构式意义，不符合语言经济性原则，也不符合上面所讲构式的第四个特点。英语中也还有用"Subj + V + Obj + Obl"表示"X 致使 Y 移向 Z"的致使–移动（caused motion）构式，用"Subj + V + Obj + Xcomp"表示"X 致使 Y 变成 Z"的动结（resultative）构式等（Goldberg，1995：4）。所以只用"致使"概括双宾语句构式意义是不够的，应该用"致使什么"。

第二，对某个构式意义的概括一般而言不能从已有的成分去研究，而是从增加或减少的成分、变化的位置或格局等入手去研究。例如汉语"把"字句的语言形式为"N_1 + 把 + N_2 + V"，和"N_1 + V +

N$_2$"相比，我们一般不会根据动词 V 来概括其构式意义，而只会从新增加的成分"把"和改变位置的 N$_2$ 入手来构建其构式意义，得出的结论是："把"字句一般表示"处置"，或进一步细化为"把人怎样安排，怎样指使，怎样对付；或把物怎样处理，或把事情怎样进行"（王力，1985［1943］：83）。同样的道理，双宾语句和与格单宾句相比，变化的是间接宾语由介词介引移位到直接位于动词之后，因此，概括双宾语句的构式语义也应该从间接宾语入手，而不是从施事者和直接宾语入手。

第三，把双宾语句构式意义概括为"致使－受益/受损"符合人们的直觉，既能解释所谓的"给予类"双宾语句，也能解释上面看似"例外"的其他双宾语句。例如，例（2）a 句中，"一盘肘子"是别人送的，孔夫子不用花钱，因而他"受益"；例（7）a 句中，李四的钱被别人拿了，不能买东西，因而李四"受损"；例（19）d 句中，我看到他的失败并有所反思，不会走他的老路，因而我"受益"；例（20）b 句中，她分散了我的注意力，我开车违反相关交规得到罚单，因而我"受损"；例（21）b 句中，这场雨让比赛推迟，没有准备好比赛的我们赢得了一些时间可以准备得更充分些，因而我们"受益"；例（26）c 句中，他原谅了她的罪孽，使她在心理上可能得到一定的解脱，因而她"受益"；例（30）b 句中，某人承担了国家的项目，国家就不需要再花时间找人来做，因而国家"受益"；例（31）a 句中，某人修好了王家的门，王家既不需要找别人来修也不用担心被偷盗等，因而王家"受益"；等等。

此外，马庆株（1983）所讲的"结果类"、"使动类"和部分"动量类"等也不必排除在双宾语之外了。例如：

(32) a. 开水烫了他好几个泡。

　　b. 雨水浇了他个落汤鸡。

　　c. 吓了我一身冷汗。

　　d. 妈妈打小玲一巴掌。

我们得承认"几个泡、（一）个落汤鸡、一身冷汗、一巴掌"等是名词，它们和动词后的 N$_1$ 没有领属关系，因此这些句子的确是动词后有两个不同性质的名词。它们也都可以用双宾语句构式意义"致使-受益/受损"来解释。

Goldberg（1995：144）在解释主语并不是自愿的那些双宾语句时说："这些例句构成一个可以界定的表达式类型，因为它们都是一个特定的、常规的、系统的隐喻，即'作为转移的因果事件'的实例。该隐喻含有把在一个实体内造成某种影响理解为将该影响（被识解为一个客体）转移给这个实体。"这也为我们把双宾语句构式意义概括为"致使-受益/受损"提供了隐喻上的证据。

第四，把双宾语句构式意义概括为"致使-受益/受损"也符合其他一些语言的事实。请看英语例句：

(33) a. David saved me a seat.

　　　=a'. David saved a seat for me.

　　　=a". *David saved a seat to me.

　　b. Pour me a drink.

　　　=b'. Pour a drink for me.

　　　=b". *Pour a drink to me.

当把上述例句中间接宾语变换为介词宾语，Quirk 等（1985：727）选用的都是介词 for。我们查阅百度搜索引擎网站（https：//www. baidu. com）和 Linggle 搜索引擎网站（https：//www. linggle. com），发现都没有"save a seat to…"和"pour a drink to…"的用例。再看例句：

(34) a. She did him a favor.

　　　= a'. She did a favor for him.

　　　= a". She did a favor to him.

　　b. She bought her daughter a car.

　　　=b'. She bought a car for her daughter.

　　　=b". She bought a car to her daughter.

Givón（1993：121）和 Saeed（2015：298）选用的也都是介词for。当然，用介词 to 也是可以成立的，即 a"句和 b"句。不过，我们查阅 Linggle 搜索引擎网站后发现，"do/did/done a favor for…"分别占 24.3%、30.9%和 16.4%，而"do/did/done a favor to…"分别

占 6%、4.6% 和 4.5%，统计数据都显示前者远超后者；后例情况大体相似。综上可见，当双宾语句的谓语动词并非给予类时，间接宾语的性质更多地被看作如同 for 所带的宾语。

再者，上文讲到和与格单宾句相比，双宾语句的间接宾语一般作受到影响的解读。如果是不能给对象产生什么影响的谓语动词也就无法进入双宾语句。如 Huang 等（2009：144）指出，韩语中有如下例句：

（35）a. Mary-ka   John-ul   tali-lui   cha-ess-ta.

　　　　玛丽-主格 约翰-宾格 腿-宾格 踢-过去时-陈述句

　　　　"玛丽踢了约翰的腿。"（字面义：玛丽"踢腿"了约翰。）

　　　b. *Mary-ka   John-ul   tali-lui   po-ess-ta.

　　　　玛丽-主格 约翰-宾格 腿-宾格 看见-过去时-陈述句

　　　　"玛丽看见了约翰的腿。"（字面义：玛丽"看见腿"了约翰。）

一般而言，看见某人的腿是无法给对方产生什么影响的。

那么，我们能不能把双宾语句构式意义概括为"致使受影响"呢？这就涉及该如何确定双宾语句动词后 N_1 的语义角色问题。

第五，把双宾语句构式意义概括为"致使-受益/受损"有利于界定动词后 N_1 的语义角色。长期以来，既然可以把动词后的 N_1 看作一个独立论元，那么应该相应地解决其语义角色问题。但学界并没有一个统一明确的认识，如 Goldberg（1995：147）、张伯江（1999）称为"接受者"（Recipient）；沈家煊（1999）称为"受惠目标"；沈家煊（2000a）将"偷/抢"句的"遭偷/抢者"称为"夺事"；张国宪（2001）称为"与事"，并将受损的有生与事称为"夺事"（Deprived）；刘丹青（2001）称为"与事"（Recipient）；陆俭明（2002）称为"与事"（Dative）；何晓炜（2009）有的称为"目标或受益者"，有的称为"来源"（Source）；程杰、温宾利（2008）称为"经受者"（Undergoer）；孙天琦（2015）称为"受影响者"（包括受益者、接受者、受损者、来源）等。我们认为以上不同叫法或临时专设，或画地为牢，或自圆其说，或互相混淆，并没有放在汉语语义角色系统中考察。如把间接宾语称为"经受者"很容易和"感事"相混淆，"感事"一般指"非自主的感知性事件的主体"；称为"受影响者"也很容易和"受事"相混淆，"受事"一般指"因施事的行为而受到（直接）影响的事物"。不一而足。

第六，把双宾语句构式意义概括为"致使-受益/受损"有利于解释它们和动词前"给/为"介宾结构和间接长被动句的一些语义平行现象。例如：

（36）a. 单位分了<u>我</u>一套房子。

　　　→ a′. 单位给/为我分了一套房子。

　　　b. 老师回答了<u>学生</u>一个问题。

　　　→ b′. 老师给/为学生回答了一个问题。

　　　c. 修了<u>王家</u>三扇门。

　　　→ c′. 给/为王家修了三扇门。

　　　d. 一共承担了<u>国家</u>五个项目。

　　　→ d′. 给/为国家承担了五个项目。

（37）a. <u>张三</u>被土匪杀了父亲。

　　　→ a′. 土匪杀了<u>张三</u>父亲。

　　　b. <u>我</u>被他检查了两次信件。

　　　→ b′. 他检查了<u>我</u>两次信件。

　　　c. <u>李四</u>被（后面的司机）按了一喇叭。

　　　→ c′. 后面的司机按了<u>李四</u>一喇叭。

　　　d. <u>他</u>被张先生打碎了四个杯子。

　　　→ d′. 张先生打碎了<u>他</u>四个杯子。

显然，例（36）中介词"给/为"的宾语应该看作"受益者"，例（37）中"被"前的主语应该看作"受损者"，它们和原双宾语句都具有语义上的平行性。

王力（1985［1943］：88）指出"被动式所叙述，若对主语而言，是不如意或不企望的事，如受祸，受欺骗，受损害，或引起不利的结果等等"，尽管"现代的白话文为西洋语法所影响，渐渐不遵守这个规则了"，但是，汉语被动句这种主要表示不如意的情况还是为大多数学者认可，如吕叔湘和朱德熙（1952：82）、王还（1957：43）、丁声树等（1999：99）。王力还把类似例（37）中被动句的主语称为"间接的受事者"，不过显然这一称谓不如"受损者"语义角色定位准确。王还（1957：43）还指出，所谓不愉快或不如意，可以是对主语说的，也可以是对说话人或者某一关系者说的，"更进一步可以证明的是，一些原来无所谓愉快不愉快的事，用了'被'字就肯定地变为不愉快的了"。Li 和 Thompson（1981：493）持有相似观点。

其实，以上很多的论著在叙述中就或多或少地写到过动词后 N_1 的受益或受损，如：陈建民（1986：88）指出间接宾语有时"因动作而有所得"，有时"因动作而蒙受不利"；Goldberg（1995：77）指出"双及物构式的第 5 个扩展，有时被称为'施益（bene-factive）'构式"；张国宪（2001）指出"传统的双宾句的'给予'和'索取'是从施事的角度说的，如果我们从与事的视点来观察，'给予'双宾句的与事是'得者'，'索取'双宾句的夺事是'失者'，从语言认识心理上，前者是受益句式表积极意义，后者是一种受损句式表消极意义"；陆俭明（2002）指出"这种双宾语结构［指'（总共/一共）拉了我五个口子'等类型——笔者注］里动词的三个论旨角色分别是施事、受事和结果；'名₁'和'名₂'之间是创伤领属关系。这种双宾结构，都是使受事受损的双宾结构"；王奇（2012）把英语 Bill baked Sue a cake 称为"施惠义双宾句"，把汉语"张三吃了李四两个苹果"称为"致损义双宾句"；而马志刚（2013a）明确把"抢夺类双宾句"的间接宾语认为是"夺事论元"（Maleficiary），表达遭受义。很多学者认为"给予"类动词后的 N_1 表示"获/受益"，称为"受惠目标"或"受益者"，如鲁川（1992）、刘东立等（1992）、沈家煊（1999）、林杏光（1999：189）、刘顺（2005）等。可见，很多语言学家已经意识到双宾语句具有"受益/受损"的性质，但没有上升为观点或理论。而曹炜（1993）则明确指出传统语法将双宾动词的近宾语看作"受事"远不如格语法将其视为"受益者"恰当，不过曹文没有认识到双宾语构式也是可以表达受损者的。

"致使-受益/受损"是否可以写作"施益/致损"？我们认为，"施益/致损"只是从施事的角度来观察的，也很容易给人这种感觉；而"致使-受益/受损"既显示了施事主语的"致使性"，更凸显了间接宾语的"受益/受损性"。因此两者有侧重角度和突出视点的区别。

综上，我们认为双宾语句构式意义是"致使-受益/受损"，"有意的给予性转移"只是某些双宾语句的部分意义而并非全部意义，或者说"有意的给予性转移"只是双及物动词所构成的双宾语句的意义。

4.3 双宾语结构的内部分类

上文我们区分了"双及物"和"双宾语"两个术语，明确了"双宾语结构"的范围界定和构成形式，即"V+N$_1$+N$_2$"。与双宾语句构成范围关系密切的另一个问题是其内部分类。

4.3.1 不同背景下的认识

自《马氏文通》出版以来，汉语学界接受了来自传统语言学、结构主义语言学、格语法和配价理论、功能认知语言学等不同理论背景的影响，对"双宾语句"的内部分类也有不同的认识。

4.3.1.1 传统语法的认识

黎锦熙（1992［1924］，1958［1933］）、吕叔湘（1982［1942～1944］）等在传统语法背景下的研究虽然给双宾语句下定义时是说"带两个名词"，但实际上是以动词来界定双宾语句的，他们所说的双宾语句就是双及物式，因而分类虽有所不同，但构成范围大体相同，即上文所说的丙式"双及物-双宾语结构式"和乙式"双及物-单宾语结构式"。在内部小类上，黎锦熙（1992［1924］：124）从格式上分为五式，黎锦熙（1958［1933］：19）随后从意义上分为"授与"义和"教示"义，前者如"送、寄、给、赏"（反面为"夺、罚"）等，后者如"教、告、示"（反面为"问"）等。这一分类在黎锦熙、刘世儒（1957：134、163，1959：128）那里得到继承，即分为"给与"性和"传达"性两类，这两类也都分正反两面，前者包括"授与"和"收取"正反两面，后者包括"教告"和"询问"正反两面。而吕叔湘（1982［1942~1944］：45）根据意义将双宾动词分为"给、与"类、"教、示"类、"夺、取"类和"学、问"类。

4.3.1.2 结构主义的认识

朱德熙（1982：117）、马庆株（1983）、李临定（1984）、陈建民（1986：88）等在结构主义背景下对双宾语句构成范围的研究以形式结构为标准，以句法位置来界定，基本上排斥意义，而在内部分类上则完全以意义为主，所以双宾语句所涵盖的范围除了丙式"双及物－双宾语结构式"和甲式"单及物－双宾语结构式"，还包括一些其他的。如朱氏分为给予、取得和等同三类，李氏分为给类、送类、拿类、吐类、问类、托类、叫类、欠类、V 给类、VP 类和习惯语等十一类，马氏分类最多也最详尽，有给予类、取得类、准予取类、表称类、结果类、原因类、时机类、交换类、使动类、处所类、度量类、动量类、时量类、O₁ 为虚指宾语的等十四类。但是，直觉上我们不会把时量类（如"吃饭半天了"）、O₁ 为虚指宾语的（如"逛他两天北京城"）等看作双宾语，大多将其中的一个看成补语成分。

4.3.1.3 配价语法的认识

范晓（1986）、杨宁（1986，1990）等在配价语法背景下的研究是以动词的配价为前提，以句法的结构为准绳来界定双宾语句，所以他们所涵盖的范围只包括上面的丙式"双及物－双宾语结构式"。如范晓分为交类（外向动词）、接类（内向动词）和借类（兼向动词）等三类。

4.3.1.4 认知语法的认识

20 世纪末 21 世纪初，认知功能语法蔚为大观，关注构式和语用，注重隐喻和转喻，强调主观和内省，从而形成不同的看法。一部分如杨成凯（1996）、张伯江（1999）等的双宾语句范围只涵盖上面的丙式"双及物-双宾语结构式"，像张文根据动词意义把内部分为现场给予类、瞬时抛物类、远程给予类、传达信息类、允诺指派类和命名类等六类。而陆俭明（1997，2002）、张国宪（2001，2003）等的双宾语句范围涵盖上面的丙式"双及物-双宾语结构式"和一部分甲式"单及物-双宾语结构式"，因此他们在张文基础上还增加了取得类双宾语句。

可见，以往双宾语句分类都是从谓语动词意义出发，这是值得肯定和借鉴的；但也显示出一些弊病，比如有的方法较为单一，有的归纳较为随意，有的不具有对外的排他性，有的不具有对内的统一性。例如马庆株（1983）的分类，一方面，正如顾阳（1999）所说"我们不难看到对这 14 个类别的命名也缺乏严谨性……有些结构是根据 NP_1 的语义命名的，有些则是根据 NP_2 的语义命名的"；另一方面，分类取名的标准并不一致，比如"给予类""取得类""准予取类""交换类"等是从动词的意义命名划分的，而"结果类""原因类""处所类"等是从宾语的语义类型命名划分的，"度量类""动量类""时量类"等又是从宾语的意义类型命名划分的，因为我们从来不会说数量是一种语义角色，此外"结果类"和"使动类"大体上可以合并，因为前者相当一部分可以变成"使"字句，正如马氏自己所说"上面的分类只是为了便于比较和描写而作的一种尝试。类与类之间有交叉现象，界限不都是严格的"。

4.3.2　多种角度下的分类

我们试图从语言共性的高度审视汉语双宾语句，以形式结构为基础，以意义表达为准绳，以内外语境为参照，认为汉语的双宾语句内部可以从谓语动词的意义内容、论元结构、组合构成以及整体构式意义等方面加以分类。

4.3.2.1　从谓语动词的意义内容看

我们把张伯江（1999）所列的能进入双宾语句后表示给予意义的动词和陆俭明（2002）所列的 104 个能进入双宾语句的非给予意

动词综合起来，谓语动词的意义内容可以分为以下几类。

第一，事物转让类，指谓语动词的实施能使实物、财物、所有权等客体发生转移或出让。事物的转让既可以是转入亦可以是转出，因此这类动词包括张伯江（1999）所说的现场给予类、瞬时抛物类和远程转移类，也包括张文所说的"指派类"以及所谓的"索取类"。这里所说的转入和转出是对主语 S 而不是对间接宾语 N_1 而言的。表示事物转出的动词有给、借$_1$、租$_1$、让、奖、送、赔、还、帮、赏、退、优待、补助、援助、招待、支援、扔、抛、丢、甩、塞、射、吐、喂、寄、邮、汇、传、拨、发、安排、补、补充、补助、分、分配、准、批等，表示事物转入的动词有借$_2$、租$_2$、拿、偷、抢、霸占、夺、俘虏等。汉语中还有几个动词兼有转出和转入两种意义，如借、租、赁、换、分、捧、匀、夹、倒、盛、斟、舀等（马庆株，1983），即所谓的"兼向动词"（范晓，1986）或"予夺不明"动词（古川裕，1997；卢建，2003），具体可参看上述论著分析。

第二，信息传达类，指谓语动词的实施能使相关的请求、命令、建议、承诺等客体得以传递或采用等。信息的转达既可以是输出亦可以是输入，因此这类动词包括张伯江（1999）所说的传达信息类，也包括"允诺类"。这里所说的输入和输出也是对主语 S 而不是对间接宾语 N_1 而言的。表示信息输出的动词有报告、回答、答复、奉承、告诉、交代、教、提醒、通知、许、答应等，表示信息输入的动词有托、委托、责怪、问、盘问、请教、请示、求、审问等。我们把具有"答应、许"等相关意义的允诺类动词放入"信息传达类"，是因为这些动词表达以言行事（illocutionary acts），即给对方传递会遵守承诺等信息。

第三，事物耗损类，指谓语动词的实施能使实物、财物等客体产生消耗或损害。这里所说的耗损是对直接宾语 N_2 而言的。这类动词有吃、喝、花、浪费、贪污、踩、糟蹋、铲除、处分等。

第四，事物补益类，指谓语动词的实施能使实物、财物等客体得到补充或助益。这里所说的补益也是对直接宾语 N_2 而言的。这类动词有改正、修、修理等。

第五，结果形成类，指谓语动词的实施能产生或形成某个结果或事物等，包括马庆株（1983）所讲的"结果类"和"使动类"，汉语某些方言[①]以及英语里所谓的"制作类"也属于此类。制作类动词一般能产生结果，但产生结果的不一定是制作类动词。

需要说明的是，其实我们并不赞同从谓语动词意义内容角度给双宾语句分类，因为这其实是不妥当的。一则双宾语句是从句型结构角度得出的类别，而从谓语动词意义内容上划分双宾语句小类出现形式和意义的不一致也就在所难免，这些小类只能是举例性质，不可能涵盖所有的双宾语句，因而从描写角度讲有一定意义，但对于其整体分析却无多大作用。二则以上能出现在双宾语句中的动词意义内容之间并没有一个完全相同的义项，这说明谓语动词的意义内容只是构成双宾语句的一部分，而实际更重要的是结构本身。这也就是沈家煊（1999）所讲的"整体往往比部分更显著……与其说句式的整体意义取决于组成部分的意义，不如说组成部分的意义取决于句式的整体意义"。

4.3.2.2　从谓语动词的论元结构看

上面我们明确句中谓语动词无论是哪种论元结构，只要其后带两个宾语的句式就称为"双宾语句"。因此从谓语动词的论元结构上看，双宾语句包括"双及物-双宾语句"、"单及物-双宾语句"和"不及物-双宾语句"等。也就是说双宾语句是一个构式，整个构式中 V 既可以是及物的也可以是不及物的，共同点是谓语动词后面有两个名词性质的宾语，而第一个名词性宾语往往是有生的指人成分。对于双及物动词带两个宾语构成的"双及物-双宾语句"无须赘言。首先，我们来看"不及物-双宾语句"。例如：

（38）a. 这件事急了<u>我</u>一身汗。

　　　b. 那条黑影吓了<u>我</u>一身疙瘩。

　　　c. 那件事愁了<u>我</u>一头白发。

　　　d. 三千米跑了<u>我</u>一身的汗。

---

① 据汪国胜（2000）、汪化云（转自张国宪，2001）等，汉语的大冶方言和黄冈方言等也有制作类双宾语句。不过和英语语序相反，是受益者在后。

马庆株（1983）把这些句子称为"使动类双宾语构造"，认为"O_1 是使动宾语，能用'使、叫、让'把它提到动词前头去"，"O_1 都可以提到动词前头做主语"，并指出"O_2 有时表示结果"。我们赞同马文，也认为它们是双宾语句。

一方面，虽然例句中"急、吓、愁、跑"等这些动词都是一价动词，论元结构上只能联系一个名词性成分，"急"都是某人急，以此类推。不过以上例句中这些谓语动词后面的确有两个名词性成分。"我"和"一身汗、一身疙瘩、一头白发、一身的汗"之间并不是直接领属关系，如：

（39）a.＊这件事急了我的一身汗。

　　　b.＊那条黑影吓了我的一身疙瘩。

　　　c.＊那件事愁了我的一头白发。

　　　d.＊三千米跑了我的一身的汗。

因此，两者都是独立的句法单位。另一方面，"一身汗"等作为数量名结构在句法上只能看作宾语成分，而不可能看作补语成分。可见，它们是双宾语句是毋庸置疑的。

这些句子一方面正如马文所命名的那样具有"使动"性质，另一方面 N_2 是表示结果的。而这两个性质也恰恰符合我们在上文所讲的双宾语句构式意义，即"致使-受益/受损"。以上例 a 句说明，该句在语义上大致等同于"我因为这件事急，其结果是我出了一身汗"。按照"非宾格假说"（Perlmutter，1978；Burzio，1986：178、184；杨素英，1999），"急"原本是一个非宾格动词（Unaccusative Verb），能带一个客体论元作句子宾语；而在这个句子中，原因论元占据了主语位置，导致还需要带一个结果论元来占据宾语位置，因而"我"只能退而求其次作间接宾语，在语义上"我"的受影响性质得到了凸显，从而转化为受损者。双宾语句表示"致使"意义其实在古代汉语中也不乏用例。例如：

（40）a. 晋侯饮赵盾酒。

　　　b. 天下负之不义之名。

　　　c. 均之二策，宁许负秦曲。

　　　d. 大子帅师，公衣之偏衣，佩之金玦。

周迟明（1964）等认为，这些例句"其实并不是双宾语句，而是由他动词转成的使动词作谓语的句法结构"，然后分析说"晋侯饮赵盾酒"等于说"晋侯请赵盾饮酒"，"天下负之不义之名"等于说"天下使之负不义之名"。我们认为这几句就是古汉语特有的双宾语句。从结构上看"饮"和"负"都是动词，而"赵盾"和"酒"、"之"（指项羽）和"不义之名"都是名词性成分，并都处于动词之后。这些句子与双宾语句表示"致使"不谋而合，具体分析见张敏（1985）、张世禄（1996）和潘秋平（2015）等。

其次，我们来看"单及物-双宾语句"。请看例句：

（41）a. 老张喝了他两瓶酒。

b. 我拿他一包糖。

c. 一共承担了国家五个项目。

d. 修了王家三扇门。

不言而喻，这些例句中的谓语动词原本都是二价动词，带施事论元和受事论元。沈阳（1994）、李宇明（1996）、杨成凯（1996）、张伯江（2009：第八章）等倾向于把它处理为单宾语句，即把动词后的两个名词性成分处理为定语和中心语的关系，在结构上等同于下例：

（42）a. 老张喝了他的两瓶酒。

b. 我拿他的一包糖。

c. 一共承担了国家的五个项目。

d. 修了王家的三扇门。

而陆俭明（1997，2002）、Zhang（1998）、张宁（2000）、徐杰（1999b，2004）、张国宪（2001，2003）等认为谓语动词后两个名词并非定中关系，而都是其论元成分。陈宗利、赵鲲（2009）把上述论著支持双宾语句的论据总结为九条，我们罗列如下。为方便陈述我们分别称为"无的句"和"有的句"，并以各例 a 句说明。

论据一，"无的句"允许动词前面使用"总共、一共、只"等语义上指向数量成分的副词，"有的句"不允许（陆俭明，1997，2002）。例如：

（43）a. 老张总共/一共/只喝了他两瓶酒。

b.* 老张总共/一共/只喝了他的两瓶酒。

论据二，"无的句"两个名词性成分之间允许出现"整整、满满、不多不少"等，这些词只能出现在名词性成分的起始位置，"有的句"不允许（徐杰，1999b，2004）。例如：

（44）a. 老张喝了他整整/满满/不多不少两瓶酒。

　　　b.* 老张喝了他整整/满满/不多不少的两瓶酒。

论据三，"无的句"中代词不能与句子主语指称相同，而"有的句"可以，根据形式语言学的约束原则B"无的句"两个名词性成分不是领属关系（徐杰，1999b，2004；刘乃仲，2001）。例如：

（45）a. 老张$_i$喝了他$_{*i/j}$两瓶酒。

　　　b. 老张$_i$喝了他$_{i/j}$的两瓶酒。

论据四，"无的句"和"有的句"在语义上存在差异："有的句"在一定语境中具有全量预设（maximal presupposition），"无的句"并没有这一预设（徐杰，2004）。如"老张喝了他的两瓶酒"往往预设"他只有两瓶酒"，而"老张喝了他两瓶酒"可以预设"他可能还有几瓶酒"。

论据五，汉语非转让性领属结构中"的"一般不能省略，而"无的句"两个名词性成分存在大量是非转让性，无法解释这一现象（Zhang，1998；张宁，2000）。

论据六，一般而言，"X 的+数量+名"可以和"数量+X 的+名"替换，如"他的两瓶酒"可以变换为"两瓶他的酒"，而"X+数量+名"不能（Zhang，1998；张宁，2000）。例如：

（46）a.* 老张喝了两瓶他酒。

　　　b. 老张喝了两瓶他的酒。

论据七，"无的句"的第一个名词性成分可以提升为被动句的主语，而"有的句"不能（Zhang，1998；张宁，2000）。例如：

（47）a. 他被老张喝了两瓶酒。

　　　b.* 他被老张喝了的两瓶酒。

论据八，"无的句"的两个名词性成分不能与限定词短语并列，也不能进行并列成分的等同删除（张宁在"现代汉语论坛"1999年1月的一次讨论中提出，转自张伯江，1999）。例如：

(48) a.＊老张喝了一杯果汁和<u>他</u>两瓶酒。

　　b.＊老张喝了<u>他</u>两瓶酒又喝了<u>我</u>两瓶酒。

论据九，"无的句"的两个名词性成分之间可以插入"两次、三回"等动量词，而"有的句"不能（黄正德，2007）。例如：

(49) a. 老张喝了<u>他</u>两次/三回两瓶酒。

　　b.＊老张喝了<u>他</u>两次/三回的两瓶酒。

此外还有宋文辉、阎浩然（2007）从时间概念化角度提出的新证据。我们认为以上证据大都可以证明"无的句"是双宾语结构，我们另外补充六个论据。

第一，汉语"的"字结构往往解读为一种"降格述谓结构"（袁毓林，1995），即"两个名词性成分之间其实隐含着述谓关系"，我们可以把这些隐含的谓词成分补充出来，而"无的句"不能。例如：

(50) a.＊老张拿了<u>他</u>画/画他/他拥有一张画。

　　b. 老张拿了<u>他</u>画的/画他的/他拥有的一张画。

第二，绝大多数学者在双宾语句的分类中都包含"信息传达类"，即句中的谓语动词为"请教、委托、问、盘问、请教、求"等，但从某种意义来分析，该小类也属于"索取"而非"给予"。例如：

(51) a. 老师问<u>学生</u>一个问题。

　　b. 王老师考<u>我们</u>数学。

　　c. 弟弟求<u>我</u>一件事。

张伯江（1999）认为 a 句"很容易理解为'给予'意义的直接引申——给予物是'答案'"，因为他把"有意的给予性转移"看作双宾语句构式意义，因而在解释该句时说"句 a 则应把给予物理解为一个更为抽象的东西——老师的'请求'。这里的引申机制就是转喻"，可以表示为：

句式	喻体	转指物
a. 老师问学生一个问题	问题	关于回答这个问题的请求
b. 王老师考我们数学	数学	关于数学能力的测验
c. 弟弟求我一件事	事	关于办这事的请求

我们认为，与其说这些句子表达的意义是"给予"，不如说它们是和"拿、抢、偷"等一样表达的是"索取"，不过后者索取的是实物，而前者索取的是认知信息。这一点周迟明（1964）有类似看法。他指出，"与、授、给、赠"等和"取、求、受、夺"等一般以物为对象，用名词作直接宾语，前者表示"与"义，后者表示"取"义；"告、示、教、诲"等和"问、讯、咨、询"等一般以事为对象，用名词或语句作直接宾语，前者表示"与"义，后者表示"取"义。因此，这里的转喻引申我们可以表示为：

句 式	喻体	转指物
a. 老师问学生一个问题	问题	关于回答这个问题的能力
b. 王老师考我们数学	数学	关于数学运算的能力
c. 弟弟求我一件事	事	关于办这事的能力

我们同样可以认为这是一种转喻，"老师问学生一个问题"是老师通过"问一个问题"来索取"学生回答问题的能力"。而张文把"老师问学生一个问题"理解为老师给予了学生"回答这个问题的请求"，这不符合一般的常识和人的直觉。为什么是"请求"而不是"命令、提议、愿望"呢？如果我们的认识是正确的话，"请教、委托、问、盘问、请教、求"等作为"索取类"动词也如张伯江（2009：第八章）所认为的那样排除在双宾语句之外，而这又和张伯江（1999）把它们纳入双宾语句小类相矛盾。

第三，"有的句"谓语动词可以是并列结构或连动结构，而"无的句"谓语动词不能，这说明"无的句"已经构式化成一种固定结构，因此"无的句"不应该看作省略了"的"的"有的句"。例如：

(52) a. 他偷了也花了我的五万块钱。

　　→a′. *他偷了也花了我五万块钱。

　　b. 李教授承担并完成了国家的五个项目。

　　→b′.? 李教授承担并完成了国家五个项目。

　　c. 该论文吸收和利用了他人的研究成果。

　　→c′.? 该论文吸收和利用了他人研究成果。

　　d. 出版社积极地出版和宣传了王教授的五本书。

　　→d′.? 出版社积极地出版和宣传了王教授五本书。

第四，如果说"无的句"和"有的句"结构和意义完全一致，那么它们之间应该可以自由地变换。然而，事实不是这样。一方面，一些"无的句"不能加"的"变成"有的句"，有的加了"的"感觉很不自然。例如：

(53) a. 不知赚了<u>我们</u>多少东西。

　　　→a'. *不知赚了<u>我们</u>的多少东西。

　　b. 饶<u>他</u>一顿板子。

　　　→b'. *饶<u>他</u>的一顿板子。

　　c. 手机害了<u>我们</u>多少孩子。

　　　→c'. *手机害了<u>我们</u>的多少孩子。

　　d. 他拿了<u>我</u>所有的钱。

　　　→d'.? 他拿了<u>我</u>的所有的钱。

另一方面，一些"有的句"也不能变换为"无的句"，例如：

(54) a. 张三征收<u>李四</u>的个人所得税。

　　　→a'. *张三征收<u>李四</u>个人所得税。

　　b. 张三要<u>李四</u>的100元钱。

　　　→b'. *张三要<u>李四</u>100元钱。

　　c. 张三索取<u>李四</u>的技术资料。

　　　→c'. *张三索取<u>李四</u>技术资料。

　　d. 我忘了<u>他</u>的样子。

　　　→d'.? 我忘了<u>他</u>样子。

因此"无的句"不应该看作省略了"的"的"有的句"。

第五，如果说"无的句"和"有的句"结构和意义完全一致，那么它们就能够后接相同的后续句，然而事实不是这样的。试比较：

(55) a. 张三昨天抢<u>李四</u>的100元钱，但没抢成。

　　　→ a'. *张三昨天抢<u>李四</u>100元钱，但没抢成。

　　b. 张三昨天借<u>李四</u>的100元钱，但没借成。

　　　→ b'. *张三昨天借<u>李四</u>100元钱，但没借成。

通过比较发现，"无的句"往往表达的是已然的内容，而"有的句"却没有这样的含义。

第六，从类型学角度看，有很多语言双宾语句同样能表达所谓

"致使失去/不拥有"意义，如上文所举的英语、德语、希伯来语、韩语等用例。既然这些语言不排除把这样意义的句子纳入双宾语句之中，那么汉语中为什么要把在结构上极其相似而在意义上完全相反的"致使失去"的"取得类"双宾语排除在双宾语句之外呢？

综合上面十五个论据，我们认为索取类的单及物动词后面带两个名词性成分也是双宾语句。

4.3.2.3　从谓语动词的组合构成看

从谓语动词的组合构成上看，双宾语句包括粘合式"V+N$_1$+N$_2$"和组合式"V给/走/得/掉/去+N$_1$+N$_2$"两种，可以合写为"V（给/走/得/掉/去）+N$_1$+N$_2$"，在不需要区分的情况下也可以简写为"V+N$_1$+N$_2$"[①]。我们这里重点分析两个问题。

第一个问题是组合式中"给、走、得、掉、去"的性质界定问题，因为其性质决定着能否把"V（给/走/得/掉/去）+N$_1$+N$_2$"看作双宾语句。

关于动词后的"给"的性质，长期以来学界都有讨论，有动词说、"V给"复合动词说、介词说、助词说、构词语素说、多重分析说等观点。

持动词说的主要有朱德熙（1982：170）、刘永耕（2005）等。如朱著把"送给他一件毛衣"称为"连谓结构"。

持"V给"复合动词说的有黎锦熙（1992［1924］：124）、张伯江和方梅（1996：239）、沈家煊（1999）、刘丹青（2001）等。如张、方著认为"像'送给''付给'这样的组合也是复合动词"，沈文认为"'V给'几乎组合成一个复合动词，'给'可读轻声"。

持介词说的主要有吕叔湘（1982［1942～1944］：42，称为"关系词"）、杨欣安（1960）、李炜（1995）、周红（2009）、王

[①]　近代汉语中还有组合式"V与+N$_1$+N$_2$"和"V下+N$_1$+N$_2$"，前者可参看何洪峰（1993），后者目前没有学者谈及，例如：

    a. 是，将一百两钞来，他又不识数儿，我落下他二十贯。

    b. 我说秀才情意好，他许下我若干银两东西，所以从他。

    c. 是我当初曾许下他一头亲事，一向未曾成得。

    d. 情人许下我把红纱扇，情人许下我根白玉簪。

寅（2011：371，脚注）等。如杨文认为"（在'春玲送给父亲一条手巾'中）'给父亲'是介宾结构作'送'的补语，同'送到工地''抄在笔记本上'这种结构相同"。

持助词说的主要有向若（1960）、王国璋和安汝磐等编著（1980）等。如向文认为"'给'用在动词后面，算作助词……这样处理，'给'附在动词后算作对动词起辅助作用"。

持构词语素说的有郭翼舟（1984［1957］：52）、胡竹安（1960）等。如郭著认为"'交给、送给、付给、发给、献给、供给'等都可以看作动词，里面的'给'看作构词成分"，胡文认为"这个'给'不象介词，而象复合词中的一个实词素"。

持多重分析说的有施关淦（1981）、龚千炎（1983）等。如施文认为"借、卖、送、赏"等表给予义动词后的"给"是助词，而"留给、攥给"等表非给予义动词后的"给"是动词。

此外还有"后助动词说"（太田辰夫，2003［1957］：219）等。

以上主要观点，从动词说到介词说再到助词说以及"V 给"复合动词说、构词语素说，其实大体符合汉语词类语法化的"斜坡"（cline）：

实义词>语法词/附着词>词内成分（吴福祥，2005）

显然把"V 给+N_1+N_2"中的"给"看作一个实义动词或者词内成分都是不恰当的。那么是看作语法词还是附着词呢？吴福祥（2005，尾注⑤）指出，语法词（grammatical words）既包括传统上的虚词小类（如副词、介词、连词），也含助动词、代词、系词和量词；附着词（clitics）① 主要指结构助词和体助词。我们倾向于把其中的"给"看作附着词即结构助词而非语法词即介词。

首先，在语音形式上，这里的"给"更接近附着词。Hopper和 Traugott（2003：4）认为，语法词在语音上和句法上具有相对独立性，通常具有完整的音段结构和完整的韵律结构（比如可以念重音）；而附着词则是一种介于语法词和词缀之间的语素形式，一般

---

① clitics 在汉语中有多个译名，如"附缀""语缀""词组尾"等（刘丹青编著，2017：547）。

具有完整的语音形式但不能重读。如汉语中体助词"着、了"和结构助词"的、地、得"显然是附着词（吴福祥，2005）。这里的"给"一般不能重读，"可读轻声"（沈家煊，1999）。

其次，在语法行为上，这里的"给"也更接近附着词。一方面，按照 Hopper 和 Traugott 的观点，附着词出现在句子的特定位置，在句法和语音上依附于其"宿主"（host），而这里的"给"出现在动词后这个特定的位置，没有独立性而只是依附于这些动词。另一方面，当动词后面出现体助词"了"时，只能放在"给"的后面。如张伯江、方梅（1996：239）提到：

（56）a. 我付给他二百元。

　　　b. 我付给了他二百元。

　　　c. *我付了给他二百元。

正如沈文认为"'V 给'几乎组合成一个复合动词"。

再次，我们可以假设"我付给他二百元"中的"给"是介词，显然"我付给他二百元"和下面的句法结构有变换关系（t 表示语迹，下标 i 表示同指关系），如下：

（57）a. 我付给 t_i 二百元的他 $_i$。

　　　b. 那个人 $_i$，我付给 t_i 二百元。

根据张谊生（2009）的"介词悬空导致的句法后果，不外乎三种：保持不变、独立转类与参与重构"、"词性不变的悬空形式，大多没能保留到现代"和"参与重构就是指部分悬空式介词，在双音化韵律机制作用下，转化成了一个构词语素"等观点，一方面，现代汉语介词必带宾语，不能悬空，因此"给"不是介词，另一方面，即使把"给"看作介词，如下面所讲的"给"可以出现在很多的单音节动词后面，也可以出现在双音节动词后面，如果把它们都看成一个词，那么势必造成辞书和词库的无限扩大，而实际上各大辞书并没有这样做，例如《现汉》（2016）没有收录一个"~给"[1]。因此，"给"只能是独立转类，"其本身的功能

---

[1]　"补给""供给""配给""取给""仰给""自给"等词中"给"念 jǐ。

和性质发生了质的转变，成了另外一类的可以自由使用的虚词"。

最后，下面我们会分析到所有的组合式"V 给+N_1+N_2"都可以变换成粘合式"V+N_1+N_2"，而且意义都能有所保留，这就说明"给"在语义表达上并不是必要条件，或者说至少不影响命题本身。

综上所述，我们认为"V 给+N_1+N_2"中的"给"是结构助词。既然"给"是结构助词，那么"V 给+N_1+N_2"是双宾语句也就毋庸置疑。

我们再看组合式"V 走/掉/去+N_1+N_2"中"走、掉、去"的定性。

孙天琦（2015）比附非洲班图语（Bantu Languages）等语言中动词带上施用标记（applicative marker）可以把与动词没有论元选择关系的非核心成分提升为其句法宾语的语言现象，认为汉语双宾语句中动词后的"给、走、掉"是汉语特有的施用标记。具体而言，孙文提供了三个论据："它们与班图语中的施用词缀具有相同的功能，都负责非核心论元的语义解释"，"在黏附形式和程度上也与典型的施用标记有共同之处"，"班图语中很多典型的施用词缀也是从动词发展来的……这也为汉语中特殊施用标记的存在提供了一个旁证"。马志刚（2011a，2011b）则把"给、走"称为"非宾格语素"，但"非宾格语素"到底是什么，马文没有明说。从他的论述看与孙文所说似乎性质大体相同。

我们不赞同孙文观点。首先，孙文论据有问题。即使如孙文所说它们"都负责非核心论元的语义解释"，那么是否负责非核心论元的语义解释都应该看作施用词缀呢？汉语和英语中的介词都是介引非核心论元并负责非核心论元的语义解释，也是从动词发展而来，但我们从来不认为它们是施用标记。

其次，孙文论述有矛盾。孙文一方面说"班图语中的施用标记多以词缀的形式附加在主要动词上"，另一方面说"我们要论证汉语中的施用标记也并非总是零形式，可以实现为'给、走、掉'等动词形式"，且不说一种是词缀形式，一种是动词词类，二者在句法地位和形式性质上很不相同，"动词"这样一种实义项怎么能看成一个标记呢？孙文后面又说"'给、走、掉'附加在动词之上，已经具有了一定的词缀性质"，那么"给、走、掉"到底是什么句法成分？

再次，非洲班图语等语言中的施用标记是强制使用的，即如果动词后直接带施用宾语（Applied Object），那么动词后一定要带相应的施用标记。而"给、走、掉、去"并非总是强制使用的，例如：

（58）a. 他交给我几本书 = 他交了我几本书

　　　b. 他拿走了我几本书 = 他拿了我几本书

　　　c. 他吃掉了我三个苹果 = 他吃了我三个苹果

　　　d. 他卖去我一套房子 = 他卖了我一套房子

当然，除了意义差别，还有使用频率上的差异。下文会详细论述。

最后，汉语里还有如下句子：

（59）a. 跳到马上／调到市里

　　　b. 去往上海／飞往重庆

　　　c. 呆在家里／活在当下

　　　d. 走向世界／奔向未来

　　　e. 来自北京／取自民众

那么，按照孙文所说，是否这里的"到、往、在、向、自"都应该看作施用标记呢？而实际上这些词很多学者都看作附着词。

因此我们认为组合式"V 走／掉／去 + N_1 + N_2"中的"走、掉、去"和"给"一样，也应该看作附着词中的结构助词。

第二个问题是组合式和粘合式双宾语句之间结构变换和语义表达的对应关系问题。

赵元任（Chao，1968：161）根据动词后是否带"给"分为四种情况：

（a）带间接宾语时必须带"给"的动词：

　　　传、交、递、许、寄、卖、输

（b）带间接宾语时可带可不带"给"的动词：

　　　送、教、赏、托（付）、告送、还

（c）带间接宾语时从来不带"给"的动词：

　　　请教、（麻）烦、吃、喝、抽、收、用、赚、赢

（d）用不用"给"跟动作方向有关的动词：

拿、租、借、分

马庆株（1983：170，脚注②）认为第一种情况"实际上在当代北京口语中都可以不加'给'"。如果马文的认识符合汉语语言事实的话，我们可以得出结论，即粘合式"V+N₁+N₂"不一定能变换为组合式"V给+N₁+N₂"，而组合式"V给+N₁+N₂"都可以变换成粘合式"V+N₁+N₂"。但是，组合式和粘合式之间存在意义表达上的对应或不对应的复杂情况。请看例句：

（60）a. 我送给他一本书。

　　　b. 曾经捐给一个学校五只羊。

句中的 V 是双及物性质，就动词的义素中所含的方向性而言是"向外动词"或"外向动词"（范晓，1986），"送""捐"分别释义为"把东西**运去**或**拿去**给人""**拿出**财物来帮助"（《现汉》，2016：1244、709），这和"给"这个词（无论是基本的动词用法还是语法化后的虚词用法）所含的方向性义素一致，因此粘合式与相应的组合式在意义表达上具有对应关系，例如：

（61）a. 我送他一本书 ＝我送给他一本书

　　　b. 曾经捐一个学校五只羊 ＝曾经捐给一个学校五只羊

再看例句：

（62）a. 我借给他十块钱。

　　　b. 从今天开始，我们不能为你开票，也不能租给你小板车。

句中的 V 也是双及物性质，就方向性而言是"兼向动词"（范晓，1986），"借"有"暂时使用别人的物品或金钱；**借进**"和"把物品或金钱暂时供别人使用；**借出**"两个义项（《现汉》，2016：672），因此粘合式与相应的组合式在意义表达上也具有对应关系，例如：

（63）a. 我借他十块钱

　　　＝a′. 我借给他十块钱

　　　＝a″. 我向他借了十块钱

　　　b. 租你小板车

　　　＝b′. 租给你小板车

　　　＝b″. 向你租小板车

再请看例句：

（64）a. 我卖给你一所房子。

　　　b. 扔给我一个球

两句的 V 是单及物性质，就方向性而言也是"向外动词"，"卖""扔"分别释义为"**拿东西换钱**（跟'买'相对）""挥动手臂，**使**拿着的东西**离开手**"（《现汉》，2016：872、1103），这和"给"的方向性义素也是一致的，然而粘合式与相应的组合式在意义表达上是一种不对应关系，例如：

（65）a. 我卖你一所房子。

　　　　= a′. 我卖给你一所房子。

　　　　= a″. 我卖掉你一所房子。

　　　b. 扔我一个球

　　　　=b′. 扔给我一个球

　　　　=b″.＊扔掉我一个球①

该例 a 句两种解读的共同点是房子都是卖出即"向外"行为，而不同点是"你"一为终点，一为来源。

再看例句：

（66）a. 他舀给我一勺酱油。

　　　b. 我拿给他一包糖。

两句的 V 也是单及物性质，但是就方向性而言是"向内动词"或"内向动词"（范晓，1986），"舀""拿"分别释义为"用瓢、勺等**取**东西（多指液体）""**领取；得到**"（《现汉》，2016：1524、931）②，与相应的粘合式在意义表达上也是一种不对应关系，例如：

（67）a. 他舀我一勺酱油。

　　　　= a′. 他舀给我一勺酱油。

---

① 这句话不是不能说，但这句话里"扔"的意义是"抛弃；丢"（《现汉》，2016：1103）。不过这两个意义有引申关系，"扔"的"抛弃；丢"意义是从"挥动手臂，使拿着的东西离开手"基本意义转指而来，即用行为转指结果。

② "拿"的基本意义是"用手或用其他方式抓住（东西）"（《现汉》，2016：931），例（66）b 句的"拿"并非此意义。和前一脚注中"扔"一样，也是用行为转指结果。

= a″. 他舀掉/去我一勺酱油。

　　b. 我拿他一包糖。

　　　= b′. 我拿给他一包糖。

　　　= b″. 我拿走他一包糖。

该例 a 句两种解读的共同点是舀为"向内"行为，而不同点是"我"一为终点，一为来源。

再看例句：

（68）a. 张猫端给他一杯咖啡。

　　　b. 一共盛给了她两条鱼。

两句的 V 也是单及物性质，不过无所谓方向性，如"端"释义为"平举着拿"（《现汉》，2016：325），与相应的粘合式在意义表达上也不是对应关系，例如：

（69）a. 张猫端他一杯咖啡。

　　　= a′. 张猫端给他一杯咖啡。

　　　= a″. 张猫端走他一杯咖啡。

　　　b. 一共盛了她两条鱼。

　　　= b′. 一共盛给了她两条鱼。

　　　= b″. 一共盛走了她两条鱼。

再看例句：

（70）a. 张三偷了李四 50 块钱。

　　　= a′. *张三偷给李四 50 块钱。

　　　= a″. 张三从李四那儿偷了 50 块钱。

　　　b. 张三抢了李四 50 块钱。

　　　= b′. *张三抢给李四 50 块钱。

　　　= b″. 张三从李四那儿抢了 50 块钱 。

两句的 V 也是单及物性质，就方向性而言是"向内动词"，如"偷""抢"分别释义为"私下里**拿走**别人的东西，**据为己有**""用强力把别人的东西**夺过来**"（《现汉》，2016：1318、1049），这和"给"的方向性义素正好相反，因此相应的组合式"V 给+N_1+N_2"不成立也就在情理之中了。

再看例句：

（71）a. 吃了他三个苹果

　　　　= a′. *吃给了他三个苹果

　　　　= a″. 吃掉了他三个苹果

　　　b. 修了王家三扇门

　　　　=b′. 给王家修了三扇门/*修给王家三扇门

　　　　=b″. *修掉了王家三扇门

　　两句的 V 也是单及物性质，"吃"是事物消耗类动词，"修"是事物补益类动词，分别释义为"把事物等放在嘴里经过咀嚼咽下去（包括吸、喝）""修理；整治"（《现汉》，2016：171、1474），很难说它们的意义中有方向性义素，因此 Chao（1968：161）所说的"带间接宾语时从来不带'给'"也就在情理之中了。

4.3.2.4　从整体构式的意义表达看

　　从整体构式的意义表达看，双宾语句分为两类：受益性双宾语句和受损性双宾语句。显然这里说的受益和受损不是针对句子主语而是针对谓语动词后的宾语 N_1 而言的，在语义角色上它们就是益损者。当然是受益者还是受损者不仅与谓语动词的意义内容有关，也与谓语动词的组合构成有关，还与谓语动词后宾语 N_2 的具体所指以及说话者的视角、情感和认识有关。

　　第一，是受益者还是受损者与谓语动词的意义内容有关。

　　首先，当双宾语句中谓语动词是事物转让类动词中的转出动词时，N_1 绝大多数是受益者；少数如谓语动词是吐、泼、卖、射等时则 N_1 是受损者，"整个句子所说明的事情对 O_2 来说是不愉快的"（汪国胜，2000）。试比较：

（72）a. 喂孩子牛奶。

　　　b. 赔他一本新的。

　　　c. 晚会供应我们晚餐。

（73）a. 他泼了小李一身水。

　　　b. 那老头吐他一口唾沫。

　　　c. 唉，不义之财发不得。我罪孽太重，多射我几枪。

例（72）中 N_1 都是受益者，例（73）中 N_1 都是受损者。

其次，当双宾语句中谓语动词是事物转让类动词中的转入动词时，N_1 是受损者。例如：

(74) a. 娶他家一个闺女。

　　　b. 他偷了东家一回牛。

　　　c. 张三收李四 100 元钱。

再次，当双宾语句中谓语动词是信息传达类动词中的输出动词时，N_1 是受益者；当双宾语句中谓语动词是信息传达类动词中的输入动词时，N_1 是受损者。试比较：

(75) a. 我告诉你一个好办法。

　　　b. 张老师教我们英语。

　　　c. 我答应了他一个请求。

(76) a. 请教您一个问题

　　　b. 那个警察一直盘问他张三的事。

　　　c. 我拜托您一件事，可以吗？

复次，当双宾语句中谓语动词是事物耗损类动词时，N_1 是受损者；当双宾语句中谓语动词是事物补益类动词时，N_1 是受益者。试比较：

(77) a. 吃你好几顿饭。

　　　b. 费了我半天时间。

　　　c. 花了我两块钱。

(78) a. 修了王家三扇门。

　　　b. 改了他五个句子。

　　　c. 纠正了他五个错误。

最后，当双宾语句中谓语动词是结果形成类动词时，一般而言 N_1 是受损者；而汉语一些方言和英语的所谓制作类双宾语句中，N_1 是受益者。试比较：

(79) a. 开水烫了他好几个泡。

　　　b. 捂了孩子一身痱子。

　　　c. 急了我一身汗。

　　　d. 出了我一次丑。

(80) a. 我做双暖鞋阿母。我做双棉鞋给奶奶（大冶方言，汪国胜，2000）

b. 我扎个风筝二姐。我扎只风筝给二姐（黄冈方言，张国宪，2001）

c. Chris baked Pat a cake. (Goldberg, 1995：33)

d. I made myself a cup of tea. (《牛津高阶英汉词典》，2018：1608)

第二，是受益者还是受损者与谓语动词的组合构成有关。

当谓语动词是组合式"V 给+N_1+N_2"时，N_1 一般都是受益者；当谓语动词是组合式"V 走/掉/去+N_1+N_2"时，N_1 一般都是受损者。这在"兼向动词"（范晓，1986）中表现得也十分明显，试比较：

（81）a. 他租我一个相机。

＝a′. 他租给我一个相机。

＝a″. 他租走我一个相机。

b. 他借我一本书。

＝b′. 他借给我一本书。

＝b″. 他借走/去我一本书。

c. 他分我一筐枣。

＝c′. 他分给了我一筐枣。

＝c″. 他分走/去/掉我一筐枣。

第三，是受益者还是受损者与谓语动词后 N_2 的具体所指以及说话者的视角、情感和认识有关。试比较：

（82）a. 他给我一件衣服。

b. 他给我一件旧衣服。

c. 他给乞丐一件旧衣服。

（83）a. 他拔了我一束稻谷。

b. 他拔走了我一束稻谷。

c. 他拔走了我一颗蛀牙。

例（82）a 句中的 N_1 是受益者，在 b 句中当 N_2 是"旧衣服"时，从说话者的视角、情感和认识而言 N_1 似乎又变为受损者，而在 c 句中当 N_1 是"乞丐"时，从说话者的视角、情感和认识而言，N_1 似乎又变为受益者。例（83）a 句中的 N_1 是受损者，在 b 句中 N_1 也是受损者，而在 c 句中当 N_2 是"一颗蛀牙"时，从说话者的视角、情感和认识而言，N_1 似乎又变为受益者。

综上可见，"受益"和"受损"不是简单的对立关系，而是一体两面、互为参照的关系，所谓"甲之蜜糖，乙之砒霜"。

4.4 与保留宾语被动句的比较研究

跟益损者作间接宾语的双宾语益损构式相关的句式有保留宾语被动句、"把"字句等，我们只讨论与前者的比较研究。

4.4.1 保留宾语被动句研究的主要观点

语言学界把"被动"和"主动"看作两个相对的概念。汉语中"被"字句带保留宾语（Retained Object）的现象吕叔湘（1965）很早就注意到了。例如：

(84) a. 两营伪军就这样被我们切断了后路。

　　b. 有一天，他果然被人剪去了辫子。

　　c. ［小飞蛾］又被张木匠抓住她的头发。

这些句子中的主要谓语动词都是单及物动词，和英语中所谓的"双及物动词句被动化后所形成的保留宾语"（Quirk et al. 1985：727）不同。

之后，丁声树等（1999：98）、李临定（1980）、朱德熙（1982：178）、李艳惠（Li，1985：287）、Chappell（1986a，1986b）、徐杰（1999b）、Huang（1999）、邓思颖（2004）、马志刚（2013a，2013b，2016）等均有论及。他们指出，在保留宾语被动句中，主语并不是直接的受事，宾语才是直接的受事。那么主语担任什么语义角色呢？吕文和丁著没有明确说，朱德熙（1982：178）则指出"这种句子里的主语指某种遭遇的承担者，可以看成是一种广义的受事"，Li（1985）和徐杰（1999b）也对"指某种遭遇的承担者"持肯定态度。例如：

(85) a. 在那次动乱中，有的人被夺去了生命。

　　b. 他终于被免去了最后一个职务。

　　c. 张三被土匪杀了父亲。

Huang（1999）、邓思颖（2004）等则把这类句子称为"间接被动句"（indirect passive）。邓文认为，这种间接被动句是由作格化（ergativization）推导出来的，宾语的保留获得了部分格（partitive case）；并把 c 句的"张三"看作受到"杀了父亲"这个事情影响的经验者，但并非由宾语而来。

Huang 等（2009：140）进一步指出，这种"间接被动句"还有一种称为"排他性间接被动句"（exclusive indirect passive），其中的主语与谓语内的任何位置都没有关系，例如：

（86）a. 李四被王五击出了一支全垒打。

　　　b. 我被他这么一坐，就什么都看不见了。

马志刚（2016）则探讨了这种保留宾语被动句的生成机制等问题，认为其生成是因为"存储于心理词库中的预制语块"和"依据推导程序生成规范句型"两种操作程序共同作用。

4.4.2 保留宾语被动句与双宾语句的关系

我们认为，在多数情况下受损性双宾语句和保留宾语被动句在语义上和句法上呈现平行现象。正如王力（1985［1943］：88）所言，"被动式所叙述，若对主语而言，是不如意或不企望的事，如受祸，受欺骗，受损害，或引起不利的结果等等"，尽管"现代的白话文为西洋语法所影响，渐渐不遵守这个规则了"，但是，汉语被动句主要表示不如意的这种情况还是为大多数学者认可。王还（1957：43）指出"所谓不愉快或不如意，可以是对主语说的……也可以是对说话人或者某一关系者说的"，"更进一步可以证明的是，一些原来无所谓愉快不愉快的事，用了'被'字就肯定地变为不愉快的了"。可见，这种平行性也能说明双宾语句的间接宾语称为益损者的合理性。因而我们可以进一步认为，大多数保留宾语被动句是由双宾语句被动化而来。例如：

（87）a. 土匪杀了张三父亲。

　　　→ a'. 张三被土匪杀了父亲。

　　b. 他检查了我两次信件。

　　　→ b'. 我被他检查了两次信件。

　　c. 后面的司机按了李四一喇叭。

→ c′. 李四被（后面的司机）按了一喇叭。

d. 张先生打碎了他四个杯子。

→ d′. 他被张先生打碎了四个杯子。

马志刚（2013a）认为"汉语保留宾语被动句实质上就是抢夺类双宾句的被字句形式"，并指出"二者的语义共性在于其论元间的狭义领属关系"。对于前一句我们持赞成态度，而对于后一认识我们认为值得商榷。后一认识解释例（87）a、d 两句没有问题，但是无法解释 b、c 两句以及例（86）a 句和例（88）d 句。因为我们无法直接说"*我的两次信件/*李四的一喇叭/*李四的一支全垒打/*我的一把牌"。当然也仍然有一些需要解释的例外，例如：

（88）a. 我又被他自摸了。

b. *他又自摸了我。

c. 他又自摸了一把牌。

d. 他又自摸了我一把牌。

（89）a. 小区里几个下棋的高手都被他赢了钱去。

b. ?他赢了小区里几个下棋的高手。

c. 他赢了（小区里几个下棋的高手的）钱。

d. *他赢了小区里几个下棋的高手钱去。

"自摸"并非一个双及物动词，例（88）表明"我"并非动词"自摸"的宾语也非受事，只有当直接宾语出现时才能出现在动词的后面。显然"我"应该分析为受损者。再看例句：

（90）a. 这些国家先后被美国建立了军事基地。

b. *美国先后建立了这些国家军事基地。

c. #美国先后给/为/替这些国家建立了军事基地。

例（90）a 句进一步显示，"这些国家"必须分析为"受损者"才合适。b 句不成立表明 a 句无法变换为双宾语句，这是因为"建立"是制作类动词。英语中制作类动词所构成的双宾语句中间接宾语应该分析为接受型受益者，而汉语普通话中制作类动词不构成双宾语句。c 句成立，但在语义表达上与 a 句相反：c 句中"给/为/替"的宾语"这些国家"应该分析为受益者语义角色；而 a 句中的"这些国家"是受损者语义角色，正如邓思颖（2004）所说，"美国"和"这些国家"之间有一种间接的处置关系。我们认为这种"间接的处置关系"表达的就是一种"致使-受损"含义，这与邓文把"被"后的名词性成分分析为"使役者"（Causer）不谋而合。

吕叔湘（1965）认为 a 句的主语表示处所，我们认为不合适。首先，不能直接前加表示处所的介词"在"等。例如：

（91）* 在这些国家先后被美国建立了军事基地。

其次，在语义上有较大出入。试比较：

（92）美国先后在这些国家建立了军事基地。

正如吕文所言，如果要采用中性句式，得把原来的主语改为处所状语，即例（92）。吕文认为例（90）a 句并非中性句式，能够表达例（92）这样的中性句式无法表达的一些含义。显然，这里"无法表达的一些含义"即上文所说的"致使-受损"。

综上而言，保留宾语被动句和双宾语益损构式在绝大多数情况下具有变换关系，也可以认为保留宾语被动句是受损者作句子主语的有标记的特殊格式，二者的语义共性在于都能表达其中某一指人名词性成分的"受损性"。而这些受损者有的是领有型受损者，如例（84）、例（85）和例（87）a 句等，有的是指涉型受损者，如例（86）、例（88）a 句和例（90）a 句等。

4.5　本章小结

综上所述，我们认为双宾语句构式意义并不是"有意的给予性转移"，也不是"施动者有意识地使事物的所有权发生转移"或"传递"，而是"致使-受益/受损"。因为前面的观点不足以涵盖所有双宾语句构式意义，只是双宾语句内部分小类的意义，而后者不仅涵盖所有的双宾语句类型，而且准确地表达了构式意义。与之密切相关的两个问题是对双宾语句与"双及物"论元结构关系的认识和对双宾语句范围和分类的界定，我们对此做了相应的解答。

双宾语句构式在不同的语言中有一定的差异，比如汉语普通话中似乎没有英语那样的制作类双宾语句，而英语中似乎也没有汉语那样的获取类双宾语句。但是，我们认为它仍然具有跨语言的共性，具体可参看 Malchukov、Haspelmath 和 Comrie（2010）等，另外关于双宾语句的历时考察，可参看周迟明（1964）、贝罗贝（1986）、萧红（1999）、张美兰（2014）、潘秋平（2015）等，关于双宾语句的汉语方言及类型学考察，可参看刘丹青（2001）、张敏（2011）、蔡维天和钟叡逸（2013）等。

第五章　益损者作句子主语

　　句子命名的方式有很多种。可以根据句子的整体结构分类，称为句型，比如主谓句、非主谓句等。也可以根据句子的局部特点分类，称为句式，比如"比"字句、"把"字句、"被"字句等。还可以根据句子的语气功能分类，称为句类，比如陈述句、疑问句、感叹句等。还可以根据句子表达的语义范畴分类，比如用来表达"存现"语义范畴的存现句，表达"比较"语义范畴的比较句等。虽然句式和根据语义范畴分类有一定关系，但它们不是一一对应关系，比如"比"字句是比较句，但不是所有比较句都是"比"字句，还有"没有"句、"不如"句等。凡是某种特定句式都一定是表达某种语义范畴，表达某种语义范畴都一定具有某些特定句式（李临定，1986；陆俭明，2016）。

　　我们认为现代汉语中"N_1+Vi+N_2"是一种表达益损语义范畴的句式。"N_1+Vi+N_2"指的是类似下面句子的一些句子：

（1）a. 王冕死了父亲。

　　　b. 七号监狱跑了一个犯人。

　　　c. 他倒了两间房子。

（2）a. 他来了两个客户。

　　　b. 他们队新来两个队员。

　　　c. 东方红，太阳升，中国出了个毛泽东。他为人民谋生存，呼儿嗨哟，他是人民大救星。

　　"王冕死了父亲"句一直是汉语学界经久不衰的讨论话题。据我们统计，国内就此句进行研究和探讨的论文就有近百篇。关于该句名称和归属的认识也很不相同，如李钻娘（1987）称为"存在句"，以区别于"处所句"；郭继懋（1990）称为"领主属宾句"，简称"领主句"；徐杰（1999a，1999b）称为"保留宾语句"；潘海华、韩景泉（2005）比附意大利语等语言的"显性非宾格现象"（surface unaccusativity）称为"显性非宾格动词结构"（surface un-accusative construction）；刘晓林（2007）称为"广义的存现句"，并指出所谓"广义"是指"句首的环境成分在一定的语用目的的驱动下，在语言的类推机制的作用下，生命度可以增强"；任鹰（2009）称为"领属句"，并指出同郭文"领主属宾句"并不完全相同；李杰（2009）把该句式和隐现句合并为"发生句"，区别于一般意义的"存在句"；张谊生（2012）称为"遭受句"，归入存现句系统；庄会彬等（2017）则直接称为"广义的遭受句式"等。

这个句子之所以为大家广泛关注，刘探宙（2018：2）指出主要有三个原因：第一，我们常说"人死了""猫死了""花儿死了"，"死"通常只跟一个有生主语名词搭配出现，不带宾语，"王冕死了父亲"首先挑战了"不及物动词不能带宾语"通行原则；第二，这个句子的意思说的是"父亲死了"（真值语义），但主体"父亲"却出现在宾语位置上，主语位置上的"王冕"反倒不是"死"的主体，出现了"形义错配"问题；第三，形式上的主语"王冕"和形式上的宾语"父亲"在逻辑上存在领属关系，这打破了"领属不能分裂（'领的属'）"常规表达。

刘著所说的原因大体能反映该句式的现象和事实，但是我们认为仍然没有抓住问题的实质。首先，"不及物动词带宾语"现象古已有之，现代也不少。例如：

（3）a. 仲尼闻之，出涕。
　　 b. 不乐寿，不哀天。
　　 c. 禹思天下有溺者，由己溺之也；禹思天下有饥者，由己饥之也。
（4）a. 他哭他奶奶。
　　 b. 那时我们睡窑洞。
　　 c. 他跑了几个城市。

古代汉语中的"出、乐、哀、溺、饥"等和现代汉语中的

"哭、睡、跑"等都是不及物动词,但也都带有宾语,不过带的都不是受事宾语。所以,问题不在于不及物动词能否带宾语,而在于不及物动词能带什么样的宾语。

其次,"形义错配"现象现代汉语其他句式也存在。例如:

(5) a. 他的老师当得好。

　　b. 我读了两个小时的书。

　　c. 他是去年生的孩子。

再比如:

(6) a. 台上坐着主席团。

　　b. 门口站着一个人。

　　c. 床上趴着几个孩子。

这里各句的主语都不是施事,施事反而出现在宾语位置。所以问题也并不在于主语和施事、宾语和受事的不一致而错配。

最后,逻辑上存在领属关系的"领属分裂"表达在汉语中其实并非不常见,例如:

(7) a. 张三朋友多,仇人少。

　　b. 羊肉我切了片。/文章我才写了开头。

　　c. 我有一本书。/小王留着短头发。

无可置疑,上例各句两个名词性成分之间在意义上都有领属关系,有的尽管相邻但没有直接的句法关系,有的完全"分裂",占据不同的句法位置,但在语义上我们从来不把它们分析为领有者和被领有者。所以,问题也并不在于具有领属关系的两个成分能不能分裂。

由此,刘著所说的三个原因都只是较为表面的语言现象,是从主语和谓语动词的局部关系、主语和宾语的局部关系、谓语动词和宾语的局部关系的角度出发看问题。我们认为问题的关键在于如何看待主语的语义角色和整个句子的表达意义。因此我们需要从整体的角度和综合的观点出发进一步考察一些问题,有必要在语义角色系统中全面分析汉语 "N_1+Vi+N_2" 中主语所担任的语义角色,同时从类型学的角度观察汉语这样的句子是否在其他语言中同样存在,能否在类型学上提供统一的解释。

需要说明的是，本章所说的 N_1 和 N_2 都是指人或指物的名词性成分，排除时间、处所等带有状语性质的名词性成分，也排除数量性成分。

5.1 N_1 和 N_2 的语义角色及相关问题

20 世纪 50 年代以来，"王冕死了父亲"这样的" N_1 + Vi + N_2"句子的结构和语义关系被广泛关注，引发诸多争议。50 年代汉语主宾语问题大讨论侧重的是谁是主语谁是宾语，如吕冀平等（1956）。80 年代后的研究则倾向于深入的描写和与相关句式的比较，如李钻娘（1987）、郭继懋（1990）等。后来则是形式语法和认知语法两大阵营从各自理论基础和概念前提出发提出此类句式生成方式的解释，形式语法如徐杰（1999a）、韩景泉（2000）、孙晋文和伍雅清（2003）、潘海华和韩景泉（2005，2008）等，认知语法如沈家煊（2006，2008）、刘晓林（2007）、张翼（2010）、侯国金（2012）、邓仁华（2018）等。此外还有研究从历时角度讨论此类句式产生的时代和动因，如石毓智（2007）、帅志嵩（2008）、俞理明和吕建军（2011）、付义琴（2013）、杨作玲和吴福祥（2014）、洪波和卢玉亮（2016）等。也有学者对相关的研究做过一定的反思和评述，如沈家煊（2006）、庄会彬（2013）、刘探宙（2018）等，但因其探讨的问题不同，评述角度和认识也并不相同。本节将在前辈时贤研究的基础上对一些相关问题作出进一步反思，然后提出自己的认识和见解。

5.1.1 N_2 的语义角色及有界性问题

关于 N_2 的语义角色问题，学界既有共识也有分歧。

5.1.1.1 对 N_2 的语义角色的探讨

20 世纪 50 年代的研究，大多认为"王冕死了父亲"中"死"后的名词是句子主语，是"死"的施事，如吕冀平等（1956）。到 80 年代以后尽管有学者认为"死"后的名词是宾语而不再是主语，但仍然认为是施事，如徐仲华和缪小文（1983）、李临定（1986）、孟琮等（1987）、范晓（1989）、张伯江（1989）、郭继懋（1990）等明确把名词"父亲"称为"施事宾语"。显然这与当时人们对"施事"的界定较为宽泛有关。而实际上70年代中期吕叔湘在《现代汉语语法（提纲）》（2012：405～540）和《试论补语》（2012：541～578）中就敏锐地区分了施事和相近概念，可惜两文当时均未公开发表。吕著把"父亲"的语义角色称为"系事"，并解释为"用于代表分不出施和受两端的动作的动词，也就是所谓不及物动词"。

较早比较系统并用现代语言学眼光提出现代汉语语义角色的是鲁川、林杏光（1989），自此人们开始对广义施事加以系统划分，如贾彦德（1997）、袁毓林（2002）、陈昌来（2003）等。人们也不再把"王冕死了父亲"中"死"后宾语看作施事，不过是何种语义角色却并没有取得一致认识。

鲁川、林杏光（1989）看作"当事"，即"在无意志的自动词之前后"，举例即为"父亲死了"和"死了父亲"。贾彦德（1997）看作"遭遇格"，即"一种特殊的主体格，它对谓词所表的行为、变化、状况等是非自主的，它不能或不完全能使谓词所表的行为、变化等出现或不出现"，其动词举例中就有"死、病、塌、失败"等。袁毓林（1994）认为"王冕七岁上死了父亲""我家昨天来了一个客人"中"死、来"是单向动词，给宾语指派"当事格"（experiencer）；然而袁毓林（2002）并没有列"当事格"，也没有举到"N_1+Vi+N_2"这样的句子，但是我们认为他是把 N_2 归入主事。何元建（2011：225）称之为客事，陈昌来（2003：115）则认为是"系事"，即"性状动词所联系的主体（主事）动元"，"是性状的系属者，是性状动词所描写的对象"。

尽管上面各论著的名称或术语并不相同，但从其各自定义和描述来看，在某些方面还是达成了一些共识，即认为 N_2 是"非自主的"，是"性质、状态或变化性事件的主体"等。因此我们延用袁毓林（2002）的"主事"。

5.1.1.2 N₂ 的有界性

陆俭明（1988b）指出现代汉语里数量词"对某些句法结构起着制约作用"，某些句法组合没有数量词不能成立，某些句法组合没有数量词只能形成黏着的句法结构，某些句法组合排斥数量词。"N₁+Vi+N₂"句子中也有类似情况。有些情况下 N₂ 不带数量词语则似乎不能成立。例如：

（8）a. ? 老王刚死牛。

　　 b. ? 他烂了苹果。

　　 c. ? 养鸭场死了鸭子。

　　 d. ? 他断了手指头。

有些情况下 N₂ 不能带数量词语，例如：

（9）a. 王冕死了父亲。

　　 b. 他跑了媳妇走了娘。

　　 c. 老嘎听不明白了：顺子明明扭了腰，怎么又说跟没扭腰一样？

　　 d. 李秀英还记得，一个妇女好像断了脖子，问咋会这样，那个妇女木然地说，是鬼子奸淫后，用刺刀在颈背上戳了三刀。

还有些情况下 N₂ 不带数量词语可以成立，补上后也可以成立，例如：

（10）a. 而你眼下看到的是一个火神——一个道地的铁匠，褐色的皮肤，宽阔的肩膀，瞎了眼睛，又瘸了腿。

　　　 b. 一天上午，一位日本游客到分驻所报案，说他丢了钱包。

　　　 c. 小雪爱美，掉了头发心里当然难过啦。

　　　 d. 这房子死了人，就不好卖了。

沈家煊（2009）指出例（8）N₂ 不带数量词语"听上去不自然或者不成立"，不过并没有解释原因。我们认为，N₂ 是否带数量词语和是否具有"有界"（bounded）性质（沈家煊，1995）有关，也和该句是否有后续句有关。如果句子中的 N₂ 本身是有界的，那么就不需要数量成分修饰，该句就是自然完句；如果是无界的，那么该句就不能自然完句，但可以添加数量词语修饰使之有界化，也可以整体上作句法成分，还可以添加后续句，从而构成复句，使之前后有所照应，达到有界性。

具体而言，例（9）四句 N_2 不带数量词语是因为 N_2 具有唯一性，即本身有界，句子可以成立。这些 N_2 即使在其他一般情况下也不太带数量词语，如我们一般不说"王冕的一个父亲""他的一个媳妇""顺子的一个腰""妇女的一个脖子"。例（10）四句 N_2 不带数量词语可以成立，是因为动词或者语境蕴含了一些信息。如 a 句说"瞎了眼睛，又瘸了腿"自然是两只眼睛都瞎了，而瘸的是一条腿。因为如果事实上是瞎了一只眼睛，该句就会说"瞎了一只眼睛"。否则，根据语用学"合作原则"（cooperative principle）中的"足量原则"（Grice，1975：45），该句就没有提供足量的信息。而如果事实上是两条腿都瘸了，那就不是"瘸了腿"，而是瘫痪了。所以，该句也可以说"瞎了两只眼睛，又瘸了一条腿"。再如 b 句所说的"丢了钱包"也可以说"丢了一只/个钱包"。c 句和 d 句成立又是另外一种情况，即" N_1+Vi+N_2 "后面有相应的后续小句。甚至当其后有后续小句，正常情况下必须带的"了"也可以省略，例如：

（11）a. 小雪爱美，掉头发心里当然难过啦。

　　　b. 这房子死人就不好卖了。

　　　c. 谁说的，你要是，比如说，你要是丢钱包，只要你告诉我在哪儿丢的，我第二天就给你找回来，分文不少。

　　　d. 那时大都两三家共用一个厨房、厕所，回家后都把房门大大打开，讲究一点的就在门上挂一截薄薄的布帘子，一家来客人，邻居左右都会知道，门铃也没有什么存在的必要，似乎只是深宅大院的奢侈品。

当然，这与句子是"事件句"和"非事件句"的对立也有关系，因为这种对立也是"有界"和"无界"这对概念在语法上的反映。

回到例（8）四句，如果这些句子补上相应的后续小句也是可以成立的，例如：

（12）a. 老王刚死了<u>牛</u>，心里很不痛快。

　　　b. 他烂了<u>苹果</u>，又烂了<u>刚买的一些梨</u>。

　　　c. 养鸭场死了<u>鸭子</u>，场长心里最难受。

　　　d. 他断了<u>手指头</u>，反而让组长批评他违章操作。

　　总之，我们认为 N_2 是否有数量词语修饰并不是"N_1+Vi+N_2"句子成立与否的关键，重要的是 N_2 是否有界，或者其后是否有后续小句。只不过宾语有界性最直接便捷的体现莫过于数量词修饰。

5.1.2　N_1 的语义角色指派

　　我们对以往学者关于句首 N_1 语义角色的分析持保留态度。本节我们从语义角色系统及语言类型学的角度出发，认为这个 N_1 应该也必须看作益损者。

5.1.2.1　对 N_1 的语义角色的探讨

　　目前关于主语 N_1 的语义角色问题，我们大致总结为三种认识。

　　第一种可以称为"领有者观"。袁毓林（1994，1998）从名词配价角度出发认为"王冕"不是"死"的配价，而是由一价名词"父亲"指派的"领事"（possessive）。赞成此观点的还有沈阳（1995）、陈宗利和肖德法（2007）、王寅（2011：321）等。王著明确指出"汉语的这种特殊构式，也可视为汉语原型性所有格构式的一种边缘性用法"。郭继懋（1990）、徐杰（1999a）、孙晋文和伍雅清（2003）虽没有直接说"死"前的主语是什么语义角色，但把这种句子或现象称为"领主属宾句"或"领有名词的提升移位"（possessor raising movement）等，可见他们大体也是看作"领有者"或"领属者"。

　　我们认为"领有者观"存在很大问题。首先，具有领属关系的双方之一——领有者不一定就是担任领有者语义角色。例如：

（13）a. <u>王冕</u>父亲死了（，母亲养活他）。

　　　b. <u>他</u>两间房子倒了。

　　　c. <u>他</u>一条腿断了。

　　　d. <u>七号监狱</u>一个犯人跑了。

很显然，上例各句的两个名词性成分在意义上都有领属关系，可以认为在认知上是题元关系的领有者，但是在语义角色上并不是领有者，而是作为话题担任指涉者，在句法上是主谓谓语句。

其次，领有者作为语义角色能否以主语的身份出现在句子中呢？例如：

(14) a. 我有一本书。

　　 b. 今天你抛弃妻子，说不定明天你也会抛弃我。

　　 c. 九岁的儿子当时正写作业。

显而易见，上例中"我""你""九岁的儿子"分别和"一本书""妻子""作业"在意义上具有领属关系，但我们从来不会说它们在语义角色上是领有者。按照形式语言学说法，领有者是"固有格"（Inherent Case），不同于句法结构的"句法格"（Structural Case）（Chomsky，1986：193）。此外正如沈家煊（2000b）所说，这样处理无法解释"他飞了一只鸽子""他烂了五筐苹果"等，我们总不能说"鸽子""苹果"等也是一价名词，需要领有者才能满足句法上配价的要求。因此把单独充当句子主要句法成分的名词性结构认为是语义角色上的领有者是值得商榷的。

第二种可以称为"经历者观"。朱行帆（2005）认为"'王冕'是'父亲去世'这件事的经历者（experiencer）"；何元建（2011：225）也认为该主语"经历了父亲死亡这样的过程"，不过称之为"当事"。持类似观点的还有程杰（2007）的"经受者"、安丰存（2007）的"遭受者"等。

我们认为把"王冕"看作"经历者"也存在很大问题。一方面，experiencer作为一种语义角色早在Fillmore（1971a）中就曾使用过，杨成凯（1986）译作"感受格"，并指出"感受格是受到或接受或经历或遭遇某种行为影响的实体"。沈家煊译为"感受格"或"感事"（Crystal，1980），指"受感于动词表达的动作或状态的实体或人"。另一方面，就目前而言更多的学者无论是形式主义学者还是功能主义学者大都用experiencer指"经历某种心理过程的实体"，如Palmer（1994：40）、Radford（2004：337）、徐烈炯和沈阳（1998）、袁毓林（2007）、孙天琦和潘海华（2012）、韩景泉

（2016）等。

第三种可以称为"利害者观"。吕叔湘（2012：457）认为"王冕"是"当事"。吕著对"当事"的解释为"代表由于某一动作而有所得或有所失，也就是与动作有利害关系的人或物（多数是人）"或"与这件事有利害关系的人"。傅承德（1988）沿用了这一观点。林杏光（1999：189）认为"王冕"是"与事"，林著对"与事"的界定为"事件中有利害关系的间接客体"，并根据带格标的情况分为"给"类、"向"类、"替"类、"跟"类、"为"类和"Ø"类，其中最后一类举例如下：

（15）a. 老师送<u>我</u>一支笔。/厂长奖了<u>劳模</u>一千元。

　　 b. <u>他家</u>跌死一头牛。/<u>王冕</u>七岁上死了父亲。

　　 c. 我告诉<u>他</u>一个好消息。/我教<u>他</u>英语。

我们认为"利害者观"已经开始认识到这个主语的一些基本特性，比如与谓语所陈述的事件有利害关系、遭受了不幸的事实等，也更接近这个主语的语义角色，但是各论著对其语义角色的术语界定值得商榷。

按照吕著的定义"当事代表由于某一动作而有所得或有所失，也就是与动作有利害关系的人或物"，下面各句的主语和宾语也都要算当事：

（16）a. <u>张三</u>打了<u>我</u>。/<u>张三</u>被杀了。

　　 b. <u>牛</u>摔断了<u>一条腿</u>。/<u>张三</u>撞坏了<u>李四的房子</u>。

　　 c. <u>我</u>获奖了。

可是实际上我们并不把这些主宾语看作当事。林著中所说的"与事"还包括介词"向""跟"的宾语，显然它们不是与"事件中有利害关系的间接客体"。另外我们已经在第二章中讲到，"与事"是一个中观概念，相当于"间接客体"，这从林著的描写和解释中也能看出。

此外，安丰存（2007）认为"王冕"是"遭受者"，遭受了"父亲死了"这个不幸的事实，相反宾语才是"经历者"，经历了"死"这个事件；马志刚（2008）认为"王冕"是"被影响者"（af-fectee）。我们认为，安文的"遭受者"和马文的"被影响者"都是纯意义上的命名。上文我们已经讲到，"受/被影响者"并非一个纯粹的语义角色，此处不再赘述。

综上，我们认为以上学者虽然能抓住 "N_1+Vi+N_2" 句子中 N_1 这一主语的一些基本特性，但是并没有从语义角色系统的高度加以统筹和综合分析，因此我们需要再往前走一步。

5.1.2.2　N_1 是益损者

不可否认，大多数情况下 N_1 和 N_2 正如郭继懋（1990）、徐杰（1999a）等所言具有某种领属关系，也正因如此，在题元关系上 N_1 也是 N_2 的领有者，所以当 N_2 遭遇了 Vi 这一事件在结果上影响到 N_1，致使 N_1 不自主或非自愿地必须承担事件所带来的相应结果。因而从某种意义上讲，N_1 和 N_2 具有领有和隶属关系是 "N_1+Vi+N_2" 表达益损性事件的必要条件。

有的时候，"N_1+Vi+N_2" 句中的 N_1 指物，例如：

（17）a. 行李房倒了一面墙。

　　　b. 这件褂子掉了两个扣子。

　　　c. 动物园逃走了一头老虎。

　　　d. 图书馆遗失了许多善本书。

郭继懋（1990）指出，这些句子和存现句句意大致相同，但主语并不是指处所，例如 "动物园" 是文化机构，而 "行李房" 是一个建筑物。我们认为，这些句子表达的也是益损性，主语也是益损者。我们在 2.3 章节中指出典型的益损者是有意志力的、自主的指人名词，而某些机构或设置名词也可以作为益损者理解。说话者正因认为行李房的墙不应该倒、褂子的扣子不应该掉、动物园的老虎不应该逃走、图书馆的善本书不应该遗失，所以才为这些事感到可惜，也认定这些事会给行李房、这件褂子、动物园和图书馆带来损失。从这种意义上讲，把它们看作受损者也是没有问题的。

汉语中还有以下一些句子，即动词后面是数量性成分。例如：

（18）a. 他家的客人来了几位。

　　　b. 在场的人哭了一大片。

我们认为，这些句子动词前后的两个成分在语义上并非领有和隶属关系，而是蕴含关系，即在前者的集合中包含了后者。这些句子动词前后的成分可以构成"N_1 中的 N_2"，而益损性结构"N_1 + $Vi+N_2$"不能做这样的变换。试比较：

（19）a. 他家的客人中的<u>几位</u>来了。

　　　 b. 在场的人中的<u>一大片</u>哭了。

（20）a. *<u>他</u>中/里的一只鸽子飞了。

　　　 b. *<u>沈小妹</u>中/里的哥哥走了，可还有个舅舅。

　　　 c. #<u>他们</u>中/里的两个犯人跑掉了。

　　　 d. #<u>组织部</u>中/里的一个年轻人来了。

例（20）后两句并非不能成立，只是已经和原句意义相差甚远。正是因为这些句子动词前后的两个成分是蕴含关系而非领有关系，所以它们都不是益损性结构。

综上，在题元关系上，N_1 是领有者，也是受损者或受益者；但是，在语义角色上，N_1 只能是受损者或受益者，因为在此领有者只是一个纯意义范畴，正如上文所说，我们不能把单独充当句子主要句法成分的名词性成分认为是领有者。

5.2　Vi 的性质

现代汉语中能进入"N_1+Vi+N_2"构式的动词有很多，我们首先以"死"为例说明 Vi 的一些性质。

5.2.1　对以往观点的探讨

与"死"相关的问题有两个：一是"死"类动词是一价动词还是二价动词，二是"死"类动词是否是非宾格动词。

5.2.1.1　一价动词？二价动词？

关于"死"是一价动词还是二价动词，目前学界有两种观点。一种是认为"死"是二价动词，如王力（王了一，1956）认为这里的"死"变成外动性质，是及物动词，朱德熙（1978）也认为"死、来"等是二价动词，但后头不一定总带宾语。马莉（2003）

也指出像"死、塌、掉、断、跑、没"这类表示消失、毁坏、丢失等的动词除了有一价动词的意义和用法外，还有二价动词的意义和用法，满足的条件是"宾语是失去的人或物，并且主语是遭受这些丧失的失去者"。另一种观点认为"死"只是一价动词即不及物动词，如沈家煊（2000b）、胡建华（2008）、刘探宙（2009）等。

我们赞同后一种观点。首先，把"王冕死了父亲"中的"死"和"王冕的父亲死了"中的"死"看作两个义项或看作两个"死"有悖于人类语言知识和儿童语言习得，也正如沈家煊（2000b）所说"这样做的代价比较大，因为这样的动词不是一个两个，为数还不少"。其次，配价语法的提出是为了说明一个动词在一般情况下能够支配几个"行动元"（actant），这些行动元一般也被认为是动作所关联的主体格和直接客体格这样的核心格和部分次核心格，而非外围格等。最后，谈论动词的"价"也不是在单个的具体的句子中，如果真正落实到具体的句子，很可能也陷入类似于词类划分的"依句辨品，离句无品"的泥淖中，变成了"依句辨价，离句无价"。

至于为什么"王冕死了父亲"中的"死"能带两个句法论元，这是因为，其中一个论元是"死"本身自带的，另一个是构式赋予的，因为"Vi+N$_2$"就是一个特殊结构，这个结构赋予了一个非核心格，也就是构式的配价或论元（沈家煊，2000b）。

构式的配价或论元主要是由构式的整体意义决定。

5.2.1.2 非宾格动词？

我们知道，提出新理论一要看目的是什么，即解决什么样的问题；二要看标准是什么，即采用什么样的手段，是形式上还是意义上的；三要看解释力多大。如果目的没有达到预期效果、标准并不统一或者说范围没有普适性，那么这一理论是否值得建构就该反思。

"非宾格假说"（Unaccusative Hypothesis）由 Perlmutter（1978）基于关系语法（Relational Grammar）提出。Perlmutter 认为传统语法所说的不及物动词实际上并不同质，应该分为非宾格动词（Unaccusative Verb）和非作格动词（Unergative Verb）两类。两者都有

唯一的论元，区别是在深层结构的位置不同：非宾格动词的这一论元处于深层宾语位置，与及物动词的宾语一致；非作格动词的唯一论元处于深层主语的位置，与及物动词的主语一致。正是因为两者在深层语义结构中的位置不同，所以它们在表层句法结构上的表现也不尽相同，结果是非宾格动词的唯一论元不仅能出现在主语位置上，而且能出现在宾语位置上，而非作格动词的论元只能出现在主语位置上。另外，Perlmutter 根据语义对上述两类动词进行了划分：非宾格动词的主要语义元素是无意愿控制及非自主，它们包括形容词，相当于形容词的状态动词，带客体论元的动词，表示存在或出现、消失的动词，作用于五官的非意志现象，以及表示时体的动词等六类；非作格动词的主要语义元素为意愿控制及自主，包括所有的自主动词以及可以部分由意愿控制的生理现象等（Perlmutter，1978；杨素英，1999；影山太郎，1996）。

提出"非宾格假说"的目的在于说明有的语法格式只允许非宾格动词进入，有的只允许非作格动词进入。例如 Perlmutter 指出，土耳其语（Turkish）中非宾格动词进入非人称被动句是不合法的，相反非作格有合法的非人称被动句，荷兰语（Dutch）也是如此。很多研究者认为汉语不及物动词内部也有这样的差别和对立，如徐杰（1999a）指出"夺格动词（即非宾格动词）跟普通不及物动词（即非作格动词）的对立是超具体语言的，是适用于各种自然语言的"，"汉语的相关事实也强烈支持这个理论的基本观点"。然而，汉语没有形态变化，后面能否带宾语就成为判别汉语非作格动词和非宾格动词的句法格式。例如：

（21）a. 王冕的父亲病了。/*王冕病了父亲。

　　　b. 王冕的客人笑了。/*王冕笑了客人。

（22）a. 王冕的父亲死了。/王冕死了父亲。

　　　b. 王冕的客人来了。/王冕来了客人。

"病、笑"就是"非作格动词"，"死、来"就是"非宾格动词"。然而，刘探宙（2009）和沈家煊（2009）均指出，汉语中的"病、笑"也都可以带宾语，例如：

（23）a. 王冕家就病了他老父亲一个。

　　　　b. 郭德纲一开口，我们仨就笑了俩。

（24）a. 里面挤了六个人。

　　　　b. 工作没着落，家里还躺着个病人。

　　据此，刘文提出质疑，认为"或者说明区分两类动词的句法判别式有问题，或者说明干脆没有必要区分这两类动词"，并倾向于后者。

　　另外，杨素英（1999）指出汉语中的引起状态变化词、空间置放词、状态词、身体体态词"这四类动词用于不及物句式中都应看作非宾格动词"。这和 Perlmutter（1978）所列的六类非宾格动词有很大的出入。

　　因此，如果刘文的质疑和认识以及杨文的考察符合语言事实的话，那么无论是在句法结构上还是在词汇语义上，"对立是超具体语言的，是适用于各种自然语言的"的观点就可能被推翻，进而徐杰（1999a）等人提出的"王冕死了父亲"句式生成的"移位说"也就失去了理论的基石。

　　我们认为，一方面，Perlmutter 是根据语义对上述两类动词进行划分的，既然两者的语义差别是"无意愿控制及非自主"和"意愿控制及自主"，那么汉语用"自主动词"和"非自主动词"（马庆株，1988）作为其基本类别即可，不需要另立新的术语名目。另一方面，"非宾格假说"本身基于形态语言，盲目引入非形态语言的汉语既有"过分解读"之嫌，也有"削足适履"之弊，且目前在汉语中能解释的语言现象极为有限，同时有学者如庄会彬（2013）等批评徐杰（1999a，2001）等判断非宾格动词的方法带有很大主观性。此外，随着形式语法进入"最简方案"（Minimalist Program）阶段，取消了深层结构和表层结构，所谓的非作格动词的主语由轻动词 v 或语态成分（voice）等"半功能性"（semi-functional）的中心语引入（Chomsky，1995；Kratzer，1996：121），也就是说所谓的非作格动词的主语并非其论元而是 vP 的论元。

　　其实吕叔湘（1987）早就谈到汉语没有区分作格和受格的形态手段。所以，综上所述并根据"奥卡姆剃刀"（Occam's Razor）原理，我们认为汉语不及物动词不需要区分非作格动词和非宾格动词两类。① 而很多学者也开始有意识地绕开"死"等是不是非宾格动词的纠缠，例如朱行帆（2005）、王奇（2006）、李杰（2009）等。

5.2.2　能进入"N_1+Vi+N_2"的 Vi 的性质

5.2.2.1　及物和不及物的划分

自《马氏文通》出版以来，几乎所有的汉语语法论著谈及动词分类时，首先都是区分为及物和不及物，尽管在术语上不尽相同，如内动和外动、自动与他动。然而这一问题也一直未能得到很好的解决，且争议较大。如王力（1954［1944~1945］：86）认为"及物不及物的分别，在中国语法里，并不是重要的"，袁毓林（1998：279）则指出"把汉语的动词分为及物、不及物两类在语法描写上有什么作用？这一点，从目前的研究来看似乎并不明朗"。

我们认为，至少在对外汉语教学和计算机语言中，区分动词的不及物和及物还是有很大作用的。这里不细谈。我们觉得重要的是掌握判定及物和不及物的标准。冯凭（1982）、王俊毅（2001）和曾立英（2004）等曾就此做过反思，指出目前汉语语法史上使用的标准大体有三种情况：一是以意义为标准，如马建忠（1983［1898］）、黎锦熙（1992［1924］）；二是以形式为标准，如王力（1985［1943］）、李临定（1990）、陆俭明（1991）；三是意义标准和形式标准相结合，要么两个标准并重，寻求意义标准和形式标准的统一，如潘汆（1958），要么以形式标准为主，辅以意义标准，如 Chao（1968）、朱德熙（1982）。

陈昌来（1998）考察了《现代汉语动词大词典》（林杏光等，1994）中所有动词，得到不及物动词 663 个，把它们分为五大类：Va 是典型的不及物动词，所联系的动元（语义角色）是施事，如呻吟、起义、哭、歌唱等；Vb 也是典型的不及物动词，所联系的动元是系事（感事或主事），如瘫痪、痛、增长、消失等；Vc 是一价动词，所联系的动元是主事，并且可以后移到动词之后构成存现

---

① 本节的认识和观点在写成之后，笔者恰好读到柏晓鹏（2018）。该文也认为汉语不及物动词的分布不足以支持其"非宾格/非作格"的对立。

句，如死、逃走、兴起、刮、跑等；Vd 是二价动词，其中一个语义成分是处所，如发源、深入、离开、攀登等；Ve 是二价动词，但是其中一个语义成分必须用介词介引，如约会、见面、着想、撒气等。王俊毅（2001）根据张国宪（1994）的"消元法"以及配价语法区分必有补足语和可有补足语的方法得到"基础句"，认为"基础句中动词后有宾语的是及物动词，没有宾语的则是不及物动词。有的动词在某些情况下带宾语，另一些情况下不带宾语，则属兼类"。我们赞同王文对及物和不及物动词的分类标准①。

5.2.2.2　Vi 的范围界定

我们考察《现汉》后发现，现代汉语中大约有 80 个不及物动词能进入"N_1+Vi+N_2"格式。具体如下：

白₁　爆₂　变　病　撤₂　出₅　臭₁　到₁　倒₁　倒₂　得　掉₂
掉₃　丢　断₁　多　翻₁　犯₄　飞₁　干　好₄　坏₃　黄　红₁
垮　来₁　烂　裂　漏₁　落₃　聋　麻　灭₁　扭　跑₁　跑₂
破₁　瘫　去₁　去₃　洒₂　伤₁　折　生　湿　死　馊　松₁
酸₂　酸₃　碎₁　塌　逃₁　脱₁　脱₄　完₂　瞎₁　谢₄　锈₁　哑
炸₁　肿　走₅

报销₃　残废　撤退　出现　倒闭　恶化　腐烂　感染₂　恢复
破灭　失踪　逃跑　逃走　脱落　瓦解₁　牺牲　消失　遗失

当然，不可否认的是，这些不及物动词用在"N_1+Vi+N_2"格式中的绝对比例也不是很高。略举例如下：

（25）a. 想想看，你是不是从 35 岁开始掉头发，42 岁左右出现白头发呢？

　　　b. "四一二"之后的大屠杀不用说，光是这一二年咱们又牺牲了多少好同志呵。

　　　c. 这一夜，苏珊夫妇几乎彻夜未眠。6 年，整整 6 年呵，痛苦多于欢乐，破灭了多少渴求的梦。

---

① 不过我们对王文的分类结果不太认同，主要在"兼类动词"上。我们认为，王文所说的四类兼类动词中只有 D 类才是真正的兼类，而 A 类应归入不及物动词，B 类和 C 类应归入及物动词。

    d. 由于围垦的原因，<u>华容县</u>在 50 年内消失了 100 多个
       大小湖泊。

其中自主动词有"来、飞₁、逃跑、逃走、跑₁、走"等。例如：

（26）a. <u>他</u>飞了一只鸽子。

     b. <u>他们</u>跑掉了两个犯人。

     c. <u>沈小妹</u>走了哥哥，可还有个舅舅。

     d. <u>组织部</u>来了个年轻人。

5.3　"N₁+Vi+N₂"的生成和意义问题

两大阵营中，生成语法多关注"N₁+Vi+N₂"的生成机制问题，而认知语法也关注句子的生成机制问题，但更关注该句式的整体意义。

5.3.1　"N₁+Vi+N₂"的生成问题

关于该句式生成问题，生成语法主要有"分裂移位观"和"基础生成观"。前者如徐杰（1999a）、韩景泉（2000）、温宾利和陈宗利（2001）、陈宗利和肖德法（2007）等，不过关于移位的原因各家观点并不一致，如徐杰（1999a）、韩景泉（2000）认为是"格驱动"，而温宾利和陈宗利（2001）、陈宗利和肖德法（2007）认为是"格核查"。即使是"格驱动"和"格核查"，内部也并未达成共识，如徐文认为领有名词移位并提升至主语位置是为了获得主格，而韩文认为是为了获得所有格，温、陈文认为领有名词移位并提升至主语位置是为了核查 I^0 的 D 特征，而陈、肖文认为是为了核查 T 的 EPP 特征。支持"基础生成观"的主要有潘海华（1997）、潘海华和韩景泉（2005）、朱行帆（2005）。潘海华和韩景泉（2005）认为句首名词"王冕"不是主语而是话题，是在原位基础生成的，因为汉语本身就是话题突出型语言；而基础生成的话题不会改变动词的论元结构，所以也就不会有"词汇操作规则"增元问题；至于"父亲"，获得的是主格，汉语和英语并不相同，

汉语是允许主语空格的，因此也就可以不用移位到句首了。

我们认为，无论是"分裂移位"还是"基础生成"都存在很大的问题。正如沈家煊（2006）和石毓智（2007）所言，一方面生成语法的各种假设"缺乏自洽"和"具有很大的随意性"，并且"缺乏客观的标准来确立一个表层结构的基础形式"；另一方面"小看了不同表层结构之间的差异"。此外，形式语法进入"最简方案"（Minimalist Program）阶段，引入了"经济原则"（Economy Principles）并以之"作为指导一切语言理论的总原则"（戴曼纯，2003：3），从而取消了深层结构和表层结构，只保留了语音式和逻辑式两个不可避免的接口层面。因而所谓"分裂移位"和"基础生成"就无从谈起。

认知语法也相继提出了"句式糅合观"、"词语交替观"和"构式压制观"。前者如沈家煊（2006，2009）、王珍（2006）等，其次如石毓智（2007）、帅志嵩（2008）、俞理明和吕建军（2011）等，后者如侯国金（2012）等。

沈家煊认为"王冕死了父亲"就是"王冕的父亲死了"和"王冕丢了某物"糅合的产物，"我来了两个客户"就是"我有两个客户来"和"我得了某物"糅合的产物，演示如下：

（27）a. 王冕的某物丢了　　　b. 王冕丢了某物

　　　x. 王冕的父亲死了　　　y. （-）←xb 王冕死了父亲

（28）a. 我有所得　　　　　　b. 我得了某物

　　　x. 我有两个客户来　　　y. （-）←xb 我来了两个客户

在"王冕死了父亲"的解释中，起关键作用的"幼年丧父的不幸"和"原因和结果的使成关系"都是现实中人的一般经验。王珍（2006）则引入 Fauconnier 等人的"概念整合"（Conceptual Blending）思想和"心理空间"（Mental Space）理论来分析不及物动词带宾语现象。王文指出，输入空间Ⅰ为表达失去意义的语法空间 $NP_1+Vt+NP_2$，其中 Vt 表示抽象的"失去"义，输入空间Ⅱ为表达复杂事件的概念空间，包括"遭受失去这一事实的主体""失去的对象""失去的方式"，输入空间Ⅰ和输入空间Ⅱ之间发生了部分映射，将表示失去方式的动词的意义映射到意义抽象的 Vt 上。

例如，"他失去了父亲"和"父亲死了"分别是两个输入空间，整合之前"失去"具有［+抽象］［-存现］［+及物性］特征，而"死"具有［-抽象］［-存现］［-及物性］特征，整合过程中"失去"整合了"死"的［-抽象］特征而舍弃了其［-及物性］特征，最终"死"取代"失去"的句法位置从而形成"王冕死了父亲"，取代的主要原因在于两者都有一个核心语义特征即［-存现］。相似的还有袁毓林（2004），袁文认为"死"是一价不及物动词，套用了二价及物动词"丧"的用法，这是在历时发展中由于受表达精细化这种语用动机的强力驱使，动词要迁就句式而促成的。

石毓智（2007）认为，"王冕死了父亲"源自存现句，只不过其主语通过转喻由地点名词变成指人名词。而宋代动补结构 VRO 的产生和最终确立才是促使"王冕死了父亲"产生的主要原因，具体为在主要动词因为不清楚或者无须说出来时，结果补语"死"就可以出现在施事名词之前。刘晓林（2007）认为"王冕死了父亲"是古代汉语中"死"使动用法的残留。帅志嵩（2008）、俞理明和吕建军（2011）都认为"王冕死了父亲"形成的原因是"死"在一定历史时期替换上古时期及物动词"丧"。

侯国金（2012）认为"N_1+Vi+N_2"这类构式是"语用压制"的结果，而"语用压制"受制于多种语用原则，尤其是（可）表达性原则、最省力原则、关联原则和生动原则。"语用压制"导致构式偏离或/和语义偏离，即构式或/和语义的"陌生化"。听者途经语用压制的"花园路径"从而进行"二次思考"或"再思"，以得到简洁、生动等语效。

认知语法的各种观点都有一定的解释力，但也存在一些问题。如胡建华（2008）所说"（类推糅合法）所使用的糅合造句的句法框架仍然过于具体"，"也存在着解释力'过强'或'过弱'的问题"，因为"对类推糅合一旦严格限制，如规定类推糅合仅限应用于表'丧失'或'获得'的结构"就会排除一些句子，而"如果对类推糅合不做严格限制"，很多句子就不合法。

因此，到底以上哪一种解释更合理，还需要进一步研究。限于能力和知识水平，我们暂时提不出一个更好的看法。不过就目前理论的解释力而言，我们趋向于赞同沈家煊（2006，2009）。

5.3.2　"N_1+Vi+N_2"句的构式义：存现，得失还是益损？

关于"王冕死了父亲"句式的意义分析，学界主要有以下认识：李钻娘（1987）没有明确指出该句式的意义，不过在文末特别指出，"SN_1+V+SN_2"中"某些出现式动词，尤其是消失式动词所表达的事件，如果SN_1是人或人的替代者其结果有损于SN_1"；沈家煊（2006）认为"王冕死了父亲"表示"得失"，沈家煊（2009）进一步认为"说话人认为事情有关得失并计较这种得失"；沈阳（1995）认为属于"存现结构"；刘晓林（2007）则认为是"广义的存现句"；任鹰（2009）把该句称为"领属句"，并认为其句式义为"领有者领有、获得或丧失所属者"；李杰（2009）把该句式和隐现句合并为"发生句"，概括其句式意义为"表示某处/时或某人/物发生了某事"；张谊生（2012）则把该句称为"遭受句"，归入"存现句系统"；庄会彬等（2017）直接把该句称为"广义的遭受句式"；吕建军（2013）把"王冕死了父亲""我来了两个朋友"的构式意义概括为"隐现"，并认为这可以切实解决句首名词的语义特征、句法地位以及不及物动词后带宾语等问题。

"王冕死了父亲"句式和所谓的存现句、领属句、遭受句有这样或者那样的联系，并冠以"广义"之名，无非说明它们与该句式有源流关系，是该句式的生成基础。我们认为，该句式绝不能等同于它们。就好比我们说人是动物，这是从其自然属性来看，但人毕竟脱离了动物的自然属性而使社会属性成其本质属性，因此我们研究人时更应该研究其脱离了动物自然属性的社会属性。同样的道理，说"王冕死了父亲"句式是存现句，这是从广义的角度讲的，但其毕竟不是典型的存现句，或者说"王冕死了父亲"句式脱离了存现句客观实陈的表达功能而使主观评价成为其主要表达倾向，因此我们研究这一句式更应该研究其脱离了存现句客观实陈表达之外的功能和意义。

可见，"王冕死了父亲"这类句子构式义的"存现观"并非吕建军（2013）第一个提出，沈阳（1995）、刘晓林（2007）、石毓智（2007）、张谊生（2012）等已有认识。不过吕文明确主张"王冕死了父亲""我来了客人"等的构式义是"存现"，其立论的理论依据有两个：一个是构式的"原型"（prototype）和"承继"（inheritance）观，一个是句首名词的"转喻"（metonymy）观。根据前者，吕文指出存现构式是一个原型范畴，"NP_L+V 着／了 $+NP_0$"是存现构式的典型成员，而"王冕死了父亲"等则是存现构式的非典型成员，两者通过多义连接实现对存现构式的承继，因而后者是存现构式中心意义的扩展。根据后者，吕文认为，处所范畴同事物范畴是客观存在的一对有联系的语义范畴，存现构式中"句首有生词语可以作处所性转喻"，经过转喻后凸显空间性质，如"我来了两个朋友"句中"我"通过转喻成为"两个朋友"的背景，即相对于出现物"两个朋友"而言"我"成为"两个朋友出现的处所"。

我们认为"N_1+Vi+N_2"不能看作存现构式或广义存现句，"王冕死了父亲"句的构式义也绝不是"存现"。下面我们简要解读Goldberg（1995）的构式原型和承继观，然后对吕文的"王冕死了父亲"句的构式义是"存现"的认识进行检讨。

5.3.2.1 构式原型范畴的解读

构式是一种原型范畴，内部成员有典型、边缘之分。这在构式语法诞生之初 Lakoff（1987：468～482）对"There - 构式"、Wierzbicka（1988：303～336）对"have a V 构式"的分析中就已经显示出，而 Goldberg（1995）则进一步地系统性指出，同一构式内部、构式与构式之间都有承继关系，并形成语义网络。

Goldberg（1995）所演绎的同一构式内部的承继关系，是在以具体动词为变量而其他成分词类性质基本保持不变的基础上进行的。这也进一步说明构式义是构式本身固有的，并不随动词的改变而改变。也就是说，填入构式的动词语义不同，只可能给构式带来意义的微调，但整体上构式义的中心意义不变，即 Goldberg 所说的"构式的多义性"与"动词和构式的互动"。例如，Goldberg（1995：38）分析了英语中双及物构式内部的承继关系，双及物构

式的形式表达为 "Subj+V+Obj+Obj₂", 当填入该构式的动词为 give 等内在地表示给予动作的动词、throw 等表示造成瞬间作抛物线移动的动词、bring 等表示在某个直指方向中的持续致使动词时就表达 "施事成功致使接受者收到受事" 意义, 当填入的动词为 guarantee 等与条件满足有关的给予类动词时就表达 "施事在条件得到满足后致使接受者收到受事" 意义, 当填入的动词为 refuse 等拒绝类动词时就表达 "施事致使接受者收不到受事" 意义, 当填入的动词为 leave 等未来转移类动词时就表达 "施事做出动作致使接受者在未来某个时间收到受事" 意义, 当填入的动词为 permit 等允许类动词时就表达 "施事使接受者能收到受事" 意义, 当填入的动词为 bake 等制造类动词、get 等获得类动词时就表达 "施事有意致使接受者收到受事" 意义。但是无论动词怎么更改, 有一个中心意义没有变, 即 "施事致使接受者收到受事", 这也就是双及物构式的构式义。毫无疑问, give、throw、bring 等三类动词所构成的双宾语句就是双及物构式的典型成员, 而其他动词所构成的双宾语句等是双及物构式的非典型成员。张伯江 (1999) 对汉语的双及物构式做过类似的分析, 可以参看。

Goldberg (1995: 67) 所演绎的不同构式之间的承继关系, 则主要是把谓语动词以外的成分作为变量, 分析它们之间的异同, 并构建成网络。例如 (Goldberg, 1995: 3、11):

(29) a. Pat kicked the football into the stadium.

b. Pat kicked Bob black and blue.

c. Pat kicked at the football.

上述三句例示了三个不同的构式: a 句即 "致使-移动构式", 其形式为 "Subj+V+Obj+Obl", 其意义为 "施事致使受事移向某地"; b 句即 "动结构式", 其形式为 "Subj+V+Obj+X$_{comp}$", 其意义为 "施事致使受事变成某结果"; c 句即 "意动构式", 其形式为 "Subj+V+Obl$_{at}$", 其意义为 "施事向受事做出某动作"。相比于 c 句, a 句和 b 句形式上更为接近, 意义上也更为接近, 因为前两者表示位置上的移动变化, 后者表示性质状态上的变化, 而 "处所变化和状态变化的隐喻联接" 使得两者甚至可以合并为一个更大的构式"Subj+V+Obj+Z"，其构式义为"施事致使受事发生变化"，Z表示变化，这种变化包含位置的移动、数量的增减、状态的替换和性质的更改等。

以上可以说明构式内部和构式之间都存在承继关系，构成巨大的网络关系，也能说明构式也像其他原型范畴一样，既有典型成员和非典型成员之分，也存在基本层次、上位层次和下位层次，即众多构式形成了一个"层级性网络"（hierarchical networks）（Bergs & Diewald，2008：1）。

5.3.2.2 汉语存现构式的相关分析

从《马氏文通》开始，经过上百年的研究，汉语语法学界对存现句已经有了非常经典的认识和详备的描写。关于存现句的界定，从最开始的仅以意义说明到后来的意义说明和形式结构相结合。我们知道存现构式的表达形式是"$NP_L+VP+NP_0$"，NP_L为存现处所，VP为存现方式，NP_0为存现事物[①]。之所以它能成为存现句的形式表达，主要原因是该序列配置跟人对事物和空间的关系的一般认知顺序基本一致，符合戴浩一（1988）所说的"时间顺序原则"和鲁川（2001：257）所说的"空间地位大小律"。也就是我们首先看到的是大的空间范围，作为认知域的背衬（ground）或信息流的背景，然后逐渐聚焦到该空间范围内的某个事物，作为认知域的图形（figure）或信息流的前景，即表述为"在某处存在、出现或消失某种事物（包括人）"这一存现句共有构式义（任鹰，2009）。例如：

（30）a. 从前有座山，<u>山上有座庙</u>，<u>庙里有个老和尚和小和尚</u>。

b. 她抬头一看：<u>山崖上矗立着一幢巍峨而富丽的洋楼</u>。

也就是说，存现句句首名词性成分侧重的是空间属性或处所性，即具有"［+空间处所］"的语义值（李钻娘，1987）。正如任鹰（2009）明确所言"存现句句首成分必须是处所性成分，这是存现句同其他类型的语句区分开来的重要条件"。黄健秦（2018）

---

① 还有句首为时间概念的存现句，如例（30）的"从前有座山"。但这和我们的讨论关系不大，故不予考察。

也指出存现构式的语用机制是"动态地选取 $NP_{空间量}$（具有无生、固定、通用、不变等特征）当作话题和旧信息提到主语位置"。由此可见，存现构式之所以为存现构式而不是其他构式，是因为句首名词性成分一定是凸显"空间量"的处所性成分。

因而，如果我们要分析存现构式" $NP_L+VP+NP_O$ "的典型性问题，一般的途径也是通过 VP 的改变来测试其典型成员和非典型成员，而" NP_L "和" NP_O "的词类性质都不能变。据我们考察，" $NP_L+VP+NP_O$ "内部至少有如下六种：

（31）　I_a 式：NP_L+ 有 $+NP_O$（门口有一个保安、墙上有一张地图）

I_b 式：NP_L+ 是 $+NP_O$（门口是一个保安、墙上是一张地图）

I_c 式：NP_L+ 有 $+NP_O+V_{i/t}+$ 着（门口有一个保安站着、墙上有一张地图挂着）

I_d 式：NP_L+V_i+ 着／了 $+NP_O$（门口站着一个保安、车里坐着一个司机）

I_e 式：NP_L+V_t+ 着／了 $+NP_O$（墙上挂着一张地图、山上架着炮、台上唱着戏）

I_f 式：NP_L+NP_O（雪地上一串脚印、屋外漫天的飞雪）

I_a 式即"有"类存现句，这是汉语最早产生的存现句类型。"有"的存现义是由领有义发展而来，这能得到历时语法化的验证（储泽祥等，1997；王建军，2003；等等），也能得到语言类型学上的验证（Heine，1997；Heine & Kuteva，2002；孙文访，2018；等等）。也就是说，"有"字前面的成分原本是事物性 NP，构成领有构式。"领有蕴含存在"（储泽祥等，1997；孙文访，2015），当事物性体词语扩展为兼表事物性和处所性的体词语再扩展为只表示方位处所性体词语，"有"就引申出存在义，这也是"存在"和"领有"分化的关键。

I_b 式为"是"类存现句，也是汉语较早产生的存现句类型。"是"类词在上古先后用"惟、维、为"等所谓准系词（王建军，2003）。显然，"是"的存现义是由判断义发展而来。同样，"是"

类判断词前面的成分原本是事物性 NP，构成判断构式，当事物性词语扩展为兼表事物性和处所性的词语再扩展为只表示方位处所性词语，"是"就引申出存在义，这也是"存在"和"判断"分化的关键。

Ⅰ₍c₎式是另一种"有"类存现句。Ⅰ₍c₎式与Ⅰ₍a₎式、Ⅰ₍b₎式有两点不同：一是句法结构上，后两者的 NP₍o₎ 仅是宾语，而前者的 NP₍o₎是兼语；二是意义表达上，后两者仅单纯表存在，而前者在句末增加并凸显了具体的存在方式，意义上更为精细，表达上更为生动，不过形式上也更为复杂。

据储泽祥等（1997）考察，Ⅰ₍d₎式和Ⅰ₍e₎式在宋代以后才出现，但如何产生却没有详细说明。沈家煊（2006）提出汉语的"糅合造句"说，我们认为Ⅰ₍d₎式、Ⅰ₍e₎式也是由Ⅰ₍a₎式与Ⅰ₍c₎式糅合而来，例如：

（32）a. 一张地图在某处存在　b. 墙上有/存在一张地图
　　　　x. 一张地图挂着　　　y. —　　←xb 墙上挂着一张地图

（33）a. 一个司机在某处存在　b. 车里有/存在一个司机
　　　　x. 一个司机坐着　　　y. —　　←xb 车里坐着一个司机

这也可以从汉语中存在"V"和"有"连用的现象来解释，例如：

（34）a. 凡大车饲马不入肆舍，车上载有柳盘，解索而野食之。
　　　　b. 爬起来看，原来是一间大屋子，壁上挂有地图。
　　　　c. 大厅里聚集有几百人。

不同的是，Ⅰ₍d₎式和Ⅰ₍a₎式、Ⅰ₍c₎式一样，只能表示静态的存现；而Ⅰ₍e₎式中是及物动词，成为一个歧义构式，其中一部分只能表示静态的存现，如"墙上挂着一张地图"，还有一部分只能表示动态的活动事件，如"台上唱着戏"，另有一部分既可以表示静态存现也可以表示活动事件，如"山上架着炮"。朱德熙（1986）曾对上面各式用一些变换法加以区分，我们也可以用"V 有"来辨别，例如：

（35）a. 墙上挂着一张地图→墙上挂有一张地图
　　　　b. 台上唱着戏→*台上唱有戏

c. 山上架着炮→山上架有炮（只表示静态存现）

尽管黄健秦（2018）指出存现构式和事件构式的分野在于"有无时间轴"，不过其绘制的图表也显示仍然存在两难两可的歧义成员。I_e式正是这样的歧义成员。

I_f式一般称为无动存现句或名词谓语存现句（储泽祥等，1997；张斌主编，2010）。

据储泽祥等（1997）考察，宋代以前除I_d式外各式都出现过，而其中又以I_a式使用频率最高，是古代汉语存现构式的典型成员；宋代以后近代汉语中I_d式才逐渐形成，发展到现当代其也成为存现构式的典型成员。无论是哪个时期，I_b式、I_c式和I_f式都不是存现句的主流。

如上所讲，存现构式一般包含三个要素部分，根据以哪个要素部分为句首成分，理论上有六种句法配置[①]，具体如下：

（36）I式：NP_L+VP+NP_O（门口站着一个保安、墙上挂着一张地图）

II式：NP_L+NP_O+VP（门口一个保安站着、? 墙上一张地图挂着）

III式：VP+NP_O+NP_L（有一个保安站在门口、有一张地图挂在墙上）

IV式：VP+NP_L+NP_O（有一个保安在门口站着、有一张地图在墙上挂着）

V式：NP_O+VP+NP_L（一个保安站在门口、一张地图挂在墙上）

VI式：NP_O+NP_L+VP（一个保安在门口站着、一张地图在墙上挂着）

先看I式和II式。I式上面已经讲过，即存现构式。II式如果成立的话一般是事件句，无须赘述。

再看III式和IV式。朱德熙（1982）等认为"有"字是为了使无定名词能作逻辑主语而使用的一种句法机制，储泽祥等（1997）

---

① "有……V着"我们按"有"的出现来排序。

把它们归入存在句，但指出"有+NP$_0$"独立表意能力不强，但有起话头或转换话题的作用，因此才有后加后续部分的Ⅲ式和Ⅳ式这样的兼语句的存在，后续部分才是说话人表达内容的重点。而张伯江（2009：249）则认为"有"字句并不是一种特色鲜明的句式，根据对比从功能的角度看它们更接近于下面的Ⅴ式和Ⅵ式，而非存现句。

最后看Ⅴ式和Ⅵ式。范继淹（1985）首先称它们为"无定NP主语句"。尽管它们和前面的存现句有一些关联，但大多数学者都没有把它们纳入存现范畴，如吴卸耀（2006）、任鹰（2009）、董成如（2009）和张斌主编（2010：584）等。张伯江（2009：257）特别指出："现代汉语里无定名词主语句不能……表达'出现'意义的功能……只能承担有限的特殊功能（引入偶现信息，转移情节的作用）。"

综上所述，我们认为现代汉语中存现构式的原型性格局是："NP$_L$+是+NP$_0$""NP$_L$+V$_i$+着／了+NP$_0$""NP$_L$+有+NP$_0$"是存现构式的典型成员，还可以加上"NP$_L$+NP$_0$"；而"NP$_L$+有+NP$_0$+V$_{i/t}$+着"是存现构式的非典型成员，"NP$_L$+V$_t$+着／了+NP$_0$"是歧义成员。存现构式与领有构式、事件构式等在形式和意义上都有某种承继关系和歧义纠缠。领有格式的典型形式是"NP$_1$+有+NP$_0$"，当句首是兼有空间性和事物性的名词成分，语义分析就有可能两可两难，如"山有木兮木有枝""办公室有很多书"。事件格式的典型形式是"NP$_1$+V$_i$"和"NP$_1$+V$_t$+NP$_0$"，当施事隐现，那么语义分析有时两可两难，如"山上架着炮""屋里摆着酒席"。

5.3.2.3 对"存现观"的检讨

我们绝不赞成把"N$_1$+Vi+N$_2$"看成存现构式或广义的存现句，其构式义也不是"存现"。

首先，正如上文我们分析的，同一构式内部主要是以谓语动词为变量来分析其典型性和非典型性的，存现构式也应该是以谓语动词为变量来分析其内部的典型成员和非典型成员。而"王冕死了父亲"所属的构式"N$_1$+Vi+N$_2$"和存现构式"NP$_L$+VP+NP$_0$"的主要明显的差别在于句首成分。句首处所性成分 NP_L 是存现构式的关键标志，而构式 "N_1+Vi+N_2" 中句首成分 N_1 是一般性质名词，所以它们不属于同一构式。吕文把"王冕死了父亲"看作非典型的存现句，很大程度上是因为该文认为"王冕死了父亲"句中"死"有"离去"义，属于隐现动词。然而"语义上表示存现意义的句子并非都是存现句"（张斌主编，2010：577），例如：

（37）a. 年轻人有上进心。

　　　b. 我们还存在着很多缺点。

张著认为它们"都表存在或隐现意义，但都不是存现句"。我们赞同此观点。

　　其次，如果把"王冕死了父亲"等纳入存现构式范畴，势必打乱存现构式原有的体系。我们知道，句首表示处所的名词性成分对存现构式而言极为重要，甚至是决定性的。李钻娘（1987）早已指出，"王冕死了父亲"句动词前名词性成分就是普通名词，具有"非空间处所"语义特征，即"［＋人/无生物，－空间处所］"的语义值（吕文称为"事物性"和"空间性"）。即使是像"学校、工厂、医院、村子"等这样的机构、单位、组织等名词用在"N_1+Vi+N_2"构式中表达的也是其社会属性（事物性）而非自然属性（空间性）。试比较：

（38）a. 东村死了一个人。

　　　b. *老李家昨天有两个孩子。

　　　c. 学校有一大批书。

　　　d. 学校有一大批书还没有到。

（39）a. 东村里死了一个人。

　　　b. 老李家里昨天有两个孩子。

　　　c. 学校里有一大批书。

　　　d. *学校里有一大批书还没有到。

　　显然这两种句式的句首名词性成分无论是结构还是意义都不同。以 a 句说明，"东村里死了一个人"侧重表达的是某个人"死在东村里"，至于这个人是不是东村村民并不是重点，而"东村死了一个人"显然能表达的是这个人就是东村的，而不是别的什么村的，但至于死在哪里却不是重点。试比较：

  （40）a. 你知道吗，*东村里/东村死了一个人，就死在东村外
      的树林里。

    b. 你知道吗，东村里/*东村死了一个人，但好像不是我
      们东村人。

可见，句首是事物性名词还是处所性名词对句子的解读至关重要，
它能把非存现构式排除。

  再次，"句首有生词语可以作处所性转喻"无法解释在语篇分
析中该有生词语的主语或话题设置。张伯江（2009：229）已经指
出"死了 N_2"在实际的语篇中"很少用于结句……多有后续小
句"。例如：

  （41）a. 马威自从八岁的时候死了母亲，差不多没有经过什么
      女性的爱护。

    b. 他不敢劝阻瑞全，谁死了父亲能不伤心呢？

  这两句很能说明问题，其后续小句都是承接"死了 N_2"的主
语 N_1 而省略，我们可以直接补出来，具体如下：

  （42）a. 马威 $_i$ 自从八岁的时候死了母亲，Ø $_i$/马威 $_i$ 差不多没
      有经过什么女性的爱护。

    b. 他不敢劝阻瑞全，谁 $_i$ 死了父亲 Ø $_i$/谁 $_i$ 能不伤心呢？

  我们以 a 句说明。根据语感，显然省略和补出来的"马威"在
性质上是事物性的。假若真如吕文所说"句首有生词语可以作处所
性转喻"，那么这里就出现了解释上的矛盾：如果我们说有两个
"马威"，即一个是事物性的而另一个是处所性的，那么它们为什么
可以同形省略和同形所指；如果我们说只有一个"马威"，那么省
略和补出来的"马威"只能是处所性的，那么这又与我们的语感不
符。因此，"句首有生词语可以作处所性转喻"并不可靠。

  复次，"句首有生词语可以作处所性转喻"也没有更大范围的
解释力。请看例句：

  （43）a. 这两天我很惦记着你！咱们是老邻居，老朋友了。

    b. 老李戴着帽子。

  （44）a. 小福子失去了招待客人的地方，而自己的屋里又是那

么破烂。

  b. <u>他老婆李刘氏</u>刚生了个男孩子，正在坐月子，也不好
   走动。

  如果按吕文所说，那么我们是否可以认为例（43）中的"我"
和"老李"分别是"我的心中"和"老李的头上"的转喻，从而
两句也是存现句呢？但显然它们是事件句。大致相同的还有刘晓林
（2007）所说的存现句"句首的环境成分在一定的语用目的的驱动
下，在语言的类推机制的作用下，生命度可以增强"的观点。例
（44）两句也能表示某事物的消失或出现，主语也都具有生命度，
按照刘文说法那么我们是否也可以认为它们是存现句呢？而实际
上，我们并不把这四句看作存现句，吕文和刘文应该也不会。可见
"处所性转喻"只是比附存现构式而就事论事的"特设"（ad hoc），
没有普遍性，也没有解释力。而刘文所说的"生命度可以增强"的
"广义"无法找到尺度的限制，也很难行得通。

  最后，"N_1+Vi+N_2"中还有一些句子并不表示存现。例如：

（45）a. <u>他</u>烂了两筐苹果。

  b. <u>王冕</u>病了一个工人。

（46）a. <u>他们办公室</u>接连感冒了三四个人。

  b. 不到七点，<u>我们宿舍</u>就睡了两个人。

  以上各句都无法解释为"存在、出现或消失"，而只能解释为
"丧失了好的/正常的事物/人"或"因丧失了好的/正常的事物/人
而受损"。

  综上所述，无论从构式的原型和承继观还是句首名词的转喻观
角度，"王冕死了父亲"句都不应该看作存现句，因此也不应该归
入存现构式。

5.3.2.4　对"计较得失观"的改进："益损观"

  沈家煊（2006）提出"王冕死了父亲""我来了两个客户"是
糅合造句而来，并产生"因此而丧失/获得"的浮现意义。随后沈
家煊（2009）进一步认为其构式义是"说话人认为事情有关得失
并计较这种得失"，简写为"计较得失"。

我们认为，沈文的这种"计较得失观"比较接近"N_1+Vi+N_2"构式义的概括，不过我们进一步修正为"益损"，即我们明确提出"N_1+Vi+N_2"构式义是"某人（或某机构、单位、组织等）因与之直接相关的人/物的得失而受益或受损"，可简单表述为"益损"。

首先，"得失"是表面的认识，因为"N_1+Vi+N_2"中谓语动词本身大都有得失意义。尽管 Goldberg（2006：64）不再强调"不可预测性"（unpredictability）是构式设定的必要条件，学界趋向于把构式分为不具有不可预测性的"常规构式"和具有不可预测性的"非常规/特殊构式"（王寅，2011：35；陆俭明，2013），但显然"N_1+Vi+N_2"是一种非常规构式，具有不可预测性。例如：

（47）a. 王冕七岁上死了父亲。

b. 老王飞走了一只鸽子。

"死"就是"失去生命"（《现汉》，2016：1238），"飞走"就是不见了、消失了。它们本身就带有得失意义。如果"N_1+Vi+N_2"构式仅仅表示"得失"的话，那么下面这些句子应该也是可以成立的。

（48）a. $^?$王冕七十岁上死了父亲。

b. $^?$陕西/中国死了一头骡子和一匹马。

对于王冕来说，死了父亲无论是在他七岁还是七十岁都是"失"；对于陕西或中国来说，死了一头骡子和一匹马也都是"失"。然而我们很难接受上述两句，这是因为"古稀之年父亡不像幼年丧父那样是个重大损失"（沈家煊，2000b），而对于陕西或中国与一头骡子和一匹马"很难想象这二者之间会存在什么直接关系"（李杰，2009）。因此仅仅认为"N_1+Vi+N_2"表示"某人得失"是不够的，或者说"得失"不是"N_1+Vi+N_2"构式要表达的最终意图，应该是要更进一步，即还要看这一得失是否对与之直接相关的人产生某种重要的益损。沈家煊（2009）进而把该句概括为"计较得失"，这恰恰能够说明句首 N_1 所指称的人或物有所益损说话人才会去计较这种得失。因此，"益损"才是这种构式的"浮现意义"或"整合之意"。

其次，"说话人认为事情有关得失并计较这种得失"这样的构式义无法对句首名词在语义上的贡献和在角色上的定位作出精准解读和有效分析，但是"益损"可以。上面讲到句首处所性成分对于解读存现构式意义极为重要，同样，句首名词性成分对于解读"N_1+Vi+N_2"构式义也至关重要。不过"计较得失观"淡化甚至忽略了这个问题。这类构式"多有后续小句"并且"意义上也是从属于后续句子的"，表达的往往是"对目前主人公生活造成什么影响"（张伯江，2009：232）。因此，该构式表达的重心应该是句首 N_1 所指示的人或事物而非说话人。当然我们并不否认说话人会在句子中留下主观化表达的烙印，但构式义应该关注话语中叙述的对象即句法主语，这是关键。

关于"N_1+Vi+N_2"句首名词语义角色这一问题，学界众说纷纭。如袁毓林（1994，1998）、沈阳（1995）、陈宗利和肖德法（2007）等认为是"领有者"（Possessor），朱行帆（2005）、何元建（2011：209、225）等认为是"经历者"（Experiencer）。沈家煊（2006）分别对以上两种观点做了批判，可以参看。沈家煊（2000b）提出"句式（即构式——笔者注）配价"概念，并指出构式配价和动词配价相比可以匹配也可以有所增减，构式配价主要是由构式的整体意义决定，如动词"死"只需要一个配价，而"王冕死了父亲"句在整体意义上则要求两个论元。但是，沈文对于主语"王冕"是什么语义角色并没有给出答案。

我们知道，"N_1+Vi+N_2"构式中句子动词 Vi 的配价即 N_2 已经得到满足，那么句首 N_1 就不应该是核心论元，但又是该构式所必需的论元。根据上面对句首 N_1 在意义上的分析，我们认为 N_1 在语义角色上是"受益者"或"受损者"。受益者作为一种语义角色在Fillmore（1968）的格语法诞生之初就已经多次被提及，随着语言材料的新发现和语言研究的深入，受损者和受损结构也在世界许多语言中被广泛证实（Zúñiga & Kittilä，2010）。其实谭馥（Tan，1991）和潘海华（1997）就曾提及把"$N_1+被 Vi+N_2$"和"N_1 死了父亲"中的 N_1 均称为"受害者"，而无论在整体意义上还是在语法结构上我们都进一步证实该认识具有合理性。

再次，糅合造句形成的"得失"不能解释"因和果不对应"的句子（刘探宙，2009）。例如：

（49）a. 人家会以为<u>你</u>死了仇人哩，那么兴奋。

　　　b. <u>我</u>一下少了几个对手。

（50）a. <u>我</u>来了个穷亲戚（，进门就跟我借钱）。

　　　b. <u>他</u>起了一身鸡皮疙瘩。

　　而"益损"能很好地解释这类问题，因为"得"并不都是"益"，而"失"也并不都是"损"，两者大体上对应，但也有不对应之处。如例（49）a 句，人死了总归是"失"，仇人死了对于某人（句中指"你"）来说虽是失却有所获益，后半句"那么兴奋"恰恰就是某人认为有所获益才表现出来的情绪。再如例（50）a句，在崇尚人情礼节的中华民族文化里，宾客盈门是一件非常荣耀和值得高兴的事情，可以体现主人知书达理、热情好客的优良品德和美好名声，所谓"香风欢愉客心暖，好客乡俗照胆肝"（李白《扶风豪士歌》）。因此，亲戚来了对于某人（句中指"我"）来说是一种得，然而来的却是穷亲戚并且他有目的，后半句"进门就跟我借钱"恰恰表明某人或有所损。回过头看例（48）a 句，如果加上"才"句子又可以成立了，正如沈家煊（2009）所说"与其说是表失，不如说是表得"，显然这里用"受益"代替"得"比较好，毕竟无论如何父亲去世总是"失"。

　　最后，有些"N_1+Vi+N_2"句很难说是表示"得失"，但用"益损"解释会更贴切。例如：

（51）a. 这房子死了一个人（就不好卖了）。

　　　b. 姐姐像好了一场大病，今天走的这么轻快。①

　　"这房子死了一个人"我们大概也不能说这句话是表示"这房子失去了某人"。相反，我们可以说正是因为这房子曾经死过一个人给人"凶宅"的感觉，所以导致"不好卖了"这一受损结果。同样，"姐姐像好了一场大病"我们也很难说姐姐"失去一场大病"而得到什么，得到一个好身体？不如说"好了病"对姐姐做事有利。

　　其实，以往相关论著也都或多或少、或明或暗地讲到该构式的

———————————

　　① 出自孙犁的《风云初记》，原文如此。

"益损"性质，例如李钻娘（1987）的"消失式动词所表达的事件……其结果有损于 SN$_1$（即句首名词——笔者注）"，张谊生（2012）的"受到负面影响"，刘探宙（2009）的"'死了仇人'表达的是……受益，'来了借钱的穷亲戚'表达的是……蒙受损失"，甚至沈家煊（2000a，2000b，2006，2009）也多次直接提及"受损"和"获益"。然而遗憾的是，以上论著都只是提及，囿于局限未能深入挖掘。

上面我们已经论证了"N$_1$+Vi+N$_2$"的构式义是"益损"，那么它也存在典型和非典型的问题，也存在和相近构式的交叉和歧义问题。据我们考察，"N$_1$+Vi+N$_2$"内部主要有如下几种。

(52) a 式：N$_1$ + V$_i$ +了+N$_2$（二少爷瞎了一只眼睛，我一下少了几个对手）

　　b 式：N$_1$ + V$_i$ +掉/走（了）+N$_2$（老娘逃走一个养女，他们跑掉了两个犯人）

　　c 式：N$_1$ + A +了+N$_2$（他早已白了双鬓，那妹子慌了神红了脸）

　　d 式：N$_1$ + A +着/下/起+N$_2$（朱海鹏直着身子，孙振邦黑着个脸）

我们认为，上述 a 式、b 式是益损构式的典型成员；c 式是非典型成员，因为有的还可以算是益损构式，如"他早已白了双鬓"，有的勉强可以算是益损构式，如"那妹子慌了神红了脸"；而 d 式已经是"施动受"事件构式，例句中的"直着""黑着"完全可以看作主语的自主行为，整句也看不出任何益损性质。

上述前三式的构式义是"益损"，那么就会对进入构式中的 Vi 有一定的意义要求，对构式中的两个名词 N$_1$ 和 N$_2$ 也有一定要求，这是"构式压制"（construction coercion）所致。正如施春宏（2015）所说的"构式压制，其根本就是如何协调构式整体和部分之间、部分与部分之间的关系问题"。

李杰（2009）、吕建军（2013）整理了能进入这类构式的谓词性成分，我们在两文基础上整合为三类：第一类是含有"出现"或"消失"义的，如"出、出现、添、生、来、犯、少、死、脱、掉"等；第二类是含有"偏离常态"义或"破损"义的，如"倒塌、倒、塌、碎、断、烂、瞎、馊、坏、红、瘸"等；第三类是含有"恢复常态"义的，如"好、活"等。

益损构式"N_1+Vi+N_2"对构式中的两个名词的要求体现在两个方面。第一，句首名词 N_1 一般需要具有"有生性"，因为具有"有生性"才能算得上真正意义上的受益或受损。不过也需具体问题具体分析。试比较：

(53) a. 张三死了。一年后，张三的父亲也死了。

　　 b. *张三死了。一年后，张三又死了父亲。

例（53）能说明句首 N 有生性的重要性。再比较：

(54) a. 他坏了嗓子恐怕以后也很难赚大钱。

　　 b. 丽阳村磷矿烧坏了一部矿山绞车，急坏了矿长。

　　 c. 一部机器呀，坏了一个螺丝钉就开动不了。

例（54）a 句句首 N_1 是有生性的，该句表达受损显而易见。b 句句首 N_1 是机构名称，我们也可以用"移情"（empathy）来解释。正如上文所说，进入该构式的机构、单位、组织等名词更多表达的也是其社会属性而非处所属性。c 句句首 N_1 并不具有"有生性"，但具有使用价值，对于其本身来说是具有受损性的，用"移情"来说对于其领有者也是承担了受损性。

第二，N_1 和 N_1 之间一般需要具有"领属性"，但也有例外。例如：

(55) a. 她，死了丈夫，心志昏乱；常要自杀，胡闹！

　　 b. 我们今天来了好几个顾客，赚了不少钱。

　　 c. 与乡下女人相比，她们少了几分纯朴、天真，多了几分清高、骄矜，人工割过的双眼皮总爱往上抬。

显然，a 句中"她"和"丈夫"具有领属关系，这种领属关系是在"死"这一事件发生之前就有的，可以直接说成"她的丈夫死了"；b 句"我们"和"好几个顾客"也可以说有领属关系，这种领属是在"来"这一事件发生之后临时才有的，不过"我们的好几个顾客今天来了"已经不太能被接受了；c 句中的"几分纯朴、天真"并不是她们本身拥有的，因此很难说它和主语之间有领属关系，"她们的几分纯朴、天真"也就无从谈起。

此外，"王冕死了父亲"也不能看作遭受句。庄会彬等（2017）既没有说明"遭受句式"有哪些，也没有指出这个"广义"做何种解释，因此我们无从考证其真正认识。不过据我们考察，汉语学界最早提出"遭受句"概念的是范中华（1991）。范文"遭受句"指"由表示遭受意义的动词构成的表被动意义的句子"，而遭受类动词指"受、挨、遭、蒙、受到、遭到、遭受、蒙受"等。张谊生（2012）对"遭受句"的解释是"区分承受句与遭受句的依据，取决于事件发生究竟是负面的还是非负面的：凡是 N 受到负面影响的，就是遭受句；凡是 N 受到非负面影响的，就是承受句"。一方面，遭受类动词构成的句子在汉语中的确有不同于其他句子的特点（龚千炎，1980；王一平，1994；等等），用"遭受句"来命名很贴切。另一方面，张文对存现句的分类都有交叉和重叠，无法做到对内统一性和对外排他性，而其所说的"遭受句"是从句式表达角度来界定的，没有形式上的区分。例如张文一方面把"家里连续好几年都要为此烂掉一筐苹果""村里一下子病了好几个壮劳力"等看作非典型的遭受句，因为"句首 N 也都具有指人特征"；另一方面又把"饲养场死了好几只羊"看作表示动态处所存现的"消失句"，把"二少爷瞎了一只眼睛"看作表示领属关系存现的"变化句"，而我们认为这四个句子都是表示对于主语而言遭受了某种损失的意义。再比如张文把"清河农场某中队跑了一个犯人"看作表示动态处所存现的"消失句"，而把"他们跑掉了两个犯人"看作表示蒙受关系存现的"遭受句"，而实际上这两者也似乎没有太大差别。因此学界所认为的"遭受句"不是存现句，两者也不是种属关系。

李杰（2009）把"王冕死了父亲"的意义概括为"表示某处/时或某人/物发生了某事"也是值得商榷的。的确如李文所说"'发生'，这要比'出现或消失'具有更大的概括性和适用性"，但是一方面"发生"这个概括其实适用于很多结构并不相同的句式。例如：

（56）a. 张三笑了。/张三去过北京。

b. 张三被别人欺负了。/张三遭受了迫害。

  c. 我的碗摔碎了。/那本书出版了。

  d. 王冕父亲死了。/我们厂昨天锅炉爆炸了。

以上各句我们都可以概括为"某人/物发生了某事"。这个过于概括的说法就模糊了不同句式之间的差别，也就失去了具体的解释力。另一方面，李文用轻动词 occur 解释主语部分和后面谓语部分的关系。把 occur 作为轻动词的只有李杰（2009）、隋娜和王广成（2009）等，而大多数关于轻动词理论的经典论著 Larson（1988）、Hale 和 Keyser（1993）、Huang（1997）、Lin（2001）、黄正德（2007）等所谈论的轻动词有 have、be、become、cause、do 等，并没有 occur。我们知道，由动词所构成的已然时体的句子都是在陈述事件，因此所有这样的句子都含有一个广义的 occur，而不单单是李文中所谓的"发生句"。

  我们认为，李钻娘（1987）的"有损"、张谊生（2012）的"受到负面影响"和沈家煊（2006，2009）的"计较得失"等认识都比较接近这种句式的意义，不过我们进一步概括为"益损"。

  显而易见，在"N_1+Vi+N_2"构式中绝大多数是表示受损性事件，再举文本中的几例说明：

(57) a. 潘越云，我可跟你说，我就小得一个闺女，我闺女为你们老宁家掉过孩子，你儿子要是负了我们小得，我豁出我这条命，人脑子打出狗脑子来，我也不能让你们消停过日子！

   b. 仿佛这古园就是为了等我，而历尽沧桑在那儿等待了四百多年。它等待我出生，然后又等待我活到最狂妄的年龄上忽地残废了双腿。

   c. 别的几个人稍微闻出些味道不对，揪他站起来一摸，发现他湿了裤子，简直乐不可支。

   d. 小雪这几天可郁闷了，就因为掉了几根头发，居然担心自己会谢顶……小雪爱美，掉了头发心里当然难过啦。你呀，要体谅她才对。

  以 a 句为例，故事中小得和宁致远未婚先孕，两家大人也正忙于两人婚事，然而小得因故小产了，这时宁致远却和另一个女孩有暧昧情愫，而小得母亲也有所风闻。小得母亲正是因为觉得小得"为你们老宁家掉过孩子"而有所受损，所以认为宁致远不应该"负了我们小得"才对宁致远母亲潘越云说出这样的话。

5.3.3　补充说明

5.3.3.1　"N_1+来/出+N_2"类

从上文所列的不及物动词看，"N_1+Vi+N_2"构式表示受损性事件占绝大多数，表示受益性事件或者说 N 是受益者语义角色的情况并不多见，目前我们只考察到了"来、出、好、少"等。例如：

(58) a. 他来了两个亲戚。

b. 组织部来了个年轻人。

c. 文化站来客人，可谓是久旱逢甘露，方站长……

d. 刚才我来了一个顾客。

(59) a. 书记和乡长就说清风街出了你们两个，是清风街的荣光，也是他们在乡上工作的人的荣光。

b. 东昌出了个孔繁森，他是领导干部的好榜样。

c. 胡书记说：是呵，山西出了你这个人民艺术家，我高兴，山西人民也高兴。

d. 一次，国文教员徐子休在课堂上感慨："四川没有出过皇帝，没出过大将，只出了几个文人，很可惜哪！"

(60) a. 他好了一条腿了。

b. 不少地方的领导是好了伤疤忘了痛。

c. 姐姐像好了一场大病，今天走的这么轻快。

(61) a. 我一下少了几个对手。

b. 人家会以为你死了仇人哩，那么兴奋。

c. 我已经发誓至死不摸乐器了，可天天听他开导，我活了心。

对于将"他好了一条腿了"看作受益性事件大家应该没有异议。那么，我们为什么会把这里的"N_1+来了+N_2"也看作受益性事件呢？

我们认为，这和我们崇礼尚节的文化传统有关。众所周知，中国百姓讲究人情世故上的有来有往，如果家里常常有客人上门，表明主人家知书达理、热情好客，因而一个家中宾客盈门成为一件非常荣耀和值得高兴的事情，而热情好客也成为人们的优良品德和美好名声。从春秋战国的平原君好客传扬美名到唐代李白的"香风欢愉客心暖，好客乡俗照胆肝"均为此证；而正是因为热情好客会成就一种美名，所以就有人为此贪图该美名[1]。

那么，我们又为什么会把"N_1+出了+N_2"看作受益性事件呢？这也和我们讲究乡梓家族的文化传统有关。中国百姓讲究"一方水土养一方人"，某地出了名人或伟人，自然这里的风土人情极佳。名人或伟人也就会为家乡带来名声，从而使得家乡成为或者被看作受益者，这也"造就"了国内各地争名人出生地或故里的现象。[2]当然，这种集体精神和归属意识可以类推到大至国家民族，小至家庭门楣，还有机构单位等。相反如果出现不肖之人，整个集体的人也会感觉到名誉受损而蒙羞。例如：

(62) a. 西药业真不幸，竟然出了这个朱延年败类！真不懂，政府为啥不把朱延年枪毙了？

  b. 小轿车代替了大花轿，是发生在二爷家里的事，二爷真是"不幸"，出了"不肖子孙"。

  c. 瑞宣的身上忽然一热，有点发痒；祁家出了汉奸！老三逃出北平，去为国效忠，老二可在家里作日本人的官，这笔账怎么算呢？

  d. 若要人不知，除非己莫为。我古墓派出了你这两个败类，可说是丢尽了脸面。

总之，"N_1+Vi+N_2"的确是表示益损性事件的构式。

5.3.3.2 "N_1+Vt+N_2"类

汉语中有一类"N_1+Vt+N_2"句子，例如：

---

① 见清代学者褚人获小说《坚瓠集卷之三·删太白诗字》，也见《热情好客向前一步就是贪慕虚荣》（中国经济网，2011年2月15日）。

② 见《名人故里之争为何愈演愈烈》，《人民日报》2010年10月29日，第17版。

（63）a. 爸爸正在开刀。

b. 我拔了一颗牙。

c. 李妈道："姑爷刚理了发回来，还没有到报馆去。"

d. 为了今天的新闻发布会，他特地染了头发，一大早从包头赶来。

这里的谓语动词是及物动词①，但是这里主语一般并不被看作句中谓语动词的施事，也不是谓语动词的受事，因此这些句子不同于一些文献中所讲的汉语一般的"中动句"（Middle Construction）（宋国明，1997；蔡淑美，2012），也很难看成省略的"被"字句，至少在语义的表达上有较大的出入，例如：

（64）a. [?]爸爸正在被开刀。

b. [?]我被拔了一颗牙。

c. [?]我被理了发。

d. [?]他特地被染了头发。

史有为（1991）认为下例有两个意思：

（65）小陈做了一件衣服。

a. 小陈（亲自动手）做了一件衣服。

b. 小陈（请人给自己）做了一件衣服。

按 a 理解，小陈是直接制作者或施行者，是典型的施事；可是按 b 理解，小陈是间接制作者或施令者，不是典型的施事。为此，史文把前者称为"直接施事"，把后者称为"间接施事"。再如：

（66）小赵盖了两间瓦房。

a. 小赵（自己动手）盖了两间瓦房。

b. 小赵（请人给自己）盖了两间瓦房。

但是，如果按史文说法，所有发出指示、命令、请求、允准等行为的"致事"都应该叫"间接施事"，而我想这是大家所不愿看到的。因为学界已经意识到曾经的"施事"有必要区分出施事、感事、致事和主事等语义角色，就不应该再回到老路上去。

---

① 从严格意义上讲，"开刀""理发"等应该算一价不及物动词，不过在性质上和"拔牙""染头发""做衣服""包扎伤口"等比较接近，所以在这里放在一起讲。

其实例（63）各句都有两种解读。曹炜（1993）认为可以通过增加句法成分和设置语境来分化这些歧义。例如：

（67）小张包扎了他的伤口。

　　a. 小张ᵢ包扎了他自己ᵢ的伤口。

　　b. 小张ᵢ给他ⱼ包扎了伤口。

（68）王医生去开刀了。

　　a. 王医生ᵢ去开刀了，他的助手ⱼ也去了。

　　b. 王医生ᵢ去开刀了，他ᵢ患了阑尾炎。

曹文明确把后者解读的"小张、王医生"称为"受益格"。从语感上来看，上面除例（68）外在自然语言中也的确更倾向于 b 解读。例（68）倾向于 a 解读或许是因为人们把"开刀"的施事和"医生"直接联系起来，但解读为 b 也不是没有可能。

我们赞同曹文观点。在句式上这些主语大都可以由受益者介词"为"或"给"介引替换，例如：

（69）a. 医生为/给我拔了一颗牙。

　　b. 裁缝为/给小陈做了一身衣服。

　　c. 理发师为/给我理了发。

　　d. 他特地（让理发师）为/给他/自己染了头发。

因此，我们认为这里的主语充当的就是益损者，而整个句子表达的就是益损性事件。史有为（1991）分析了两重解读的语义确定和理解顺序受到三方面的影响：关系元配置因素（动作和受事的不同配置，施事和动作-受事的不同配置）只提供一般的理解基础，它们同语境-社会因素（上下文和交际环境的不同，以及社会职业、社会理解的不同）的结合，造成了心理-频度（使用频度的不同，并造成心理上的不同倾向）的一般倾向，而最后的理解却总是由语境-社会因素决定。例如，像"做饭""包扎包裹""洗头发""买衣服"等行为活动虽然可以由别人代劳，但一般人也可以做到，所以主语常理解为施事，而"吃饭""走路""起床"等行为活动只能自己执行，不可能由他人担任施事。因此，这些动词作谓语的句子一般不会有受益者的解读。可是，还有一些行为活动跟社会的职业分工有关，例如"做手术""包扎伤口""理发""做衣服"等行为动作都需要一定的专业技术和职业技能才能完成，并非一般人能够执行。

我们想进一步说明，像"做手术""包扎伤口""理发""做衣服"等行为动作之所以能够演变为一种职业或职业技能，是因为这些行为动作是为人服务的，也就是说往往会涉及一定的对象即被服务者，服务者能从中获得经济利益，被服务者能从中获取生活照顾或精神享受。这也就是为什么它们出现在谓语位置的时候，主语更倾向于解读为这些行为动作的客体，即受益者。

汉语中还有另外一类"N_1+Vt+N_2"句子，例如：

（70）a. 他生了个女儿。

　　　b. 这位珍爷倒生了一个儿子，今年才十六岁，名叫贾蓉。

　　　c. 他想郭靖已生了一个女儿，这次该生男孩，哪知又是一个女儿，颇有点出乎意料之外。

　　　d. 晋元帝司马睿生了一个儿子。司马睿很高兴，便普赐群臣，给每人一份礼物。

上面各句的谓语动词是"生"，这个"生"只能是"生育"的意思（《现汉》，2016：1166），但是主语都是男性。傅承德（1988）把 a 句中的"他"和"王冕死了父亲"中的"王冕"都称为"利害类当事主语"。显而易见，这种利害类当事主语就是我们所说的益损者。这些句子主语都可以由受益者介词"为/给"等引，下面是自然语言中的例句：

（71）a. 依从他，不要使他不高兴。欢欢喜喜的明年就给他生一个儿子！

　　　b. 他就盼着董鄂妃给他生儿子，董鄂妃后来真给他生了一个，他当时就当着群臣说，这个是我的第一个儿子。

（72）a. 徐为他生了两男两女，他另一位夫人也曾为他生了一个男孩。

　　　b. 当他六十三岁时，钩弋夫人为他生了一个儿子，取名弗陵，生得苗壮聪明，颇为钟爱。

（73）a. 除此之外，他的妻子没有替他生儿子，只生了一个女儿。

  b. 塔克西丝的女儿赛波音迷上了艾瑞阿卡斯，成为他的
   爱人，并且替他生了一个孩子，取名为艾瑞阿肯。

除此之外，"为/给"等介引的还可以是别的什么人，例如：

（74）a. 那是因为凑巧他的爸爸妈妈给他生了一个好看的妹
   子，他把这个妹子打扮起来，送到交际场合里去招蜂
   引蝶，凑巧给某一个大官儿看中了，他也就爬在妹子
   的裙带上去加官晋爵，享受大公务人员的"光荣"了。

  b. 贾珠不是夭折，他是长大成人了，娶了媳妇了，而且
   给贾政生了一个孙子他才死去的。

（75）a. 就在这期间，宋蔼龄又为孔家生了一个儿子，取名叫
   做孔令侃。

  b. 我当兵五年后，哥哥结婚并为我们家生了一个女儿。

很显然，这里的介词"为/给"只能解释为受益者介词，而其
后的宾语也只能是受益者语义角色。

5.4 与存现句的比较研究

  跟益损者作句子主语的不及物动词带宾益损构式相关的句式有
存现句、某些中动句、某些被动句等。我们只讨论与存现句的比较
研究，上文已经做了大量的分析，这里再简要说明一下。

5.4.1 存现句研究的主要观点

  自《马氏文通》出版以来就有对存现句较为零散的分析，但直
到1952~1953年《人民日报》上连载的《语法讲话》都没有给予
存现句独立的句式地位。据我们考察，最先使用"存现"一词的是
张志公（1953：102、173）。张著把叙述人物的存在、出现或消失
的句子中的宾语称为"存现宾语"，并且后来张志公（1958：74）
很敏锐地发现句首的处所成分跟一般的主语不同，"因为在许多情
形下很难说它是谓语陈述的对象"，他称为"准主语"。而最先使
用"存现句"一词的是向若（1956）和曹伯韩（1956）等。向文

明确主张另列存现句，"把它从主谓句的治下解放出来"。此后独立研究存现句的论著蔚为大观，如陈庭珍（1957）、范方莲（1963）、宋玉柱（1982，1989）、李临定（1986）、范晓（1989）、谭景春（1996）、储泽祥等（1997）、齐沪扬（1998）、王建军（2003）、潘文（2006）、吴卸耀（2006）、李杰（2009）、张先亮和范晓（2010）等。以上论著在对存现句几个主要问题上大体达成了一些共识，但也有一些分歧。

首先是存现句的语义表达问题。学界大多认为存现句包含存在、出现和消失三类，以"在某处存在、出现或消失某种事物（包括人）"为共有的句式意义（任鹰，2009）。

其次是存现句的内部分类问题。学界大多认为存现句分为存在句和隐现句，前者又分为动态存在句和静态存在句等，后者又分为出现句和消失句等（宋玉柱，1982；齐沪扬，1998：60）。

最后是存现句的内部构造和范围问题。学界大多认为存现句分为三段，前段表示时间或处所，往往是处所词或方位短语，中段是不及物动词，后段为存在的事物名词。[1] 当然这是就典型的存现句而言的。[2]

5.4.2　益损性主语句和存现句的关系

有学者把"王冕死了父亲"这样的益损性主语句当作存现句的一种，如石毓智（2007）、李杰（2009）、任鹰（2009）等。其历时来源是不是存现句值得我们怀疑，也需要我们进一步探索。但是，我们并不认为益损性主语句是存现句。

首先，在结构上，益损性主语句和存现句差异较大，存现句是

---

[1] 范方莲（1963）指出，后段的事物名词其实并不排斥"有定名词"，如"我的脚跟下就躺着那受伤的连长""前面横卧着龙涎河"等，不过人称代词却是极少。

[2] 陈庭珍（1957）、陆俭明（2011）等也把"画挂在墙上"等看作存现句。这类句子在很多讨论存现句的论文中都不是被看作存现句的，至少是属于非典型的存现句行列。正如陆俭明（2011）所言，"画挂在墙上"是一个歧义句。近期黄健秦（2018）讨论了"存在构式"和"事件构式"的典型性和分野问题，可以参看。我们可以把这类句子看作存在构式和事件构式分野的模糊地带。这也与构式是一个原型范畴的观点不谋而合。

以"表示处所的词语＋动词＋表示存现者的词语"为典型格式，而最主要的应该是前段部分，没有前面的"表示处所的词语"就不能说是存现句；而益损性主语句是以普通名词特别是指人性质的名词性成分为主语，这就完全有别于存现句。如果把益损性主语句纳入存现句，那么存现句就失去了界定的格式标准。

其次，在意义上，益损性主语句和存现句差异也较大。正如任鹰（2009）所说，存现句以"在某处存在、出现或消失某种事物（包括人）"为共有的句式意义。而益损性主语句是以"某人因获得或丧失某种事物（包括人）而受益或受损"为主要格式意义，"存在、出现或消失"和"获得或丧失""因获得或丧失而受益或受损"尽管似乎有联系，但其实并不相同，这就如同语音的对立，某些区别性特征看起来差别也不大，但其实并不相同，所谓"失之毫厘，谬以千里"。

最后，在用例上，有些益损性主语句和存现句没有任何关系。例如：

（76）a. 我们病了两个工人。

　　　b. 张三断了一条腿。

　　　c. 我断了一支铅笔。

　　　d. 他烂了两筐苹果。

以上各句都无法解释为"存在、出现或消失"，只能解释为"丧失了好的/正常的事物/人"或"因丧失了好的/正常的事物/人而受损"。

5.5　本章小结

正如上文所说，在 20 世纪 50 年代以来的半个多世纪中，像"王冕死了父亲"这类句子的结构和语义关系持续被汉语语言学界广泛关注，引发诸多争议，目前也没有一个大家统一达成的共识，刘探宙（2018）为此做了一个很好的梳理。

通过本章的分析，我们有理由相信，在"N_1+Vi+N_2"构式中，就动词 Vi 的范围而言，并不限于所谓的非作格动词，很多表示自主的不及物动词，如"跑、来、哭"等也可以进入；就语义角色而言，主语 N_1 是益损者，宾语 N_2 是主事；就整体意义而言，" N_1 + Vi+N_2 "表达"某人因与之相关的事物发生某状况而受益/受损"，可以简写作"某人受益/受损"。

有意思的是，日语也有类似句子，如 Inoue（1974）的举例：

（77）a. *Taroo ga　tsuma o　ryukan de shinaseta.*

　　　　Taro　SUB wife　ACC flu　of die-CAUS-PAST

　　　　'Taro's wife died of flu on him.'

　　　b. *Taroo ga kodomo o　kootsuu-jiko de shinaseta.*

　　　　Taro SUB child ACC traffic-accident in die-CAUS-PAST

　　　　'Taro's child died in a traffic accident on him.'

　　　c. *John wa　tsuma ni shinareta.*

　　　　John TOP wife　by die-psv-PAST

　　　　'John's wife died on him.'

（78）a. $^?$*Taroo ga　tsuma o atatakai kikoo de naoraseta.*

　　　　Taro SUB wife ACC warm climate by recover-CAUS-PAST

　　　　'Taro's wife recovered to his advantage due to warm climate.'

　　　b. **John wa　tsuma ni naoraseta.*

　　　　John TOP wife　by recover-CAUS-PAST

　　　　'John's wife recovered to his advantage.'

对比发现，只有表达主语的"不如意"或"受损"时句子才能成立；而例（78）a 句在极端情况下才可能成立，而 b 句完全不能成立。因此，把" N_1 +Vi+N_2 "构式解读为"某人受益/受损"很可能还具有类型学上的意义。

第六章 益损者作句子宾语的伪定语

现实世界中，事物与事物之间有一种关系叫领属关系。领属关系可以用不同的语言形式来表达，而最常见也最突出的表达形式莫过于定语领属，即用属格或代词所有格、介词、助词等插入两个名词性成分之间表示，这也就是一般意义上的"领格表领有"。如英语用附着词 's 或介词 of，法语用介词 de，日语用助词の，汉语用助词"的"。然而，汉语中还有如下使用"的"的情况但并不是表示领属概念，出现了所谓"形义错配"现象（沈家煊，2007，2008），例如：

（1）a. 可是，闯王决心杀他，问道："有许多百姓<u>告你的状</u>，你知道么？"

b. 伯母，这是小事情，他喝了酒，乱说玩的。我不会<u>生他的气</u>。谁也不敢挨他，你放心。

c. 这种人眼力都好，所以他找的这买主儿全是外场人。在街面上不论什么事，能叫钱吃亏，不叫人吃亏，他专找这种主儿一绕一个准，准<u>上他的当</u>。

d. 妈，别理这东西，您小心<u>吃了他们的亏</u>。

上例各句中，很难说"状"是"你"的、"气"是"他"的、"当"是"他"的、"亏"是"他们"的；而其中的"告状、生气、上当、吃亏"都是离合词（separable words）。我们感兴趣的是，既然这些"的"前面的名词性成分并非其后名词性成分的领有者，那么它们充当什么语义角色？为什么汉语中有这样特殊的格式。

我们把这一特殊的格式写作"Vm+N+的+Nm"。其中，Vm 和 Nm 均是语素（morpheme），前者是动词性语素，后者是名词性语素，两者合起来就是一个离合词。我们认为，此类"Vm＋N＋的＋Nm"中的名词性成分 N 是"领格表益损者"，即我们认为该格式或现象是汉语中表达益损性的格式之一。

需要说明的是，这里所说的 N 是指人的名词或代词性成分，不包括时间性的名词性成分等。例如：

(2) a. 这样一来，你是要享福了，我白白操了几年的心，都是和你出了力，我一点好处也没有得着，你看我是多冤？

　　b. 他革了一辈子的命，也读了一辈子的书。

　　c. 如果是这个日期，那他十一月二十日晚上就是在该饭庄聊了一夜的天。

　　d. 《我不是潘金莲》让笔者印象最深的点是：李雪莲告了十几年状，最后不告了。

我们把这些例句排除在外，主要是因为这些成分表示的都是时间概念，或者可以直接放在离合词的后面，如"操心了几年""革命了一辈子"，或者可以直接放在离合词前一部分 Vm 的后面，而后一部分 Nm 隐现。如"聊了一夜""告了十几年"。因此它们和黄国营（1981）所说的"他整整提了两个小时的意见""他去年住了半年的医院"等一样，其实都是时量补语，是谓语成分和后补成分的形义错配现象。

6.1　学界以往观点及评述

汉语界最早关注此类构式的是陈望道（1940）和吕叔湘（1946）。此后陆续有学者研究，可以以 21 世纪初为界限分为早期和目前两个阶段，早期阶段的研究注重于现象的描述和说明，除了陈文和吕文，还有丁声树等（1999：53）、Chao（1968）、朱德熙（1982：145）、李临定（1986）和张伯江（1994）等；目前阶段的研究侧重于现象的解释和分析，主要有李桂梅（2009）、邵敬敏（2009）、蔡淑美（2010，2017）和完权（2017）等。

6.1.1 学界以往的观点

以上各家对该格式的分析主要集中在两个方面：一是"的"前名词性成分 N 的句法性质和语义角色问题，二是该格式产生的动因机制。

6.1.1.1 早期的描写和说明

陈望道（1940）指出，"述辞是'上当''捣乱''生气''随便'等成语，而对象辞是'他''你''我''什么'等等的时候总将对象辞插在成语中间，成为'上他的当''捣我的乱''生我的气''随你的便'等句式"。吕叔湘（1946）把此类现象称为"领格表受事"，以示区分于通常意义上的"领格表领有"。举例如下：

（3）a. 爹，您千万别<u>介他的意</u>。

b. 又不知哪里去<u>说我的鬼话</u>去了。

c. 你可得小心，别<u>上他的当</u>。

d. 别理这东西，您小心<u>吃了他们的亏</u>。

吕文解释说，N 是以定语的形式出现在宾语之前，但实际上两者却并不具有领属关系，即认为 N 虽然是"领格称代词"，但"完全没有普通的领属意义，而表直接或间接的受事者，和各种宾语（accusative，dative，ablative 等）相当"。吕文还指出，这种动宾结构可以再有一个意念上的宾语（受事者），但是形式上既然已经有了一个宾语，而又没有适当的介词可用，这个意念的宾语往往就采取了领格形式。吕叔湘（1999：162）进一步说"在某些动宾短语中间，插入指人的名词或代词加'的'，表示某人是动作的对象"，如"别生我的气/开小王的玩笑/你是不是要告我的状"。

丁声树等（1999：52）指出，有些句子在一个代词或名词后头加个"的"字，让它处于领属性修饰语的地位，可是论意思，它是一个动宾结构所表示的行为的受事，并举例如下：

（4）a. 在遂川特别收到了好的效果，县城和市镇上的商人不畏避我们了，颇有<u>说红军的好话</u>的。

b. 你说吧，我也许可以<u>帮你的忙</u>。

c. 你，跟那个老头子，别再<u>打我的算盘</u>。

d. <u>拆朋友的台</u>未免太厉害了吧？

丁著解释说，因为已经有了一个动宾结构，那个意念上的受事不能再放在后头，就把它放在中间；有些例子是能用次动词把它挪到前面去的，如"给朋友拆台""跟他开玩笑""跟他打岔"[①]。

Chao（1968）指出，当一个表面上的领属性修饰语实际上代表动作的对象的时候，他管它叫"Possessive Objects"（领格宾语），并举例如下：

（5）别开他的玩笑　打他的岔　借您的光

赌我的气　搞他的乱　帮我的忙　多他的心

赵著分析说，这种格式有时可改造成连动式，如"别跟他开玩笑"，但不是都能这样改变。

朱德熙（1982：147）也谈及此现象，称为"准定语 C 类"。他指出述宾结构本身不能再带宾语，可是从意念上可以有受事，要让这个受事在句子里出现，可以采用以下三种办法：

（6）a. 让受事作为双宾语构造里的近宾语出现：说他坏话。

b. 用介词把受事介绍出来：给他说坏话。

c. 让受事作为准定语出现：说他的坏话。

李临定（1986：12）指出："有不少动词和某些名词的搭配是习惯性的，它们之间的具体语义关系已不大好说清楚，有的并有引申意义……那种习惯性搭配里的名词却可以有'非真正定语'。"例如：

（7）a. 上了他的当（*他的当）

b. 起他们的哄（*他们的哄）

c. 告你的状（*你的状）

d.（您）不是有意跟我打对仗，拆我的台吗？（老舍）

（*我的台）

李著进一步解释说："所谓'非真正定语'，是和'真正定语'相对来说的。这种定语不是真正修饰后边的名词的，它和后边的名词

---

① 我们认为"开他的玩笑"与"拿他开玩笑"义同，而并不完全等同于"跟他开玩笑"，因为"跟他开玩笑"的一种解读是可能开的是别人的玩笑，但说给他听。

是配不拢的……这种'定语'实际上是整个'动+名'关涉的对象。"

张伯江（1994）则与上述五位语言学家的观点并不一致。张文认为上述结构不过是领属结构的一种，"的"前后的两个名词性成分为定中关系，不过只是要对后者的属性义作抽象理解。如"吃他的亏"中"亏"即"亏折"，"捣他的乱"中"乱"即"秩序"，"帮你的忙"中"忙"即"忙乱的局面"，"告我的状"中"状"即"状况"，"盯我的梢"中"梢"即踪迹，"吃他的醋"中"醋"即"嫉妒的情绪"，等等。

6.1.1.2　近期的解释和分析

李桂梅（2009）基于构式语法理论，认为汉语中存在一种领格宾语构式，其形式表现可描述为（S+）V+N+的+O，其中 VO 为可离析的动宾式复合词，N 一般为人称代词或指人的名词及短语。李文认为领格宾语构式的基本语义是"主体 S 做出 VO 这一动作或行为，并将该动作或行为施加在 N 上，N 处在 VO 的直接作用下"，而其派生意义是"S 是 VO 这一动作或行为的直接受影响者，N 是 VO 所表示的动作或行为的致使者"。其基本语义和派生意义分别举例如下：

（8）a. 明天回学校我造他的反，看他还管不管老子的闲事。

　　 b. 我今天走上工作岗位，该舅舅请我的客。

　　 c. 他一路上不时回头看，确信没有人钉他的梢。[①]

（9）a. 那你为啥要上骗子的当？

　　 b. 一不小心就上了你的算了。[②]

　　 c. 还不如趁早杀了他，免得以后吃他的亏。

李文进一步认为，能构成领格宾语的动词要符合领格宾语构式整体高及物性的特征，并且 N 与 O 之间不存在领属关系；同时在表达效果和表达特点上领格宾语构式具有主观处置性、信息完备性和简洁性。

蔡淑美（2010）则把前面例（1）的格式称为"特殊与格结构"，

---

① 出自李桂梅的论文《领格宾语构式"VN 的 O"探析》，原文如此。

② 出自李桂梅的论文《领格宾语构式"VN 的 O"探析》，原文如此。

写作"V+X+的+O"。该文首先梳理了该结构的语义性质和关系类型，并把该格式内部的语义关系分为"罢官"类、"堵嘴"类、"捣乱"类、"敬酒"类、"吃亏"类和"滚蛋"类等。其次，探讨了该格式的句法构造过程，认为把"V+X+的+O"划为领属结构或非领属结构都有片面之处，它实际处在过渡的阶段，是个连续统。因为 X 在该格式中具有相对性和复合性，是领属义和受事义的结合体，一般具有受损义，大致和受事角色相当。最后，以"吃亏"类为个案展示其句法实现和推导过程。蔡淑美（2017）不再把"捣小王的鬼""帮他的忙"这样的"V+X+的+O"格式称为"特殊与格结构"，而是借鉴朱德熙"准定语"称法转称"准定语结构"（Quasi-attributive Structure），并说明"这里的'准'，指的是定语和非定语之间的一种过渡情况"。对于其中 X 的定性，蔡文指出"由于这种结构的所插成分既包括受损对象（如'捣小王的鬼'中的'小王'），也包括受益对象（如'帮他的忙'中的'他'），而无论是受损还是受益，都受到了某种影响，因此我们将二者统称为'蒙受对象'"，并把准定语结构所表达的语义概括为"通过 VO 的方式使某种影响发生转移"。

完权（2017）借用了吕叔湘"领格表受事"的说法，重点探求了"领格表受事"格式产生的认知动因，指出以往学者所提出的词汇缺项、句法缺位或语义不显并不是其存在的真正动因，认为其句法语义性质和双及物构式联系紧密，其中的"的"具有"提高指别度"的功能，因而凸显双及物事件中的对象成分，造就了认知上的参照体结构和语法上的领属结构。

6.1.2 评介和研讨

关于 N 的句法性质和语义角色问题，尽管有不同的称谓，如吕叔湘（1946）、赵元任（Chao，1968）和李桂梅（2009）称之为"领格"或"领格宾语"，朱德熙（1982：145）和邵敬敏（2009）等称之为"准定语"，黄国营（1981）和孙德金（2000）称之为"伪定语"，傅雨贤（1994［1988］：119）称之为"类定语"，蔡淑美（2010）称之为"特殊与格结构"①，但大多认为是受事。只有张伯江（1994）认为是领有者，蔡淑美（2017）定性为"蒙受对象"（affectee）。我们认为这三种认识都有待商榷。

首先看张伯江的"领有者"说。一方面，从语感上讲"Vm+N+的+Nm"中的"N+的+Nm"我们几乎不能像"领格表领有"那样自由地单说，例如：

（10）a.＊你的状

　　　b.＊他的气

　　　c.＊他的当

　　　d.＊他们的亏

只有进入句子层面在特殊语境下如话题化后才可能，例如：

（11）a. 你的状，我不告了！

　　　b. 他的气，你想一直生下去吗？

　　　c. 他的当，你不要再上了。

　　　d. 他们的亏，你吃的还少吗？

另一方面，从语义上讲，"告你的状""生他的气""上他的当""吃他们的亏"也不等同于"领格表领有"，请看例句：

（12）a. 你的状得告下去！

　　　b. 他的气还在生吗？

　　　c.＃他的当上过无数了。

　　　d.＃他们的亏吃的还少吗？

很显然，a句"你的状"中的"你"是施事，跟"他的篮球打得好"中的"他"性质是一样的。蔡淑美（2010）也指出，按张伯江的说法，"醋"可以抽象为一种属性义"嫉妒的情绪"，"吃醋"即"产生嫉妒情绪"之义，那么按理"吃他的醋"可以理解为"产生他的嫉妒情绪"，这跟实际意义不太相符。由此可见，"Vm+N+的+Nm"中的 N 不能简单地认为是"领有者"。

其次看吕叔湘、朱德熙等人的"受事"说。我们在第二章讲

---

① 蔡文虽没有明确说该格式中 N（蔡文中的 X）是受事，不过从该文的一些论述中不难得出这个认识。

过，语义角色是一个句法-语义概念，作为语义角色之一的"受事"也不例外。按照袁毓林（2002，2003）的认识，关于受事的界定、语义特征、句法地位和句法性质等可以概括如下：

受事是因施事的行为而受到影响的事物；

受事有自立性、变化性和受动性三个主要语义特征；

受事一定是跟施事相对的，它们共同成为某类及物动词的两个必有论元；

受事在句法上能作基础句的宾语、远宾语和"把"的宾语。

这些认识应该得到绝大多数学者的认同。然而"Vm＋N＋的＋Nm"中的 N 却不具有上述受事的任何句法性质，试比较：

（13）a. *告状你/告你状/*把你告状

b. *生气他/生他气/*把他生气

c. *上当他/上他当/*把他上当

d. *吃亏他们/吃他们亏/*把他们吃亏

这些 N 不能作基础句的宾语，不能作远宾语反而可以作近宾语，也不能作"把"的宾语。由此可见，把"Vm＋N＋的＋Nm"中的 N 看作"受事"也不准确。

再来看蔡淑美（2017）等的"蒙受对象"说。蔡文把英语中的 affectee 翻译成"蒙受对象"。我们认为有三点不妥。第一，affectee 更为适合的中文译名是"受影响者"，蔡文本身也多次使用"受影响"一词，因而这是舍近求远；另外我们上文也特别指出"受影响者"是几个语义角色的合称。第二，蔡文的描写和论述前后抵牾，如前文的论述是"由于这种结构的所插成分既包括受损对象（如'捣小王的鬼'中的'小王'），也包括受益对象（如'帮他的忙'中的'他'），而无论是受损还是受益，都受到了某种影响，因此我们将二者统称为'蒙受对象'"，而后文的论述是"根据这样的分析思路，我们按 X 受 VO 影响程度的大小将其分为受损、使令、受益和针对这四类"。也就是说"蒙受对象"在前文仅指"受益者"和"受损者"，而在后文又包含了"使令者"和"针对者"。第三，用"蒙受对象"来涵盖"受益者"，这和我们的心理现实有出入。

关于该格式产生的动因机制，完权（2017）归纳为"词汇缺项说"、"句法缺位说"和"语义不显说"，并指出这三种认识都存在缺陷，从而提出新观点，我们概括为"认知凸显说"。下面依次分析。

"词汇缺项说"以吕叔湘（1946）为代表。意思是说，这个领格成分原本是受事宾语，可以用相应的介词引入，但是现有的介词不够用，只好放在宾语的定语位置上。完文指出，尽管有一些 N 的确没有用相应的介词引入，但仍然还有一些 N 可以转换为相应的介宾结构或连动结构，试比较：

（14）a. 揩你的油→*对你揩油

　　　b. 告他的状→*拿他告状

　　　c. 报你的恩→*给你报恩

　　　d. 点你的将→*把你点（成）将

　　　e. 绑你的票→*对你（实施）绑票

（15）a. 革自己的命→对自己革命

　　　b. 开我的玩笑→拿我开玩笑

　　　c. 帮我的忙→给我帮忙

　　　d. 误他的事→使他误事

　　　e. 提你的成→从你*（那儿）提成

我们也认为，"词汇缺项说"只是一种消极解释，语言中每个格式都有自己存在的价值，不会因为不能这样从而那样。

"句法缺位说"以丁声树等（1999：52）为代表。意思是说，这个领格成分原本是受事宾语，按照常规应该出现在谓语动词之后，但是宾语位置已经有成分占据，只好放在宾语的定语位置上。

这个解释有一定道理，毕竟"Vm＋N＋的＋Nm"中的 Nm 已经占据了宾语位置，所以这个"意念上的宾语"不得不谋求其他句法位置。但是至少有下面两个方面是"句法缺位说"无法解释的。一方面，N 为什么一定要选择 Nm 的定语位置，其实对 N 而言 V 前的状语位置远比 Nm 的定语位置更为适合，这就又回到了"词汇缺项说"的问题上来了。另一方面，如果我们相信各个语言学家的语感和认识的话，或许丁声树时代在"V＋N"后面的位置的确很少或不能置放 N，显然随着语言的发展，虽然有些动宾式动词例如"请假、道歉、造反、问好、减刑"等仍不能带任何宾语，但有些动宾式动词例如"操心、担心、关心、留心、起草、投资"等后面可以带上宾语。试比较：

（16）a. 他给我道歉。→ *他道歉我。

　　　b. 请代我向他问好。→ *请代我问好他。

　　　c. 法院已经给他减刑了。→ *法院已经减刑他。

（17）a. 老人对儿子的婚事很操心。→老人很操心儿子的婚事。

　　　b. 我一直为您的安全担心。→我一直担心您的安全。

　　　c. 没人给他们投资。→没人投资他们。

因此，"句法缺位说"也大抵不能成立。

"语义不显说"是李桂梅（2009）的观点。意思是说，凡是参与者在语义上不显著的不能进入该格式，凡是动词在语义上不是高能量即不能使人受损或受益的不能进入该格式，前者如"签歌迷的名"不合法就是因为虽然涉及"歌星"和"歌迷"两个参与者，但是只有行为主体"歌星"是显著的，后者如"见你的面""担他的心"之所以不成立，是因为"见面""担心"不会使"你""他"受到直接或显著的影响。此外，还有是否符合语言使用者的文化心理和行为习惯，例如"费您的心"可以说而"费您的劲"不能说。

我们认为，"语义不显说"开始从构式的角度考察这一格式是一大进步，毕竟该说不再只关注句法，而是开始关注句法和语义的配对和互动。不过，该说也正如完权（2017）所指出的明显存在一些问题。其一，李文认为该格式是一种高及物性的表达方式，并指出该格式的高及物性主要由动词来实现。问题在于有些动词能使人受损或受益即具有高及物性却不能进入该格式，如"给学生打气/ *打学生的气""对合同变卦/ *变合同的卦"。其二，"见面""担心"如果如李文所说不能对另一参与者产生影响从而"见你的面""担他的心"不成立，然而实际语言中它们都是可以成立的，例如：

（18）a. 才叔又上办公室了，天健再来见曼倩的面。

　　　b. 当他一见文博士的面时候，"博士就是状元"这句话真打动了他的心。

c. 春玲妹，事情不是明摆着？我成天见他的面，还不明白什么呀？

d. 老邻居们都说马林生"堕落了"。夏太太见了他的面干脆都不太理他了。

(19) a. 叶子担完孙子的心，又开始担女儿的心。

b. 我暗暗替小黑人的人生担心，就好像我妈一直担我的心一样。

c. 楚冰息看到那渐渐远去的叶落根，握紧拳头的手慢慢的松开了，才发现，手心里全是汗，担心，担谁的心，是担他们的心。①

d. 你们莫担我的心，我在家好得很，只要你们一家家都过得好，把工作搞好，这比让我吃海参燕窝还好啊！

其三，有些语例如"劳你的驾""滚你的蛋"在实际使用时主语并不出现从而语义上也不显著但句子反而成立。

最后看完权（2017）的"认知凸显说"。完文认为，"VN的O"和双宾语句的句法语义关系最为密切，双宾语句涉及的三个参与者都是无标记的因而无所偏重，相反"VN的O"产生的认知基础是当说写者想要凸显转移的对象时就会给"对象N"加上标记"的"；由于N受到凸显，无标记的V和O就相对背景化，因而在和N的对比中，VO就结合成为一个认知的实体一同支配N。

我们对完文所说的该格式和双宾语句的句法语义关系最为密切的观点表示认同，但认为其认知基础值得商榷。

沈家煊和完权（2009）、完权（2016，2018）曾认为"的"具有"提高指别度"的语义功能，其作用是附着在名词后并使其成为参照体，从而构建出一个"参照体-目标"结构。"的"是附着在名词后并使其成为参照体，具有"提高指别度"的功能，问题是提高谁的指别度：如果说提高"的"前名词的指别度，那么这一名词就不应该是参照体，而应该是目标；如果说提高"的"后名词的指别度，这一名词就成为目标即凸显的对象，那么"的"前的名词成

---

① 出自网络小说《仙魂殇》，原文如此。

为参照体，既然是参照体那在认知上怎么能凸显呢？如果张伯江（1994）所认为的领属关系的核心意义是"透过领有关系从领有者来识别被领有者"符合语言事实的话，那么"的"前的名词即领有者就是参照体即背景，而"的"后的名词即被领有者就是目标即凸显，这一点在沈家煊、王冬梅（2000）中有所体现。由此看来，"Vm+N+的+Nm"和双宾语句"V+N₁+N₂"相比，N 不仅没有变得更凸显或前景化，反而更加背景化。这和它们的句法地位也十分吻合，N 在双宾语句"V+N₁+N₂"中至少还处于相对主要的句法成分即间接宾语的位置，而在"Vm+N+的+Nm"中已经退到次要句法成分即定语的位置。

综上，我们认为以上四种对该格式产生的动因机制的认识都失之偏颇，而根本原因在于对该格式中 N 的语义角色定位的偏差。

6.2　"Vm+N+的+Nm"是益损构式

我们认为，"Vm+N+的+Nm"是一种构式，其中 N 在语义角色上是益损者，"Vm+Nm"是离合词，且都是动宾式离合词。为加以区分，我们把动宾式离合词的合成状态写作"VmNm"，离析状态写作"Vm+Nm"。

6.2.1　N 是益损者

在"Vm+N+的+Nm"格式中，N 在语义角色上就是益损者，之所以得出这样的结论，主要有以下几个方面理由。

首先，N 在语义特征上大都具有益损性，或者说 N 在主语所实施的 VmNm 行为中受到直接或间接的受益或受损性影响。这一点在很多论著中都有提及，如孙德金（2000）认为"损益性"是 V-O 组合能进入这一格式的三个主要因素之一，所谓损益性是指"动作行为直接或间接对主体或客体产生有益的或有害的影响的语义特征"。孙文还指出："除了'传令''改道''过户''过目'等几个损益性不好判断外，大部分损益性特征都是明显的。"我们查询北京大学 CCL 语料库，发现"改道、过户、过目"似乎并不能进入这一格式。我们再看"传令"，例句如下：

（20）a. 吴恩说："也好，你就急速传我的令，把他调来。"

　　　b. 窦永衡已然走了案，奏明圣上，这如何放的？立时吩咐赶紧传我的令，水旱十三门紧闭，知照各地面官厅把守。①

　　　c. 昏天黑地，广东的兵弁太也不成体统。快传我的令，叫他们不准难为，谁要难为了洋人，问他有几个脑袋儿！②

（21）a. 罗应元忙吩咐高师爷："传我的令下去，衙院里里外外的门户全派人看守，没有命令一个不许放出。"

　　　b. 你出去时，传我的令：大小捻子，如今立刻造饭，四更以前吃毕，准备出战，不得有误。

　　　c. 孙膑："传我的令，做好准备，迎接庞涓攻城。"

　　我们认为"传 N 的令"也是益损性结构，其中的 N 是受益者。第一，能进入该格式的 N 一般都是说话人"我"，且大都在直接引语中；我们在语料库几乎没有发现 N 是其他名词的情况。很显然，"传我的令"是一种"行使型"（exercitive）的"以言行事行为"（illocutionary act）（Austin，1962：150），即指使别人做某事来达成自己的意愿，因此说话人"我"是"传令"的受益者。第二，"传我的令"的另一种表达是"与/给/替我传令"，其中的"与"是近代汉语早期发展出并用于引进受益者的介词，相当于"为"或"替、代"（马贝加，2002：235；许少峰，2008：2283），但并没有沿用至今；"给/替"是近代汉语至今常用的引进受益者的介词。例如：

（22）a. 曹参与我传令。一鼓绝埋锅造饭。二鼓绝整身披挂。三鼓绝众将上坛听点。

　　　b. 兀术道："来得正好。与我传令出去，吩咐军士穿城而去，寻一个大地方安营，不许动民间一草一木。违令者斩！"

---

① 出自清代小说《济公全传》，原文如此。
② 出自民国小说《清朝秘史》，原文如此。

（23）a. 你去替我传令全军，以后严禁赌博，违令者重责二百
鞭子，倘有盗用公款一两以上者打一百鞭子，十两以
上者斩首。

b. 我们两个男人、两个妇女夜里聚在一起，喝茶，甚至
饮酒，让那个在李德的窑洞前等候，给我们传令的小
鬼看到了，会怎么说呢？

上面的例（20）、（21）各句"传我的令"也都可以变换为
"与/给/替我传令"。

其次，把 N 看作其他语义角色都不合适。孙德金（2000）根
据句法语义关系把 N 分为受事、处所、与事、工具等①；邵敬敏
（2009）把 N 分为关涉对象、直接对象、目的对象和范围对象等，
并统称为"关涉性主体"。通过比对，我们发现邵文的四种对象与
孙文的有对应关系，因而我们以孙文来分析和说明。孙文举例分别
如下：

（24）a. 我们关了他的禁闭。

→ a′. 我们把他关了禁闭。

b. 后来几个司机不肯好好干，总出领导的洋相。

→ b′. 领导被几个司机出了洋相。

（25）a. 明明他要发咱们的洋财。

→ a′. 从咱们这儿发洋财。

b. 她从不沾她的光。

→ b′. 从她这儿沾光。

（26）a. 你不要总是造我们的谣。

→ a′. 给我们造谣。

b. 他经常帮炊事员的厨。

→ b′. 为炊事员帮厨。

（27）a. 你莫开哥的玩笑。

→ a′. 拿哥开玩笑。

---

① 孙文罗列的第五种是原因，如"他就是吃了自私的亏""不少的人吃够了运动
的苦头"，但其中的定语不是名词性质，和我们的讨论无关。

　　b. 我现在才知道她寻<u>我</u>的开心，并不是真的跟我要好。

　　→ b′. 拿<u>我</u>寻开心。

上面我们已经分析了把 N 看作受事语义角色的不妥之处，这里不再重复。想补充的一点是，例（24）a 句"我们关了他的禁闭"也可以说成"我们拿/给他关了禁闭"，这和我们上面第二章所讲的"给、拿"可以作引进受损者的介词不谋而合；同样，这一句可以变换成被动句"他被我们关了禁闭"，这和我们第三章的间接被动句的讨论也不谋而合。

那么，能否把 N 看作处所等其他三种语义角色呢？孙文把例（25）中的 N 看作处所，大体上是因为"可以进入'从……这儿'格式"，并附注说"这里的处所实际上应看作广义的处所"。我们认为这个推论不能成立。第一，例如"他借了图书馆的书""他拿了我的笔记本""我看了他的纪念册"也都可以变换为"他从图书馆（这儿）借了书""他从我这儿拿了笔记本""我从他那儿看了纪念册"，但显然我们不能把这里的"图书馆、我、他"看作处所而应该是领有者。第二，我们要看到"他要发咱们的洋财""她从不沾她的光"变换成"从咱们这儿发洋财""从她这儿沾光"是加了"这儿"才成立，如果不加则不能变换。李钻娘（1987）指出名词性成分是加了"这儿、那儿"才"变成处所"，也就是说"这儿/那儿、这里/那里"才是真正表示处所意义的，或者说处所意义是它们自带的，如"这里"为"指示比较近的处所"（《现汉》，2016：1660）。因此，处所并非这些名词性成分所具有的。第三，这里"广义的处所"的说法令人不解。朱德熙（1982：113）提出过"广义的处所宾语"和"狭义的处所宾语"概念，但和孙文所说并非一回事。学界对"广义的处所"概念也没有明确的说明①，大体上是指除了具体的地点或地方外还包括一些抽象的范围，如"梦里""心中""在我读的那本书里""这句话当中"等范围，"范围实际上就是广义的处所"（楚永安，1982），因此不可能指像

---

① 徐烈炯编著（1988：269）把"Bill weighed two hundred pounds"中的"two hundred pounds"也看作"广义的处所"。这实在是令人费解。

例（25）中的"咱们""她"这样的名词性成分。

孙文把例（26）中的 N 看作与事。我们在 2.2 章节已经讲到汉语目前较为普遍认识的"与事"大致相当于我们所说的"间接客体格"或"对象格"，是一个容纳多个语义角色的集合概念，所以还必须细分。通过变换，一句为"给我们造谣"，一句为"为炊事员帮厨"，而这恰恰就是表明前为受损者，后为受益者。

孙文把例（27）中的 N 看作工具，大体上是因为 N"可以做'拿'的宾语"。我们知道，"拿"的确是一个可以表示工具范畴的介词（徐杰，1986；吴继光，1996；徐默凡，2004），但显然这里的"拿哥开玩笑""拿我寻开心"中的"哥""我"不是工具。第一，把它们看作工具不太符合我们的直接语感和深层认知。第二，"工具"范畴一般具有"物质性、不变性、独立性、无生性、受控性"等语义特征（徐默凡，2004：91），然而这里的"哥""我"很难用这些语义特征来说明。第三，如果说这里的"哥""我"是工具的话，应该可以用典型的工具介词"用"来替换，然而替换后并不成立，具体如下：

（28）a. *用哥开玩笑。

b. *用我寻开心。

第四，表示工具范畴只是介词"拿"的一个功能，"拿"可以引进材料、方法等（张斌主编，2001：388；方清明编著，2017：312），还可以引进受损者（见前文）。但显然这里都不是前面这几种语义角色，我们认为这里的"拿"引进的就是受损者。因此，孙文所谓的"工具"并不是工具而是受损者语义角色，孙文所说的"损益性"是影响 V-O 组合进入"Vm+N+的+Nm"格式的三个因素之一也为我们提供了相关证明。

最后，把 N 看作益损者语义角色还有类型学上的佐证。Heine 和 Kuteva（2002：54）指出受益格和定语性领属有某种语法化途径，很多语言的受益格兼有定语性领属功能，例如现代阿拉伯（Modern Arabic）语中的 li-、巴卡（Baka）语中的 na 等，此外英语中的受益介词 for、法语中的受益前置词 pour 在很多克里奥尔语中都派生演变成了定语性领属标记，前者如 Nigerian PE（尼日利亚皮钦）语中的 fɔ，后者如 Tayo CF（泰约克里奥尔法）语中的 pu。黄布凡（1985）也指出木雅语（藏缅语系羌语支中的一种语言）中受益格助词 æ^{33} 兼作定语性领属标记。当然，我们并不是说汉语中的"的"是益损者标记，我们只是想表明，把"Vm+N+的+Nm"格式中的 N 看作益损者语义角色并非毫无根据，因为益损者和领有者之间存在某种关系，而益损者标记和领属性标记也都具有某种关系，所不同的是汉语中受损者和领有者之间的关系要比其他语言中受益者与领有者之间的关系更为紧密些。

6.2.2 Vm+Nm 的范围界定

"离合词"由陆志韦等（1964［1957］：22、88）首次提出，张寿康（1957）几乎同时提出了"离合动词"说法。《现代汉语离合词用法词典》（杨庆蕙主编，1995）一共描写并分析了 1738 个离合词，其中动宾式有 1637 个。据孙德金（2000）统计，仅有 270 个动宾式可以进入"Vm+N+的+Nm"格式，所占比例是 16.5%。具体如下：

a. 可以进入格式的常用 V-O 组合（二字组）

碍事	罢工	罢官	罢职	败家	败兴	办班	帮厨
帮忙	绑架	保密	保胎	奔丧	逼债	裁员	操心
插话	插脚	插手	插嘴	查岗	超车	扯谎	撤职
称心	吃亏	吃席	充饥	充军	出丑	除名	传令
辞工	篡权	答礼	打盆	当家	捣鬼	点将	点名
顶嘴	定性	定罪	丢丑	丢脸	丢人	动情	动心
断炊	多心	多嘴	夺标	躲债	饿饭	发财	发火
罚款	罚球	翻案	犯讳	犯忌	犯纪	放工	放假
放学	放债	费工	费劲	费力	费神	分成	分红
分赃	封口	封门	复职	改道	改口	搞鬼	告状
革命	革职	挂号	过户	过目	过瘾	合拍	合心
喝彩	哄场	护短	还债	换班	回话	回礼	回信
毁约	记仇	记过	加薪	减刑	见报	将军	降级
降温	交差	缴械	叫好	叫号	揭底	揭短	截肢

劫狱	解毒	解饿	解乏	解雇	解恨	解渴	解闷
解聘	解围	解职	介意	救急	救灾	开窍	开眼
揩油	宽心	拉夫	拉架	赖账	劳驾	劳神	冷场
立案	立志	领情	留级	露底	露富	露脸	露怯
买好	买账	免费	免宫	免税	免职	免罪	灭口
摸底	摸哨	抹黑	抹零	派饭	派活	攀亲	盘底
盘账	捧场	碰壁	辟谣	平反	破戒	破例	破相
起哄	起意	欠情	欠债	抢先	清账	请安	请客
去火	让步	饶命	如意	如愿	撒谎	撒野	扫兴
伤气	上当	上供	赊账	生气	升宫	省事	省心
使坏	受气	受益	受罪	搜身	算命	随心	抬杠
探监	讨好	套汇	提成	替班	挑刺	调价	停业
停职	偷税	投标	投票	退烧	问安	问好	问话
窝赃	误班	误餐	误车	误工	误期	误事	现丑
现眼	限价	享福	相面	消气	泄底	泄愤	泄密
泄气	谢恩	醒酒	学舌	训话	压价	押宝	宴客
验光	扬名	应急	应聘	应战	游街	圆场	圆谎
栽赃	造反	造谣	摘帽	沾边	沾光	占先	涨价
涨钱	招标	着急	着魔	找碴	找事	折寿	治罪
中毒	中计	助兴	抓兵	抓茬	做主		

b. 可以进入格式的常用 V-O 组合（三字及以上组）

插杠子	拆墙脚	拆台子	扯后腿	扯闲篇	扯尾巴
吃官司	吃苦头	出难题	出洋相	穿小鞋	打板子
打官司	打算盘	打下手	打主意	点天灯	吊膀子
吊胃口	调眼线	兜老底	发洋财	告御状	刮脸皮
捡便宜	浇冷水	开玩笑	看热闹	扣黑锅	扣帽子
拉关系	拉后腿	捞稻草	拿一把	闹别扭	拍马屁
攀高枝	敲竹杠	说怪话	说瞎话	说闲话	抬轿子
掏墙脚	套近乎	听墙根	挖墙脚	寻开心	捉大头
走后门	走门路	钻空子	占便宜	吃哑巴亏	打小报告

我们认为，还可以增加如下一些：

担心　费心　请愿　鼓掌　碰瓷　擦屁股　发脾气　看笑话

做手脚　打算盘　喝倒彩　吃闭门羹

由此可见，并非所有离合词都能进入益损构式"Vm+N+的+Nm"。同时，有些离合词表面上能进入类似格式，但也不是益损性质。试比较（部分用例转自沈阳，2016）：

（29）a. 见过女朋友的面　　　　*见面过女朋友

　　　　跟/和女朋友见过面　　　*给/*为女朋友见过面

　　　b. *约过女朋友的会　　　　?约会过女朋友①

　　　　跟/和女朋友约过会　　　*给/*为女朋友约过会

　　　c. 牵过心动女生的手　　　牵手（*过）心动女生②

　　　　跟/和心动女生牵过手　*给/*为心动女生牵过手

"见面"上文已经讨论过，虽然有"见某人的面"的用法，但显然并不表示益损性，其中的名词性成分不能用益损者介词"给、为"介引，而只能用伴随者介词"跟、和"等介引。"约会"用以介引名词性成分的介词与"见面"的一样也是"跟、和"等。"牵手"的名词性成分当用介词介引时也只能是"跟"而不能是"给、为"，但其他情况又有所不同："牵手"有"牵某人的手"的用法，也有最近几年才开始使用的"牵手某人"的用法。其实"牵某人的手"和"牵手某人"也并不完全相同：在意义上，"牵某人的手"表示"手拉着手"，仅仅表示某种行为动作，而"牵手某人"是用"牵手"来转喻"男女开始交往"；由此在搭配上，"牵某人的手"中的某人可以是任何人，比如"老师、父亲"等，可以带体标记"过"等，而"牵手某人"中某人只能是男女中的一方，中间也不能插入"过"等，所以"跟/和心动女生牵过手"表示的

---

① 沈阳（2016）认为"约会过女朋友"能说，但我们检索了北京大学 CCL 语料库和网络，均未发现"约会"带宾语用例。

② 沈阳（2016）列出了"牵心动女生的手"和"牵手心动女生"两句，但没有指出其实这两个"牵手"是有差别的。《现汉》（2016：1038）和《现代汉语规范词典》（2014：1043）均收录了"牵手"两义项。如前者分析如下：一个是离合词，解释为"手拉着手"；另一个是词，解释为"比喻共同做某事；联手"。这里表示转喻的"男女开始交往"我们认为可以看作"牵手"第三个义项。

只是"牵过心动女生的手"而不是"牵手心动女生"；另外在性质上，"牵某人的手"中的"牵手"是离合词，而"牵手某人"中的"牵手"我们认为已经是一个词了。

综上，"跟/和某人见过面""见过某人的面"中的"某人"是伴随者；"跟/和某人约过会"中的"某人"也是伴随者，而"约会过某人"中的"某人"突出的是其受事性质，这就如同我们在上文所讲的古今汉语中"于"的错配和脱落致使"于"后的名词性成分变成受事语义角色的现象一样。另外，我们可以说"张三被我们逼着跟李四约会"，却不能说"张三被我们逼着约会李四"，这也说明"约会"后的名词性成分具有受事性质。同样的道理，"跟/和某人牵过手"中的"某人"也是伴随者，而"牵手某人"中的"某人"也已经有了受事性质。

以上的离合词其实都是准二价动词中的"协同动词"（袁毓林，1989）。随着语言的发展，它们有些也像真正的二价动词一样带上宾语。正如李新良（2013）所说，产生的动因之一是凸显动词前名词性成分的主动施为的性质，即将其"施事化"，同时将协同动词后面的参与者受事化，其产生的语法机制是句式套用和词项代入，而语用动因是表达上的简洁性和表意准确的要求。

再比较（部分用例转自沈阳，2016）：

（30）a. 投过房地产的资　　　　投资过房地产
　　　　向房地产投过资　　　　*给/*为房地产投资
　　　b. 投过王老板的资　　　　投资过王老板
　　　　向王老板投过资　　　　给/为王老板投过资
（31）a. *帮过女朋友的助　　　　帮助过女朋友
　　　　*跟女朋友帮助过　　　　*给/*为女朋友帮助过
　　　b. 帮过女朋友的忙　　　　*帮忙过女朋友
　　　　*跟女朋友帮过忙　　　　给/为女朋友帮过忙

例（30）各句中，因名词性成分的性质不同以及位置的差异，其语义角色也就有所不同："投过房地产的资""向房地产投过资"中的"房地产"都是指涉者，而"投资过房地产"中的"房地产"则突出的是其受事性质；"投过王老板的资""给/为王老板投过资"中的"王老板"是受益者语义角色，而"投资过王老板"中的"王老板"具有受益性质，但更突出的是受事性质，因此是受事语义角色。这和例（31）中的"帮助过女朋友"中的"女朋友"一样，帮助了某人，某人自然是受益者，但只是题元关系上的受益者而非语义角色上的受益者，在语义角色上某人其实是受事。

6.2.3　Vm+Nm 的性质界定

张涤华等（1988：256）给"离合词"作的界定是"意义上具有整体性、单一性，但结构上有时可以分开或扩展的语素的组合"，并指出"这类词合则为一，离则为二，即合着的时候是一个词，分开的时候是一个短语"。可见张涤华等是把"VmNm"看作词，而把"Vm+Nm"看作短语。对于后者，学界大多比较赞同；而对于前者，学界有不同看法，如王力（1954［1944~1945］：55）、吕叔湘（1979：25）、周上之（2001）等认为"VmNm"也是短语。对于"VmNm"是词还是短语和这里的讨论并无多大关系，我们感兴趣的是，既然大家都把"Vm+Nm"看作短语，那么 Nm 也就占据了宾语的位置，这也契合了潘海华、叶狂（2015）所讲的"Vm+Nm"是由"VmNm+VmNm"同源宾语互补删略的观点。至于"Vm+Nm"中 Vm 和 Nm 各自的性质，我们接受刁晏斌（2011）的"语素词"（Morpheme Words）的观点，即我们认为 Vm 和 Nm 都是语素词，"Vm+Nm"是由两个语素词构成的短语。

6.3　与"对 N"介宾结构的比较研究

跟益损者作宾语伪定语的动宾式离合词伪定语益损构式相关的结构是"对 N"介宾结构。因此，本节主要讨论动宾式离合词伪定语益损构式和"对 N"介宾结构的差异。

6.3.1　"对 N"介宾结构研究的主要观点

现代汉语中，介词"对"传统上认为主要是引入"对象"角色，如吕叔湘（1999：182）解释"对"为"指示动作的对象"和

"表示对待,用法大致同于'对于'"。前者例如:

（32）a. 小黄对我笑了笑。

　　　b. 决不对困难低头。

　　　c. 他对你说了些什么?

正如上文所说,我们认为这里的"指示动作的对象"即为指涉者语义角色。后者例如:

（33）a. 大家对我都很热情。

　　　b. 我对老张有一点意见。

　　　c. 我们对你完全信任。

这里"表示对待"的"对"有些是指涉者语义角色,如 a 句和 b 句,而有些是目标语义角色,如 c 句。

6.3.2　动宾离合词伪定语益损构式和"对 N"介宾结构的关系

吕叔湘（1999:162）在解释"的"的用法时指出"在某些动宾短语中间,插入指人的名词或代词加'的',表示某人是动作的对象"。按照吕著的解释,既然这里的"的"所表示的和上面的"对"所引入的都是"动作的对象",那么就应该可以替换,然而实际情况却并非如此,例如:

（34）a. 别生我的气。→ a′.#别对我生气。

　　　b. 开小王的玩笑。→ b′.#对小王开玩笑。

　　　c. 你是不是要告我的状? → c′.*你是不是要对我告状?

我们认为上述替换并不完全存在对等关系。首先,"X 对 N 生气"和"X 生 N 的气"在语义上有差别,前者仅表示生气的指涉者是 N,是一种客观实陈;而后者更侧重表达 X 因为生气而受损。所以当有后续句时,"对 N"结构的后续句更倾向于表达介词的宾语怎样,而"Vm+N+的+Nm"的后续句更倾向于表达该句的主语怎样。试比较:

（35）a. 只要母亲一对他生气,他就吓得走投无路,痛苦得活不下去。

　　　b. 他们不敢对谢晓峰生气,发怒,因为谢晓峰够资格批评他们的。

(36) a. 春宝兄弟，别生我的气了，我就是那种一阵雷的脾气。

　　b. 他不单是生江仲亭的气，而觉得作为党支部委员的孙俊英对这事要负责任。

也就是说，除了句法格式不同，"生他的气"要比"对他生气"更能表达一些主观意义，这或许就是为什么既然已经有了"对他生气"还会存在"生他的气"格式的原因。

其次，"对 N 开玩笑"也不完全等同于"开 N 的玩笑"。"对 N 开玩笑"大多数情况下并不表示 N 是"开玩笑"的受损者，而实际上可能只是"开玩笑"的指涉者，或者说"对 N 开玩笑"表达的并不是某人想捉弄 N，而 N 仅仅是听话者。例如：

(37) a. 他就必须象一个贺客的样子，他得对大家开玩笑，尽情的嘲弄新郎，板着面孔跟主人索要香烟，茶水，而且准备恶作剧的闹洞房。①

　　b. 他平素不拿架子，吊儿郎当，不如意的时候动不动骂人打人，而高兴的时候又不管什么人都要开玩笑，只有对闯王、高夫人和刘宗敏等极少数几个人比较规矩。

我们搜索了北京大学 CCL 语料库，发现有 48 例"对 N 开玩笑"，其中有 43 例后面带有"说"或者"说道"，例如：

(38) a. 潘文凯副总理的助理陈德源的爱人对丈夫开玩笑说：你应该向大成学习。

　　b. 她对粟美仙开玩笑说，老东西今天怎么不来？会不会翘辫子了，那样我就省心了。

这里的"对"可以替换为"同、跟"等，这更能说明"对 N"中的 N 并非"开玩笑"的受损者。例如：

(39) a. 为着要在闯王夫妇面前遮掩自己的心中难过，他勉强同高夫人开玩笑说："嫂子，我还以为你如今兵多将广，事情繁忙，把你老弟忘记了哩！"

---

① 出自老舍《四世同堂》，原文如此。

> b. 哎，伯翁，你要那些干茧来做什么用处？都是自家
> 人。你伯翁何必同<u>苏甫</u>开玩笑呢？

(40) a. 直到女同学们跟<u>曼倩</u>开玩笑，她才省觉自己很喜欢
才叔。

b. 殷家宝忽然想起卡碧母子，就跟<u>尤枫</u>开玩笑说："我
在泰国其实有妻有儿，儿子还叫小宝。"

最后，有<u>些</u>"Vm+N+的+Nm"并不能替换成"对 N+VmNm"，如下面的例（42）各句。张理明（1982）曾指出，VmNm 本身已有一个直接宾语 Nm，而有时所表示的动作又往往影响到人，为了把受影响的人表达出来，常常需要拆开使用。而茆建生（1992）指出，有一部分"Vm+N+的+Nm"结构中的 N 是动词的指涉者，可以变换为"对"（"跟、向、同、和"）字句等，而另一部分不能。试比较：

(41) a. 拍了<u>他</u>的桌子 →对他拍桌子

b. 打<u>你</u>的招呼→对你打招呼

c. 你妈不放<u>你</u>的心 →你妈对你不放心

(42) a. 他解了<u>你</u>的围 →他*对/给/为你解了围

b. 搞起<u>我</u>的名堂来→*对/给我搞起名堂来

c. 打<u>我</u>的算盘 →*对/*给我打算盘

茆文特别指出，这些动词有些是表示对人的服务，如例（42）a 句，有些又对人造成某种不利的影响，如例（42）后两句。这些例句虽然不能换成"对 N"介宾结构，但有的可以换成"给/为 N"介宾结构，有的尽管不能换成"给/为 N"介宾结构，但表示对 N 产生某种不利影响是显而易见的。

总之，"对 N"介宾结构中 N 的语义角色以指涉者或目标为主，而动宾式离合词伪定语构式"Vm+N+的+Nm"中 N 的语义角色主要是受益者或受损者。

6.4　本章小结

关于"Vm+N+的+Nm"构式，以往学界或者把该构式等同于

领属结构（张伯江，1994），或者认为 N 是受事宾语性成分，有的称为"特殊与格结构"，并把 N 定性为"蒙受对象"或"受影响者"（莤建生，1992；蔡淑美，2017；等等）。

通过本章的分析，我们有理由相信，"Vm+N+的+Nm"是汉语中一种特殊的构式，可以表达益损性，而其中 N 在语义角色上是益损者。

第七章　益损者句法实现的不对称现象

　　沈家煊（1999：1）开宗明义地指出"对称和不对称现象……在语言中是大量地、普遍地存在着"，然后列举了汉语在语音、构词、语法等方面的不对称现象。同样，受益者和受损者虽然属于同一句法-语义范畴，但是作为相对的两个语义角色概念，也存在句法上的不对称。

　　本章首先考察受益者和受损者在句法方面的各种不对称体现，然后试图探讨和分析这些不对称现象背后的理据和原因。

7.1　不对称的句法实现

　　受益者和受损者在句法方面的不对称主要体现在标记手段、谓词搭配、语义表达等三个方面。

7.1.1　标记手段的不对称

　　汉语是一种非形态语言，因此语序和虚词作为一种标记手段就显得尤为重要。汉语的很多语义范畴都是由语序或虚词来表达的，受益者和受损者也不例外。通过第三章到第六章对受益者和受损者语义角色在句法实现上的分析，可知受益者和受损者在标记手段上呈现不对称。

　　就虚词手段而言，在数量上，标记受益者的介词要比标记受损者的介词更多，在用法上也更为主要。标记受益者的介词主要有"给、为、替、代、帮"等。作为介词的"替、代、帮"只标记受益者语义角色，用法单一。介词"为"也更多的是引进受益者，其次用法才是引进原因和目的。我们随机抽查了"为"介词用法 200例，引进受益者的占 54%，其次是目的，占 27%，再次是原因等，占 19%。这从众多辞书对"为"各个义项的排序也可窥见一二。介词"给"也主要是用来标记受益者。同样我们也随机抽查了"给"介词用法 200 例，引进受益者的占 78%，其次是指涉者，占13%，再次是受害者，占 9%。标记受损者的介词只有"给、拿"，但显然介词"给、拿"的主要功能也不是标记受损者。方言中的情形也差不多，大多是介词先有标记受益者的用法然后再有标记受损者的用法。

就语序手段而言，双宾语构式"V+N₁+N₂"以表达受益性质为主，N₁ 多为给予性受益者，这一点张伯江（1999）曾对老舍小说《骆驼祥子》和王朔小说《我是你爸爸》做过统计，表示"给予"的占半数以上。不及物动词带宾构式"N₁+Vi+N₂"则以表达受损性质为主，N₁ 多为受损者，根据我们的统计，现代汉语中大约有80 个不及物动词能进入"N₁+Vi+N₂"格式，而表达受益的仅有"好、恢复、来"等为数不多的几个。动宾式离合词伪定语构式"Vm+N+的+Nm"同样以表达受损性质为主，N 也多为受损者，根据孙德金（2000）的考察，静态而言能进入该构式的 270 个离合词，表达受损的占 58.5%，而从动态的实际语料库检索来看，有75% 具有明显的受损意义。

由此可见，受益者和受损者在标记手段上呈现的不对称体现在，标记受益者以虚词手段为主，以语序手段为辅，而标记受损者以语序手段为主，以虚词手段为辅。

7.1.2 谓词搭配的不对称

益损性介宾结构"给/…+N"、双宾语构式"V+N₁+N₂"、不及物动词带宾构式"N₁+Vi+N₂"和动宾式离合词伪定语构式"Vm+N+的+Nm"其实都可以用来表达受益事件和受损事件，而其中的 N₁到底是受益者还是受损者，和谓词的性质关系极其密切。

如果谓词本身带有破坏性或耗损性的结果，或者能给他人的情绪、名誉等带来消极影响，在进入上述四种结构或构式中时，N₁往往就是受损者。例如：

（1）a. 小心别把玻璃给人家碰碎了。

　　　b. 对不起，这本书给你弄脏了。

（2）a. 老张喝了他两瓶酒。

　　　b. 我吃了他三个苹果。

（3）a. 王冕死了父亲。

　　　b. 他倒了两间房子。

（4）a. 又不知哪里去说我的鬼话去了。

　　　b. 拆朋友的台未免太厉害了吧？

"碰碎""弄脏"会给事物带来破坏性，"喝""吃"会耗损事物，"死""倒"会给他人带来生活上的无依无靠或经济上的重大损失，"说鬼话""拆台"会给他人带来名誉上的败坏或情面上的尴尬，因此各个例句中的 N₁ 都是受损者。

如果谓词本身带有成就性或产出性的结果，或者能给他人的情绪、名誉等带来积极影响，在进入上述四种结构或构式中时，N₁往往就是受益者。例如：

（5）a. 医生给他们看病。

　　　b. 他们给地铁工人演出。

（6）a. 喂孩子牛奶。

　　　b. 晚会供应我们晚餐。

（7）a. 他来了客人。

　　　b. 他来了两个客户。

（8）a. 秦安老婆忙千谢万谢，又说了一阵雷庆的好话方才走了。

　　　b. 连伪大乡公所的人们，也都跟出了屋来，这才算是解了小凤儿的围。

谓词如果本身无所谓什么影响，但是具有目的性，那么可以进入介宾结构"给/…+N"，一般表示受益性质；然而不能进入双宾语构式"V+N₁+N₂"、不及物动词带宾构式"N₁+Vi+N₂"和动宾式离合词伪定语构式"Vm+N+的+Nm"之中。例如：

（9）a. 我为他排队。

b. 你给他打个电话，说他在我这儿有事（=替他打电话
通知别人）

（10）a. [?] 我排他队。

b. [?]你打他个电话，说他在我这儿有事（=替他打电话通
知别人）

（11）a. [#]他排队。

b. [#]他打个电话，说他在我这儿有事（=替他打电话通知
别人）

（12）a. [?] 我排他的队。

b. [?]你打个他的电话，说他在我这儿有事（=替他打电话
通知别人）

"排队""打电话"无所谓什么影响，进入介宾结构"给/…+
N"就可以表达受益事件，因而 N 是介词"给、为"介引的受益
者。但是却不能进入其他三种构式，原因是这三种构式本身表达
"受益"或"受损"性质，谓词没有这样的性质意义在语义上就不
能融洽其中。

7.1.3 语义表达的不对称

我们认为，不及物动词带宾构式"N_1+Vi+N_2"在语用上还能
表达某种"反预期"（counter-expectation）或"意外"（mirative）
意义，而益损性介宾结构"给/…+N"、双宾语构式"$V+N_1+N_2$"、
动宾式离合词伪定语构式"Vm+N+的+Nm"没有这种功能。

Heine 等（1991：192~204）比较系统地提出"反预期"概念，
并指出预期是"无标记的"，而反预期"往往使用一些标记来编
码"，反预期表达"在相关的上下文中，表示与说话人所熟知的、
所意识到的或认为受话人所能意识到的世界的规范和标准相对应
的情况和偏离的情况之间的一种对比"。预期信息、反预期信息
和中性信息构成有别于新旧信息划分类别的另一种基于事件参与
者的某种主观认识的三个类别。宗守云（2015：11）特别指出
"反预期句式基本性质有二：一是客观上超出常规，二是主观上

超出意料"。

Delaney（1997）首次明确提出"意外"（mirativity）是独立的语法范畴，并指出它具有跨语言存在的意义。Aikhenvald（2012）则把意外范畴分为"突然发现""惊讶""始料未及""反预期""新信息"等五种语义类型，它们都涉及言者（the speaker）、听者（the audience or addressee）和言谈对象（the main character）。汉语学界中，万光荣（2017）指出，意外范畴（万文用"惊讶范畴"）是类型学研究的一个新的领域，已在诸多语言中得到证实。

胡承佼（2018）进一步考察了现代汉语中实现意外范畴的几种主要且常见的非形态手段，认为包括"附加特定语气""选取评注性副词""采用话语标记""依托具体构式"等。胡文指出，附加特定语气指的是通过对信息的反诘或感叹表达信息的出乎意料，往往落实到一些反问句和感叹句，如"谁让"反问句、"怎么"反问句、"至于"反问句和"咦"感叹句、"吆喝"感叹句、"哇"感叹句等；选取评注性副词指的是选择一些评注性副词表达意外意义，如"竟、偏、居然、竟然、竟至、敢情、偏生、偏偏、生生"等；采用话语标记指的是某些基于人际功能的话语标记可以表现说话人意外性认识，如"谁知道、哪晓得、岂知"等知晓类动词的特指性反问形式、"谁料、谁想、哪里想到"等料想类动词的特指性反问形式、"不料、不想、未曾想"等料想类动词的否定形式和"一不小心、一不留神"等小心类警醒义动词的否定形式；依托具体构式也能表达意外范畴，如构式"这一 V 不要紧，S""不 V 不 V 又/还 S"等。

我们认为，不及物动词带宾句"N₁+Vi+N₂"是一种特殊的构式，在语用上能表达一种反预期的意外意义。我们可以从正反两方面来考察。

首先，所有的"N₁+Vi+N₂"句都能加上胡文所说的能够表达意外范畴的非形态手段中的"附加特定语气""选取评注性副词""采用话语标记"。例如：

（13）a. 她怎么就死了丈夫呢？

　　　b. 咦，她死了丈夫了。

（14）a. 1933 年他 17 岁时，本想追随父亲，进入黄埔军校学习军事，但偏偏这时候他生了一场病，只得作罢，进入东吴大学读书。

　　　b. 我竟然在战斗中牺牲了十五名战士和十二匹战马。①

（15）a. 想不到他害了一场病。

　　　b. 没预料到他出了事。

李钻娘（1987）指出"$N_1 + Vi + N_2$"构式具有"变化不能预见"的性质。同时，"$N_1 + Vi + N_2$"构式还能加表示突发性质的副词，例如：

（16）a. 这时候西蒙娜因为突然死了情人，又悲伤又心慌意乱，竟一句分辨的话都说不出来。

　　　b. 它等待我出生，然后又等待我活到最狂妄的年龄上忽地残废了双腿。

此外，我们也可以从沈家煊（2009）的一组对比中看出。

（17）a. ?王冕七岁才死了父亲。

　　　b. 王冕七十岁才死了父亲。

沈文指出，加上副词"才"之后，a 句很不自然，b 句反而自然了，这是因为"才"是个表示"主观量"的副词，是说话人认为前头的数量偏大：前一句的意思是说话人预期王冕七岁之前父亲就死，这显然违背常情；后一句的意思是说话人预期王冕七十岁之前父亲死，这符合常情。再看下面一组对比：

（18）a. 张医生死了个老头。（刘晓林，2007）

　　　b. 医院里死了个老头。

不言而喻，"张医生死了个老头"是要追究"老头死了"的具体责任在谁身上，因为"本来这个病不该死"（刘晓林，2007），这说明"老头（治）死了"是反预期的，或者是非常态的。而"医院里死了个老头"只是在客观上陈述发生的一件事情。

因此，能无条件地加上这些表达意外范畴的非形态手段，表明不及物动词带宾构式"$N_1 + Vi + N_2$"具有表示反预期的意外的可能性。

---

① 出自北京大学 CCL 语料库。

其次，所有的表示受损意义的"N₁+Vi+N₂"句都不能增加表示"符合预期"意义的副词。试比较：

（19）a.[?]他终于来了两个债主。— 他的两个债主终于来了。

　　　b.[*]王冕终于死了父亲。— 王冕的父亲终于死了。

（20）a.[?]他终究来了两个债主。— 他的两个债主终究来了。

　　　b.[*]王冕终究死了父亲。— 王冕的父亲终究死了。

（21）a.[*]王冕果然死了父亲。—王冕的父亲果然死了。

　　　b.[*]他果然来了两个债主。—他的两个债主果然来了。

"终于"表示"经过较长过程最后出现某种结果。较多用于希望达到的结果"或"预料和期望中的某个事件情况，或肯定要发生的事件（情况），在经历了一个过程以后，毕竟发生了"，"终究"表示"强调事物的本质特点不会改变，事实不可否认。有强调语气的作用，多用于评价意义的陈述句"或"预料、期望或肯定要发生的事情必将发生"，"果然"表示"事实与所说或所料相符"或"事情的结果与预期的相符"（吕叔湘，1999：687、244；《现代汉语虚词例释》，1982：557、222）。显然，"终于"、"终究"和"果然"所在的句子表示的都是预期信息，这和"N₁+Vi+N₂"构式所表达的是反预期意义在语义上并不兼容。而"N₁的N₂+Vi"是客观陈述句，表达的是新信息，无所谓预期不预期，因而可以和"终于/终究/果然"兼容，当然也可以和上面各个反预期的非形式标记手段兼容。

因此，不能加上这些表达预期性质的副词，表明不及物动词带宾构式"N₁+Vi+N₂"不具有表示预期信息和中性信息的可能性。

综合上面正反两方面论述，我们认为不及物动词带宾益损构式"N₁+Vi+N₂"具有表达反预期的意外的意义。益损性介宾结构"给/…+N"、双宾语益损构式"V+N₁+N₂"和动宾式离合词伪定语构式"Vm+N+的+Nm"并没有这种功能表达。

7.2　不对称的原因分析

我们认为产生上述不对称现象的原因主要有语义搭配、论元选择等方面的限制条件。

7.2.1 语义搭配的限制

正如前文第二章所讲，益损者语义角色并不是语言中的核心论元，因此它们并不是谓语动词直接选择的论元，因而在基础句中并不能占据主语或宾语的位置。我们知道，与谓语动词关系的密切程度往往决定着各个语义角色与谓语动词搭配的受限程度，关系越密切越受限制。核心类的主体格、直接客体格和谓语动词关系密切，因而受限制较多，比如自主动词作谓语需要主语具有"自立性"等语义特征，心理动词作谓语需要主语具有"意愿性"等语义特征；外围类的情境格、环境格和谓语动词的关系较为疏远，因而几乎可以出现在任何谓语动词出现的句子中。而受益者和受损者这样的次核心类语义角色就介于它们之间，也就是说，它们既不像核心类语义角色那样受限制极多，也不像外围类语义角色那样不受任何限制。正是因为它们的非核心论元性质，所以它们在谓词语义的搭配上既有受限制的一面也有不受限制的一面。

从意义内涵上讲，动作行为动词、心理活动动词等又可以分为"自主动词"和"非自主动词"（马庆株，1988）。显然，益损性介宾结构"给/···+N"中的动词主要是自主动词而不能是非自主动词，例如：

（22）a. 在虹庙门首有许多香烛摊，母亲拣了一束顶好的线香，我要替她付钱，她坚决不肯。

b. 就是在她这样失意的时候，冠先生给她赎了身。

（23）a. "你这么大岁数还没女朋友？"她似乎有些为我惋惜。

b. 春儿吃过晚饭，到姐姐家去看了一下，她替姐姐高兴，盼望着姐夫回来。

再看下面例句：

（24）a. 我爱上了你，可你根本不爱我，我为你而死，你······

b. 我段誉有今日，他便再刺我几十剑，我便为你死几百次，也是甘心。

c. 谁要给我一块巧克力，我愿意为他去死！

　　d. 什么都不重要了，我愿意为你死去！

　　尽管"死"原本是不自主动词，但是在以上各句仍然必须看作自主性质的，因为"死"是可以选择的，甚至是"愿意"的。如果是其他非自主动词，"为"则似乎不再作受益者介词理解，而是作原因介词看。例如：

　　（25）a. 对别的妇女是敬而远之，不能为娘们耽误了自己的事；可是自己的事在哪里呢？

　　　　　b. 我不能眼见王姑娘为你伤心肠断，自寻短见。

　　　　　c. 有位日本友人今井先生，其正处青春妙龄的女儿患了红斑狼疮，父亲为她愁白了头发，母亲为她流干了眼泪。

　　　　　d. 日后你若是为人流了眼泪，动了真情，不但武功大损，且有性命之忧，切记切记。

　　同样，能进入双宾语构式"V+N₁+N₂"和动宾式离合词伪定语构式"Vm+N+的+Nm"的也是自主动词。这是因为只有自主动词所表示的行为动作等才能有意识地趋利避害为自身谋划利益从而可能损害他人利益，也只有自主动词所表示的行为动作等才会施恩义给他人从而使他人得受利益。

　　相反，不及物动词带宾构式"N₁+Vi+N₂"中的动词大都是非自主动词，这是因为如果是自主动词，就会把主语所代表的人或事物理解为施事、感事等，那么就和不及物动词带宾构式"N₁+Vi+N₂"中的施事、感事等处于宾语位置相矛盾。

　　综上所述，在各种益损者句法实现的结构或构式中，语义搭配的限制主要体现在受益者所在的结构或构式中谓语动词主要是自主动词，而受损者所在的结构或构式中谓语动词主要是非自主动词。

7.2.2　论元选择的限制

　　受益者和受损者语义角色的非核心论元性质，使得它们在谓词论元的选择上既有受限制的一面也有不受限制的一面。下面我们分别分析一价动词、二价动词和三价动词对益损者句法实现的限制。

　　一价动词作谓语时，一般而言主事与主语关联匹配，其他语义角色如表示处所的词语等与句中状语关联匹配，例如：

（26）a. <u>一个老头</u>死了。

b. 一个老头<u>在医院里</u>死了。

c. [?] 一个老头医院里死了。

（27）a. <u>一个朋友</u>来了。

b. 一个朋友<u>从远方</u>来了。

c. [*]一个朋友远方来了。

如果主事不在主语位置，那么就需要有其他语义角色来填补主语位置，表示处所和时间的词语比较常见，即存现句，但是一般却不能加前置介词。试比较：

（28）a. [*] 死了<u>一个老头</u>。

b. [*] <u>在医院里</u>死了一个老头。

c. <u>医院里</u>死了一个老头。

（29）a. [*] 来了<u>一个朋友</u>。

b. [*] <u>从远方</u>来了一个朋友。

c. <u>远方</u>来了一个朋友。

领有型益损者也可以用来填补这个主语位置。例如：

（30）a. <u>医院</u>死了一个老头。

b. <u>张医生</u>死了一个老头。

c. <u>我</u>来了一个朋友。

但并不是所有的一价动词都有这样的句式替换，这就和上面所讲的"语义搭配的限制"有关。

二价动词作谓语时，一般而言在基础句中施事、感事等和受事、结果等分别充当主语和宾语，因此受益者和受损者难以成为主要句法成分，一般只能进入益损性介宾结构"给/…+N"。然而，汉语仍有两类二价动词能够表达受益意义。一类是诸如"染（头发）""包扎（伤口）""裁（衣服）""实施（手术）"等这类动词，但是在句法上受到限制的是，这些谓语的施事一般并不能在句中出现，即使是由"被、由"等施事介词引入也不能。在这些句子中，受益者充当了句子主语成分。具体可参看上文 5.2 章节的分析。另外需要说明的是，据《现代汉语频率词典》统计，这些动词往往是低频的自主动词，如"染"排在第 2255 位（词次 68，使用度 47，频率 0.00517），"实施"排在第 4716 位（词次 24，使用度 16，频率 0.00183），"裁"排在第 5355 位（词次 20，使用度 13，频率 0.00152），而"包扎"（词次 6，使用度 4，频率 0.00046）在"使用度较低的词语单位表"之列。再比如"理发"排在第 7309 位（词次 12，使用度 8，频率 0.00091），而"开刀"（词次 9，使用度 6，频率 0.00068）、"复印"（词次 3，使用度 2，频率 0.00023）也在"使用度较低的词语单位表"之列。正如张伯江（2009：36）所言，低频自主动词"往往凝聚了语用规定内容"，"一定是有目的的、借助特定工具才能实现的"，如"开刀"释义为"医生用医疗器械给病人做手术"（《现汉》，2016：722）。因此当这些词充当谓语动词时，如果没有特殊的语境介入，往往主语可以认作受益者。

另一类即所谓的"索取类"动词，尽管主语和（直接）宾语的位置分别被施事和受事等占据，但是句法上谓语动词后面还有间接宾语的位置，这为受损者提供了句法位置。

三价动词一般是给予类动词，作谓语时，一般而言施事、感事等和受事、结果等分别充当主语和直接宾语，充当间接宾语的主要就是受益者。具体也可参看上文 4.3 章节的分析。

7.3　本章小结

本章首先考察了受益者和受损者在句法方面的各种不对称体现，认为它们的不对称主要体现在标记手段、谓词搭配、使用频率等方面。具体而言，标记受益者以虚词手段为主，以语序手段为辅，而标记受损者以语序手段为主，以虚词手段为辅；无论是哪种标记手段，解读为受益者还是受损者，和谓词的性质都关系极为密切，如果谓词本身是带有破坏性或耗损性的结果的，或者能给他人的情绪、名誉等带来消极影响的，那么 N_1 往往就是受损者，如果谓词本身是带有成就性或产出性的结果的，或者能给他人的情绪、名誉等带来积极影响的，那么 N_1 往往就是受益者；此外，不及物动词带宾构式"$N_1 + Vi + N_2$"具有表达反预期的意外的意义，而益损性介宾结构"给/…+N"、双宾语构式"V+N₁+N₂"和动宾式离合词伪定语构式"Vm+N+的+Nm"并没有这种功能表达。我们认为产生这些不对称现象的主要原因是受到语义搭配、论元选择的限制。

第八章　结语

8.1　主要观点

　　长期以来，汉语中存在诸多看起来比较"另类"的格式，所谓索取类双宾语构式"V+N_1+N_2"、不及物动词带宾语构式"N_1+Vi+N_2"和动宾式离合词伪定语构式"Vm+N+的+Nm"正是属于这样的格式。这些格式广受学界关注，但是对于各格式本身学界众说纷纭，各格式之间也没有一个相对系统而完整的认识。本书整体上基于功能主义语言学，特别是在 20 世纪后半叶一脉相承的格语法和构式语法的理论背景之下，对这些格式进行了统一的解释。

　　我们的主要结论是：益损者在语法学上是一个独立的语义角色范畴，这一语义角色在现代汉语中有较为突出的句法实现形式。现代汉语中，益损者除了可以借助介词一起作句中状语，还可以作句子的（间接）宾语、主语、宾语的伪定语；介宾结构"给/…+N"、双宾语构式"V+N_1+N_2"、不及物动词带宾语构式"N_1+Vi+N_2"和动宾式离合词伪定语构式"Vm+N+的+Nm"均为益损者的句法表现形式；现代汉语中的受益者和受损者语义角色在句法表达上呈现出一定的不对称或不平衡现象，主要体现在受益者多以介词这一语法手段表达为主而受损者多以语序这一语法手段表达为主。

　　如果说本书有创新之处的话，那么主要体现在以下几点：首先，我们区分了认知意义和句法语义学意义上的两种不同的语义角色，并在前人基础上设计了一套相对而言较为完整而系统的语义角色系统；其次，我们认为双宾语构式"V+N$_1$+N$_2$"核心的构式意义是"致使对象 N$_1$ 受益或受损"；再次，我们认为不及物动词带宾语构式"N$_1$+Vi+N$_2$"和动宾式离合词伪定语构式"Vm+N+的+Nm"是汉语中另两种较为典型的表达受损意义的句法形式，尽管它们分别和存现句、定中领属结构在结构上有相似之处；最后，我们分析了益损者在句法实现上的不对称现象。

8.2　研究空间

当然，我们还有一些需要进一步研究的问题。

首先，对于"王冕死了父亲"这类构式的生成方式，形式语言学和功能语言学都各自提出了看法和认识，但似乎在各自领域也没有达成共识，因此也还没有一个完满的解答，限于自己的能力和知识水平，我们也没有提出一个可靠的解释，希望等到以后能进一步去研究。

其次，"把"字句是汉语中极为特殊的一种句式，对"把"的认识也并不一致。汉语中"把"字句也可以带保留宾语，吕叔湘（1948，1965）很早就注意到了这种现象，例如：

（1）a. 把妮子缚了两只手。

　　　b. 想必你不舍得三五千贯房奁，故意把我女儿坏了性命。

　　　c. 有比他强的呢，就把他免了职。

显然真正的受事是动词后面的宾语成分，那么这个"把"是否可以看作表示受损者介词？

一方面在认知意义上，这个"把"的宾语和谓语动词的宾语具有领有-隶属关系，另一方面这些句子在原义保留的情况下可以变换为保留宾语被动句，例如：

（2）a. 妮子被（某人）缚了两只手。

　　　b. 我女儿被你坏了性命。

　　　c. 他被比他强的免了职。

同时，在张敏（2010）所列的"主要间接题元的语义图"中，"处置（pretransitive）受事"和受益者是直接关联的。因此这个

"把"是否可以看作介引受损者的介词也还有待进一步考证。

最后，我们写作主体的布局是一个"总分总"结构，原本是想在此结语前再写一个章节，和第七章构成一个相对而言分量重一些的"总"。这一章是从语义图理论来更为细致地分析受益者和受损者的地位。从某种程度上讲，语义图理论比以往更关注受益者和受损者的语义角色地位，无论是"与格主要功能的语义图"还是"双及物结构的语义图"，都把受益者和其他语义角色相提并论。然而，我们也可以看出，一方面，上述语义图存在一些有待进一步解决的问题。比如 Haspelmath 建立的"与格主要功能的语义图"和"工具格及相关功能的语义图"中的受益者是不是同一种类型？如果是同一种类型，那么如何融合这两个语义图？如果不是同一种类型，那么如何搭建这两者之间的关系？再如现代汉语普通话中"给"至少有六种介词用法（吕叔湘，1999：226；《现汉》，2016：443），而潘秋平（2015：80）只列了三种，而且"感受者"还无法"对号入座"。再如蔡燕凤（2011，见李小凡等，2015：145）所描绘的三种受益者之间的亲疏远近和邻近节点在概念空间上的关系的语义图，按照一般的理解，"接受者受益者"（我们所说的"接受型受益者"）应该和"接受者"关系更为亲密些，而不是和"普通受益者"（我们所说的"服务型受益者"）。另一方面，这些语义图更多的是关注间接客体格之间的关系，而并非以益损者为主要考察对象，并且也无法解答益损者内部小类与各间接客体格之间是什么关系的问题。然而，限于对语义图理论的研究处在学习和摸索阶段，我们还无法进一步回答以上问题，只能留待以后解决。因此，这后面的"总"只有第七章一个章节，分量显得单薄，但也只好这样了。

另外，尽管古代汉语中介词分类并不十分精细，但是却存在一种名词的"为动用法"。例如：

（3）a. 父曰"履我！"良业为取履，因长跪履之，父以足受，笑而去。

b. 其夕，梦翼而告之曰："馆我于罗池。"

c. 有废亭焉，其遗址甚狭，不足以席众客。

　　以上加点的"履、馆、席"均解释为"为/帮某人做某事"。可见自古以来汉语除了双宾语能表达益损者，还有其他方式，只不过其他方式并非句法上的。这或许也可为益损者和受事的关系发展提供一种参考。

参考文献

一 中文文献

安丰存，2003，《对汉语"表称"类动词句归属问题的思考》，《延边大学学报》（社会科学版）第 4 期。

安丰存，2007，《题元角色理论与领有名词提升移位》，《解放军外国语学院学报》第 3 期。

柏晓鹏，2017，《中文命题库的全局性语义角色标注及其对汉语研究的影响》，《语言科学》第 5 期。

柏晓鹏，2018，《汉语带受事主语的不及物动词等于非宾格动词吗？——数据驱动的诊断句式研究》，载《语言研究集刊》（第二十辑），上海：上海辞书出版社。

北京大学中文系 1955、1957 级语言班编，1982，《现代汉语虚词例释》，北京：商务印书馆。

北京语言学院语言教学研究所编，1986，《现代汉语频率词典》，北京：北京语言学院出版社。

贝罗贝，1986，《双宾语结构从汉代至唐代的历史发展》，《中国语文》第 3 期。

蔡淑美，2010，《特殊与格结构"V+X+的+O"的语义性质和句法构造》，《世界汉语教学》第 3 期。

蔡淑美，2012，《汉语广义中动式的结构、功能和历时演变》，新加坡国立大学博士学位论文。

蔡淑美，2017，《从定语到准定语——蒙受对象句法实现的机制与动因》，《世界汉语教学》第 1 期。

蔡维天、钟叡逸，2013，《谈论元的引介策略——以客语多重蒙受结构为例》，载沈阳主编《走向当代前沿科学的现代汉语语法研究》，北京：商务印书馆。

曹炜，1993，《关于施事格、受益格歧义句的考察》，《南京师大学报》（社会科学版）第 4 期。

曹伯韩，1956，《主语宾语问题随感》，《语文学习》第 1 期。

晁瑞，2013，《汉语"给"的语义演变》，《方言》第 3 期。

陈平，1994，《试论汉语中三种句子成分与语义成分的配位原则》，《中国语文》第 3 期。

陈昌来，1998，《现代汉语不及物动词的配价考察》，《语言研究》第 2 期。

陈昌来，2002，《介词与介引功能》，合肥：安徽教育出版社。

陈昌来，2003，《现代汉语语义平面问题研究》，上海：学林出版社。

陈建民，1986，《现代汉语句型论》，北京：语文出版社。

陈丽冰，2016，《福建宁德（蕉城）方言处置介词"帮"和"佮"》，载刘丹青、邢向东、沈明主编《方言语法论丛》（第七辑），北京：商务印书馆。

陈满华，2008，《关于构式的范围和类型》，《解放军外国语学院学报》第 6 期。

陈庭珍，1957，《汉语中处所词做主语的存在句》，《中国语文》第 8 期。

陈望道，1940，《语文运动的回顾与展望》，《长风月刊》第 1 期。又见《陈望道语文论集》，上海：上海教育出版社，1980。

陈泽平，2006，《福州方言处置介词"共"的语法化路径》，《中国语文》第 3 期。

陈宗利、肖德法，2007，《"领主属宾句"的生成句法分析》，《外语与外语教学》第 8 期。

陈宗利、赵鲲，2009，《"吃了他三个苹果"的性质与结构》，《外国语（上海外国语大学学报）》第 4 期。

程杰，2007，《论分离式领有名词与隶属名词之间的句法和语义关系》，《现代外语》第 1 期。

程杰、温宾利，2008，《对汉语两类非核心论元的 APPL 结构分析——兼论英汉 APPL 结构之差异》，《外国语文》第 2 期。

程琪龙，1993，《被字句的语义结构》，《汕头大学学报》（人文社会科学版）第 2 期。

程琪龙，1995，《试论 Fillmore 格语法 1971 模式》，《解放军外语学院学报》第 6 期。

楚永安，1982，《古代汉语中的"有……者"句》，《语言教学与研究》第 2 期。

储泽祥等，1997，《汉语存在句的历时性考察》，《古汉语研究》第 4 期。

戴曼纯，2003，《最简方案框架下的广义左向合并理论研究》，北京：外语教学与研究出版社。

戴浩一，1988，《时间顺序和汉语的语序》，《国外语言学》第 1 期。

邓仁华，2018，《"王冕死了父亲"的系统功能语言学阐释》，《现代外语》第 2 期。

邓思颖，2004，《作格化和汉语被动句》，《中国语文》第 4 期。

邓思颖，2011，《形式汉语句法学》，上海：上海教育出版社。

刁晏斌，2011，《试论当代汉语"语素词"》，《杭州师范大学学报》（社会科学版）第 6 期。

丁椿寿，1993，《彝语通论》，贵阳：贵州民族出版社。

丁建新，2001，《英语双宾及物结构的句法和语义分析》，《外国语（上海外国语大学学报）》第 1 期。

丁声树等，1999，《现代汉语语法讲话》，北京：商务印书馆。

丁伟伟、常宝宝，2008，《基于最大熵原则的汉语语义角色分类》，《中文信息学报》第 6 期。

董成如，2009，《存现句的认知研究——基于参照点的行为链模式》，苏州：苏州大学出版社。

董秀芳，2013，《词汇双音化对动词论元结构的影响》，载王云路主编《汉语史学报》第 13 辑，上海：上海教育出版社。

恩格斯，1964［1872~1873］，《论住宅问题》，载《马克思恩格斯全集》（第 18 卷），北京：人民出版社。

范继淹，1985，《无定 NP 主语句》，《中国语文》第 5 期。

范晓，1986，《交接动词及其构成的句式》，《语言教学与研究》第 3 期。

范晓，1989，《"施事宾语"句》，《世界汉语教学》第 1 期。

范晓，2003，《说语义成分》，《汉语学习》第 1 期。

范方莲，1963，《存在句》，《中国语文》第 5 期。

范中华，1991，《论遭受类动词及遭受句》，《社会科学战线》第 2 期。

方清明编著，2017，《现代汉语介词用法词典》，北京：商务印书馆。

冯凭，1982，《试论现代汉语及物动词与不及物动词的区分》，《延边大学学报》（社会科学版）第 1 期。

冯契主编，2007，《哲学大辞典》（分类修订本），上海：上海辞书出版社。

冯志伟，2006，《从格语法到框架网络》，《解放军外国语学院学报》第 3 期。

付义琴，2013，《也谈"王冕死了父亲"的历史来源》，载《语言学论丛》（第四十七辑），北京：商务印书馆。

傅承德，1988，《当事补语和当事主语》，《上海师范大学学报》（哲学社会科学版）第 1 期。

傅雨贤，1994［1988］，《现代汉语语法学》（增订本），广州：广东高等教育出版社。

傅雨贤、周小兵等，1997，《现代汉语介词研究》，广州：中山大学出版社。

龚千炎，1980，《现代汉语里的受事主语句》，《中国语文》第 5 期。

龚千炎，1983，《由"V 给"引起的兼语句及其变化》，《中国语文》第 4 期。

古川裕，1997，《谈现象句与双宾语句的认知特点》，《汉语学习》第 1 期。

顾阳，1994，《论元结构理论介绍》，《国外语言学》第 1 期。

顾阳，1999，《双宾语结构》，载徐烈炯主编《共性与个性：汉语语言学中的争议》，北京：北京语言文化大学出版社。

郭锐，2012，《概念空间和语义地图——语言变异和演变的限制和路径》，载《对外汉语研究》（第八期），北京：商务印书馆。

郭继懋，1990，《领主属宾句》，《中国语文》第 1 期。

郭继懋，1999，《试谈"飞上海"等不及物动词带宾语现象》，《中国语文》第 5 期。

郭翼舟，1984［1957］，《副词、介词、连词》，上海：上海教育出版社。

韩景泉，1992，《关于英语双宾语的几个问题》，《吉首大学学报》（哲学社会科学版）第 1 期。

韩景泉，2000，《领有名词提升移位与格理论》，《现代外语》第 3 期。

韩景泉，2016，《汉语显性非宾格动词句的最简分析》，《外国语（上海外国语大学学报）》第 6 期。

何玲，2014，《"让/教/给"句使动义和被动义杂糅的形成和判定》，《外文研究》第 2 期。

何洪峰，1993，《〈金瓶梅〉中的"V 与"式双宾结构》，《武汉教育学院学报》第 2 期。

何晓炜，2002，《双及物结构中的题元阶层》，《解放军外国语学院学报》第 6 期。

何晓炜，2003，《双宾语结构和与格结构的关系分析》，《外国语（上海外国语大学学报）》第 2 期。

何晓炜，2008，《双及物结构句式选择的制约因素研究》，《语言教学与研究》第 3 期。

何晓炜，2009，《双及物结构的语义表达研究》，《外语教学与研究》第 1 期。

何晓炜，2010，《汉语双宾句的结构层次分析》，《中国外语》第 3 期。

何晓炜，2011，《英汉双及物结构的生成语法研究》，北京：外语教学与研究出版社。

何元建，2011，《现代汉语生成语法》，北京：北京大学出版社。

何自然，1991，《言语交际中的语用移情》，《外语教学与研究》第

4 期。

和福月，2016，《纳西语大东话给予和受益事件表达式研究》，云南
　　民族大学硕士学位论文。

洪波，2000，《论平行虚化》，载《汉语史研究集刊》（第二辑），
　　成都：巴蜀书社。

洪波，2004，《"给"字的语法化》，《南开语言学刊》第 2 期。

洪波、卢玉亮，2016，《领主属宾式的句法来源和句式意义的嬗
　　变》，《中国语文》第 6 期。

侯国金，2012，《"N₁ 死了 N₂"构式的语用解释——兼评移位观、
　　话题观和糅合观》，《当代外语研究》第 11 期。

胡承佼，2018，《意外范畴与现代汉语意外范畴的实现形式》，《华
　　文教学与研究》第 1 期。

胡建华，2008，《现代汉语不及物动词的论元和宾语——从抽象动
　　词"有"到句法—信息结构接口》，《中国语文》第 5 期。

胡竹安，1960，《动词后的"给"的词性和双宾语问题》，《中国语
　　文》5 月号（总第 95 期）。

黄布凡，1985，《木雅语概况》，《民族语文》第 3 期。

黄国营，1981，《伪定语和准定语》，《语言教学与研究》第 4 期。

黄健秦，2018，《"空间量-物量"范畴与存在构式》，《语言教学与
　　研究》第 6 期。

黄锦章，1997，《汉语格系统研究——从功能主义的角度看》，上
　　海：上海财经大学出版社。

黄瓒辉，2001，《介词"给""为""替"用法补议》，《暨南大学
　　华文学院学报》第 1 期。

黄正德，2007，《汉语动词的题元结构与其句法表现》，《语言科
　　学》第 4 期。

霍恩比，2018，《牛津高阶英汉双解词典》（第 9 版），赵翠莲、邹
　　晓玲等译，北京：商务印书馆。

黎锦熙，1958［1933］，《比较文法》（校订本），北京：科学出
　　版社。

黎锦熙，1992［1924］，《新著国语文法》，北京：商务印书馆。

贾彦德，1997，《对现代汉语语义格的认识与划分》，《语文研究》第
　　3 期。

贾彦德，1999，《汉语语义学》，北京：北京大学出版社。

黎锦熙、刘世儒，1957、1959，《汉语语法教材》（第一、二编），
　　北京：商务印书馆。

李杰，2009，《试论发生句——对隐现句和领主属宾句的句式意义
　　的重新审视》，《世界汉语教学》第 1 期。

李荣主编，2002，《现代汉语方言大词典》，南京：江苏教育出
　　版社。

李炜，1995，《句子给予义的表达》，《中山大学学报》（社会科学
　　版）第 2 期。

李炜、王琳，2011，《琉球写本〈人中画〉的与事介词及其相关问
　　题——兼论南北与事介词的类型差异》，《中国语文》第 5 期。

李炜、石佩璇，2015，《北京话与事介词"给"、"跟"的语法化及
　　汉语与事系统》，《语言研究》第 1 期。

李崇兴，1994，《〈元曲选〉宾白中的介词"和"与"替"》，《中
　　国语文》第 2 期。

李桂梅，2009，《领格宾语构式"VN 的 O"探析》，《汉语学习》
　　第 3 期。

李临定，1980，《"被"字句》，《中国语文》第 6 期。

李临定，1984，《双宾语类型分析》，载《语法研究和探索》（二），
　　北京：北京大学出版社。

李临定，1986，《现代汉语句型》，北京：商务印书馆。

李临定，1990，《现代汉语动词》，北京：中国社会科学出版社。

李如龙、张双庆主编，2000，《介词》，广州：暨南大学出版社。

李行健主编，2014，《现代汉语规范词典》（第 3 版），北京：外语
　　教学与研究出版社、语文出版社。

李小凡、张敏、郭锐等，2015，《汉语多功能语法形式的语义地图
　　研究》，北京：商务印书馆。

李晓琪主编，2003，《现代汉语虚词手册》，北京：北京大学出版社。

李新良，2013，《协同动词带宾语及其语义后果》，《语言教学与研

究》第 2 期。

李宇明，1996，《领属关系与双宾句分析》，《语言教学与研究》第
　　3 期。

李宇明，2000，《汉语量范畴研究》，武汉：华中师范大学出版社。

李宗江、王慧兰，2011，《汉语新虚词》，上海：上海教育出版社。

李钻娘（Alice Cartier），1987，《出现式与消失式动词的存在句》，
　　罗慎仪译，《语文研究》第 8 期。

林艳，2009，《双宾构式的生成过程和机制探析》，载《语言研究
　　集刊》（第六辑），上海：上海辞书出版社。

林艳，2013，《汉语双宾构式句法语义研究》，北京：北京语言大学
　　出版社。

林杏光等主编，1994，《现代汉语动词大词典》，北京：北京语言学
　　院出版社。

林杏光，1999，《词汇语义和计算语言学》，北京：语文出版社。

刘丹青，2001，《汉语给予类双及物结构的类型学考察》，《中国语
　　文》第 5 期。

刘丹青，2003a，《语法化中的共性与个性，单向性与双向性——以
　　北部吴语的同义多功能虚词"搭"和"帮"为例》，吴福祥、
　　洪波主编《语法化与语法研究》（一），北京：商务印书馆。

刘丹青，2003b，《语序类型学与介词理论》，北京：商务印书馆。

刘丹青编著，2017，《语法调查研究手册》（第二版），上海：上海
　　教育出版社。

刘东立等，1992，《汉语分析的语义网络表示法》，《中文信息学
　　报》第 4 期。

刘乃仲，2001，《关于〈"打碎了他四个杯子"与约束原则〉一文
　　的几点疑问》，《中国语文》第 6 期。

刘顺，2005，《句模结构中的强制性语义角色》，《南京社会科学》
　　第 6 期。

刘探宙，2009，《一元非作格动词带宾语现象》，《中国语文》第
　　2 期。

刘探宙，2018，《说"王冕死了父亲"句》，上海：学林出版社。

刘晓林，2007，《也谈"王冕死了父亲"的生成方式》，《中国语文》第 5 期。

刘永耕，2005，《动词"给"语法化过程的义素传承及相关问题》，《中国语文》第 2 期。

卢建，2003，《影响予夺不明双宾句语义理解的因素》，《中国语文》第 5 期。

卢建，2017，《现代汉语双及物结构式研究》，北京：商务印书馆。

卢笑予，2013，《临海方言非谓语前置词的语法多功能性分析》，《现代语文》（语言研究版）第 5 期。

鲁川，1987，《介词是汉语句子语义成分的重要标志》，《语言教学与研究》第 2 期。

鲁川、林杏光，1989，《现代汉语语法的格关系》，《汉语学习》第 5 期。

鲁川，1992，《谓词框架说略》，《汉语学习》第 4 期。

鲁川，2000，《语义的先决性·句法的强制性·语用的选定性——基于三个平面理论的汉语信息语法的构思》，《汉语学习》第 3 期。

鲁川，2001，《汉语语法的意合网络》，北京：商务印书馆。

陆丙甫，2008，《直系成分分析法——论结构分析中确保成分完整性的问题》，《中国语文》第 2 期。

陆俭明，1988a，《双宾结构补议》，《烟台大学学报》（哲学社会科学版）第 2 期。

陆俭明，1988b，《现代汉语中数量词的作用》，载中国语文杂志社编《语法研究和探索》（四），北京：北京大学出版社。

陆俭明，1991，《现代汉语不及物动词之管见》，载中国语文杂志社编《语法研究和探索》（五），北京：语文出版社。

陆俭明，1997，《关于语义指向分析》，载黄正德主编《中国语言学论丛》（第一辑），北京：北京语言大学出版社。

陆俭明，2002，《再谈"吃了他三个苹果"一类结构的性质》，《中国语文》第 4 期。

陆俭明、沈阳，2004，《汉语和汉语研究十五讲》，北京：北京大学出版社。

陆俭明，2011，《再论构式语块分析法》，《语言研究》第 2 期。

陆俭明，2013，《构式语法理论再议——序中译本〈运作中的构式：语言概括的本质〉》，《外国语（上海外国语大学学报）》第 1 期。

陆俭明，2016，《句类、句型、句模、句式、表达格式与构式——兼说"构式—语块"分析法》，《汉语学习》第 1 期。

陆志韦等，1964［1957］，《汉语的构词法》（修订本），北京：科学出版社。

罗耀华，2016，《"V+给"类结构的词汇化及相关问题研究》，《华中学术》第 1 期。

罗竹风主编，1990，《汉语大词典》（第 6 卷），上海：上海辞书出版社。

吕冀平等，1956，《汉语的主语宾语问题》，北京：中华书局。

吕建军，2013，《"王冕死了父亲"的构式归属——兼议汉语存现构式的范畴化》，《语言教学与研究》第 5 期。

吕叔湘，1946，《领格表受事及其他》，《国文月刊》第 46 期。

吕叔湘，1948，《把字用法的研究》，载金陵、齐鲁、华西大学《中国文化研究汇刊》（第八卷）。

吕叔湘、朱德熙，1952，《语法修辞讲话》，北京：中国青年出版社。

吕叔湘，1965，《语文札记》，《中国语文》第 4 期。

吕叔湘，1982［1942~1944］，《中国文法要略》，北京：商务印书馆。

吕叔湘，1984，《语文杂记》，上海：上海教育出版社。

吕叔湘，1987，《说"胜"和"败"》，《中国语文》第 1 期。

吕叔湘，1999［1980］，《现代汉语八百词》（增订本），北京：商务印书馆。

吕叔湘，2012，《吕叔湘全集》（第十三卷），沈阳：辽宁教育出版社。

马莉，2003，《从论元角度看"王冕死了父亲"》，《外语教学》第 3 期。

马贝加，2002，《近代汉语介词》，北京：中华书局。

马建忠，1983［1898］，《马氏文通》，北京：商务印书馆。

马克思，1956［1842］，《第六届莱茵省议会的辩论》，载《马克思恩格斯全集》（第 1 卷），北京：人民出版社。

马庆株，1983，《现代汉语的双宾语构造》，载《语言学论丛》（第十辑），北京：商务印书馆。

马庆株，1988，《自主动词和非自主动词》，载《中国语言学报》（第三期），北京：商务印书馆。

马志刚，2008，《局部成分统制结构与领有名词提升》，《暨南大学华文学院学报》第 2 期。

马志刚，2011a，《汉语双宾句中名词成分的题元角色、格位形式与语类性质研究》，《华文教学与研究》第 1 期。

马志刚，2011b，《非宾格语素、复合中心语与汉语双宾句、双受事句的句法语义分析——与黄正德讨论汉语动词题元结构及其句法表现》，载《语言研究集刊》（第八辑），上海：上海辞书出版社。

马志刚，2013a，《基于狭义领属关系论领主句、保留宾语被动句与抢夺类双宾句的关联性》，《华文教学与研究》第 3 期。

马志刚，2013b，《再论汉语保留宾语被动句——兼论领属关系的典型性和"王冕死了父亲"的历史成因》，载《语言研究集刊》（第十一辑），上海：上海辞书出版社。

马志刚，2016，《汉语保留宾语被动句的生成机制及其分类的理论意义》，《外国语言文学》第 2 期。

满在江，2004，《与双宾语结构形同质异的两类结构》，《语言科学》第 3 期。

满在江，2005，《汉语双宾语结构句法研究述评》，《岱宗学刊（泰安教育学院学报）》第 4 期。

茆建生，1992，《非领属性 Rd 结构》，《贵州师范大学学报》（社会科学版）第 4 期。

孟琮等，1987，《动词用法词典》，上海：上海辞书出版社。又见孟琮等，1999，《汉语动词用法词典》，北京：商务印书馆。

木村英树，1997，《汉语被动句的意义特征及其结构上之反映》，《东亚语言学报》（*Cahiers de Linguistique Asie Orientale*）第 1 期。

潘汞，1958，《试谈内动词和外动词的划分——对"论汉语动词分内外动的问题"的一些意见》，《语文教学》（上海版）第 12 期。

潘文，2006，《现代汉语存现句的多维研究》，南京：南京师范大学出版社。

潘海华，1997，《词汇映射理论在汉语句法研究中的应用》，《现代外语》第 4 期。

潘海华、韩景泉，2005，《显性非宾格动词结构的句法研究》，《语言研究》第 3 期。

潘海华、韩景泉，2008，《汉语保留宾语结构的句法生成机制》，《中国语文》第 6 期。

潘海华、叶狂，2015，《离合词和同源宾语结构》，《当代语言学》第 3 期。

潘秋平，2009，《从方言接触和语法化看新加坡华语里的"跟"》，载《语法化与语法研究》（四），北京：商务印书馆。

潘秋平，2015，《上古汉语与格句式研究》，北京：商务印书馆。

齐沪扬，1998，《现代汉语空间问题研究》，上海：学林出版社。

齐沪扬，2014，《现代汉语现实空间的认知研究》，北京：商务印书馆。

屈倩，2016，《湖南方言中"受益者"标记的语义关联》，广东外语外贸大学硕士学位论文。

任鹰，2009，《"领属"与"存现"：从概念的关联到构式的关联——也从"王冕死了父亲"的生成方式说起》，《世界汉语教学》第 3 期。

邵敬敏、赵春利，2006，《关于语义范畴的理论思考》，《世界汉语教学》第 1 期。

邵敬敏，2009，《从准定语看结构重组的三个原则》，《山西大学学报》（哲学社会科学版）第 1 期。

沈家煊，1995，《"有界"与"无界"》，《中国语文》第 5 期。

沈家煊，1999，《"在"字句和"给"字句》，《中国语文》第 2 期。

沈家煊，2000a，《说"偷"和"抢"》，《语言教学与研究》第1期。

沈家煊，2000b，《句式和配价》，《中国语文》第4期。

沈家煊，2005，《"分析"和"综合"》，《语言文字应用》第3期。

沈家煊，2006，《"王冕死了父亲"的生成方式——兼说汉语"糅合"造句》，《中国语文》第4期。

沈家煊，2007，《也谈"他的老师当得好"及相关句式》，《现代中国语研究》第9期。

沈家煊，2008，《"移位"还是"移情"？——析"他是去年生的孩子"》，《中国语文》第5期。

沈家煊，2009，《"计量得失"和"计较得失"——再论"王冕死了父亲"的句式意义和生成方式》，《语言教学与研究》第5期。

沈家煊，2015［1999］，《不对称和标记论》，北京：商务印书馆。

沈家煊、完权，2009，《也谈"之字结构"和"之"字的功能》，《语言研究》第2期。

沈家煊、王冬梅，2000，《"N的V"和"参照体—目标"构式》，《世界汉语教学》第4期。

沈力，2009，《汉语蒙受句的语义结构》，《中国语文》第1期。

沈阳，1994，《现代汉语空语类研究》，济南：山东教育出版社。

沈阳，1995，《名词短语部分移位造成的非价成分："占位NP"与"分裂NP"》，载沈阳、郑定欧主编《现代汉语配价语法研究》，北京：北京大学出版社。

沈阳，2001，《名词短语分裂移位与非直接论元句首成分》，《语言研究》第3期。

沈阳，2016，《变换移位、提升并入、拷贝删除及其他——与结构变换相关的句法分析理论及在汉语句法研究中的应用》，《外语教学与研究》第2期。

盛益民，2010，《绍兴柯桥话多功能虚词"作"的语义演变——兼论太湖片吴语受益者标记来源的三种类型》，《语言科学》第2期。

施春宏，2015，《边缘"把"字句的语义理解和句法构造》，《语言教学与研究》第 6 期。

施关淦，1981，《"给"的词性及与此相关的某些语法现象》，《语文研究》第 2 期。

石微，2016，《现代汉语依据类介词研究》，长春：吉林大学出版社。

石毓智，1995，《时间的一维性对介词衍生的影响》，《中国语文》第 1 期。

石毓智，2004，《汉英双宾结构差别的概念化原因》，《外语教学与研究》第 2 期。

石毓智，2007，《语言学假设中的证据问题——论"王冕死了父亲"之类句子产生的历史条件》，《语言科学》第 4 期。

史有为，1991，《施事的分化与理解》，载《中国语言学报》（第四期），北京：商务印书馆。

帅志嵩，2008，《"王冕死了父亲"的衍生过程和机制》，《语言科学》第 3 期。

宋国明，1997，《句法理论概要》，北京：中国社会科学出版社。

宋文辉、阎浩然，2007，《再论现代汉语双宾语句的句式原型》，《语文研究》第 2 期。

宋玉柱，1982，《动态存在句》，《汉语学习》第 6 期。

宋玉柱，1989，《完成体动态存在句》，《汉语学习》第 6 期。

隋娜、王广成，2009，《汉语存现句中动词的非宾格性》，《现代外语》第 3 期。

孙德金，2000，《现代汉语"V+Dw+（的）+O"格式的句法语义研究》，载陆俭明主编《面临新世纪挑战的现代汉语语法研究》，济南：山东教育出版社。

孙晋文、伍雅清，2003，《再论"领有名词提升移位"》，《语言科学》第 6 期。

孙天琦、李亚非，2010，《汉语非核心论元允准结构初探》，《中国语文》第 1 期。

孙天琦、潘海华，2012，《也谈汉语不及物动词带"宾语"现象——兼论信息结构对汉语语序的影响》，《当代语言学》第 4 期。

孙天琦，2015，《汉语的双宾结构与施用操作》，《语言教学与研究》

第 1 期。

孙文访，2018，《"有（have）"的概念空间及语义图》，《中国语文》第 1 期。

太田辰夫，2003［1957］，《中国语历史文法》（修订译本），蒋绍愚、许昌华译，北京：北京大学出版社。

谭景春，1996，《一种表破损义的隐现句》，《中国语文》第 6 期。

唐作藩编著，2007，《中国语言文字学大辞典》，北京：中国大百科全书出版社。

完权，2015，《作为后置介词的"的"》，《当代语言学》第 1 期。

完权，2016，《"的"的性质与功能》，北京：商务印书馆。

完权，2017，《"领格表受事"的认知动因》，《中国语文》第 3 期。

完权，2018，《说"的"和"的"字结构》，上海：学林出版社。

万光荣，2017，《惊讶范畴：类型学研究的新领域》，《语言科学》第 6 期。

汪国胜，2000，《大冶方言的双宾句》，《语言研究》第 3 期。

王国璋、安汝磐等编著，1980，《常用词用法例释》，北京：中国人民大学出版社。

王还，1957，《"把"字句和"被"字句》，上海：新知识出版社。

王建军，2003，《汉语存在句的历时研究》，天津：天津古籍出版社。

王俊毅，2001，《及物动词与不及物动词分类考察》，《语言教学与研究》第 5 期。

王力，1954［1944~1945］，《中国语法理论》，北京：中华书局。

王力，1985［1943］，《中国现代语法》，北京：商务印书馆。

王丽彩，2008，《现代汉语方式范畴研究》，暨南大学博士学位论文。

王了一（王力），1956，《主语的定义及其在汉语中的应用》，《语文学习》第 1 期。

王玲玲，1989，《现代汉语格关系研究述评》，《汉语学习》第 5 期。

王奇，2006，《"领主属宾句"的语义特点与句法结构》，《现代外语》第 3 期。

王奇，2012，《英语施惠义双宾句与汉语致损义双宾句的生成语法研究》，《外语与外语教学》第 5 期。

王书贵，1984，《工具主语句》，载《语言学论丛》（第十三辑），北京：商务印书馆。

王一平，1994，《从遭受类动词所带宾语的情况看遭受类动词的特点》，《语文研究》第 4 期。

王寅，2011，《构式语法研究（上、下卷）》，上海：上海外语教育出版社。

王珍，2006，《汉语不及物动词带宾语结构存在的认知理据》，《汉语学报》第 3 期。

温宾利、陈宗利，2001，《领有名词移位：基于 MP 的分析》，《现代外语》第 4 期。

温宾利编著，2002，《当代句法学导论》，北京：外语教学与研究出版社。

吴福祥，2005，《汉语语法化演变的几个类型学特征》，《中国语文》第 6 期。

吴继光，1996，《工具成分和主谓谓语句》，《汉语学习》第 3 期。

吴卸耀，2006，《现代汉语存现句》，上海：学林出版社。

厦门大学外文系英语语法编写小组编，1972，《英语基础语法新编》，福州：福建人民出版社。

向若，1956，《有关主语定义的一些问题》，《语文学习》第 1 期。

向若，1960，《关于“给”的词性》，《中国语文》2 月号。

萧红，1999，《也说中古双宾语结构的形式与发展》，《古汉语研究》第 1 期。

萧国政，1986，《隐蔽性施事定语》，《语文研究》第 4 期。

邢福义，1991，《汉语里宾语代入现象之观察》，《世界汉语教学》第 2 期。

邢公畹，1955，《论汉语造句法上的主语和宾语》，《语文学习》第 9 期。

徐德宽，2004，《现代汉语双宾构造研究》，上海：上海辞书出版社。

徐德宽，2005，《现代汉语双宾构造的计算机辅助汉英翻译》，《烟台师范学院学报》（哲学社会科学版）第 2 期。

徐杰，1986，《“工具”范畴和容纳“工具”范畴的句法结构

（续）》，《华中师范大学学报》（哲学社会科学版）第 6 期。

徐杰，1999a，《两种保留宾语句式及相关句法理论问题》，《当代语言学》第 1 期。

徐杰，1999b，《"打碎了他四个杯子"与约束原则》，《中国语文》第 3 期。

徐杰，2001，《约束原则与双宾语句式》，载氏著《普遍语法原则与汉语语法现象》，北京：北京大学出版社。

徐杰，2004，《语义上的同指关系与句法上的双宾语句式——兼复刘乃仲先生》，《中国语文》第 4 期。

徐烈炯编著，1988，《生成语法理论》，上海：上海外语教育出版社。

徐烈炯，1995［1990］，《语义学》（修订本），北京：语文出版社。

徐烈炯、沈阳，1998，《题元理论与汉语配价问题》，《当代语言学》第 3 期。

徐默凡，2004，《现代汉语工具范畴的认知研究》，上海：复旦大学出版社。

徐盛桓，2001，《试论英语双及物构块式》，《外语教学与研究》第 2 期。

徐仲华、缪小文，1983，《浅谈施事宾语》，《语文学习》第 11 期。

许宝华、宫田一郎主编，1999，《汉语方言大词典》，北京：中华书局。

许少峰编，2008，《近代汉语大词典》（全二册），北京：中华书局。

严复，1933［1904］，《英文汉诂》，北京：商务印书馆。

延俊荣，2002，《双宾句研究述评》，《语文研究》第 4 期。

杨成凯，1986，《Fillmore 的格语法理论》（上、中、下），《国外语言学》第 1、2、3 期。

杨成凯，1996，《汉语语法理论研究》，沈阳：辽宁教育出版社。

杨成凯，1997，《"主主谓"句法范畴和话题概念的逻辑分析——汉语主宾语研究之一》，《中国语文》第 4 期。

杨大然，2008，《领有名词短语分裂与汉语话题结构》，《解放军外国语学院学报》第 3 期。

杨宁，1986，《三价动词及其句型》，复旦大学硕士学位论文。

杨宁，1990，《现代汉语动词的配价》，复旦大学博士学位论文。

杨庆蕙主编，1995，《现代汉语离合词用法词典》，北京：北京师范大学出版社。

杨树达，1984［1934］，《高等国文法》，北京：商务印书馆。

杨素英，1999，《从非宾格动词现象看语义与句法结构之间的关系》，《当代语言学》第 1 期。

杨欣安，1960，《说"给"》，《中国语文》2 月号。

杨作玲、吴福祥，2014，《先秦汉语中的领主属宾句——兼论"王冕死了父亲"的历史来源》，载《历史语言学研究》（第 8 辑），商务印书馆。

尹海良，2014，《强势指令义构式"给我＋VP"探析》，《汉语学习》第 1 期。

英国柯林斯公司编，2008，《柯林斯高阶英汉双解词典》，姚乃强等审译，北京：商务印书馆。

影山太郎，2001，《动词语义学——语言与认知的接点》，于康、张勤、王占华译，北京：中央广播电视大学出版社。日文 1996 年原版。

余义兵，2008，《"比起"的历时研究与共时研究》，广西师范大学硕士学位论文。

俞理明、吕建军，2011，《"王冕死了父亲"句的历史考察》，《中国语文》第 1 期。

袁毓林，1989，《准双向动词研究》，《语言研究》第 1 期。

袁毓林，1994，《一价名词的认知研究》，《中国语文》第 4 期。

袁毓林，1995，《谓词隐含及其句法后果——"的"字结构的称代规则和"的"的语法、语义功能》，《中国语文》第 4 期。

袁毓林，1998，《汉语动词的配价研究》，南昌：江西教育出版社。

袁毓林，2002，《论元角色的层级关系和语义特征》，《世界汉语教学》第 3 期。

袁毓林，2003，《一套汉语动词论元角色的语法指标》，《世界汉语教学》第 3 期。

袁毓林，2004，《论元结构和句式结构互动的动因、机制和条件——

表达精细化对动词配价和句式构造的影响》，《语言研究》第 4 期。

袁毓林，2005，《用动词的论元结构跟事件模板相匹配——一种由动词驱动的信息抽取方法》，《中文信息学报》第 5 期。

袁毓林，2007，《语义角色的精细等级及其在信息处理中的应用》，《中文信息学报》第 4 期。

曾立英，2004，《关于"及物性"的思考》，《三峡大学学报》（人文社会科学版）第 1 期。

詹卫东，2001，《确立语义范畴的原则及语义范畴的相对性》，《世界汉语教学》第 2 期。

詹卫东，2004，《论元结构与句式变换》，《中国语文》第 3 期。

湛朝虎，2010，《英汉双宾句式的认知对比研究》，复旦大学博士学位论文。

张斌主编，2001，《现代汉语虚词词典》，北京：商务印书馆。

张斌主编，2010，《现代汉语描写语法》，北京：商务印书馆。

张伯江，1989，《施事宾语句的主要类型》，《汉语学习》第 1 期。

张伯江，1994，《领属结构的语义构成》，《语言教学与研究》第 2 期。

张伯江，1999，《现代汉语的双及物结构式》，《中国语文》第 3 期。

张伯江，2006，《关于"索取类双宾语"》，《语言学论丛》（第三十三辑），北京：商务印书馆。

张伯江，2009，《从施受关系到句式语义》，北京：商务印书馆。

张伯江，2018，《现代汉语的非论元性句法成分》，《世界汉语教学》第 4 期。

张伯江、方梅，1996，《汉语功能语法研究》，南昌：江西教育出版社。

张涤华等主编，1988，《汉语语法修辞词典》，合肥：安徽教育出版社。

张国宪，1994，《有关汉语配价的几个理论问题》，《汉语学习》第 4 期。

张国宪，2001，《制约夺事成分句位实现的语义因素》，《中国语文》第 6 期。

张国宪，2003，《汉语双宾语结构式的语法化渠道与"元"句式语义》，［日本］《现代中国语研究》总第 5 期。

张建理，2006，《英汉双宾语句认知对比研究》，《外国语（上海外国语大学学报）》第 6 期。

张理明，1982，《论短语动词》，《语文研究》第 1 期。

张美兰，2014，《汉语双宾语结构句法及其语义的历时研究》，北京：清华大学出版社。

张敏，1985，《如何辨认古汉语的双宾语》，《语文学刊》第 3 期。

张敏，2008，《空间地图和语义地图上的"常"与"变"——以汉语被动、使役、处置、工具、受益者等关系标记为例》，中国社会科学院语言研究所演讲稿，1 月 10 日。

张敏，2010，《"语义地图模型"：原理、操作及在汉语多功能语法形式研究中的运用》，载《语言学论丛》（第四十二辑），北京：商务印书馆。

张敏，2011，《汉语方言双及物结构南北差异的成因：类型学研究引发的新问题》，载《中国语言学集刊》（第 2 期），北京：中华书局。

张宁，2000，《汉语双宾语句结构分析》，载陆俭明主编《面临新世纪挑战的现代汉语语法研究》，济南：山东教育出版社。

张世禄，1996，《论古代汉语双宾式》，《天津师大学报》（社会科学版）第 5 期。

张寿康，1957，《略论汉语构词法》，《中国语文》第 6 期。

张先亮、范晓，2010，《现代汉语存在句研究》，北京：中国社会科学出版社。

张翼，2010，《"王冕死了父亲"的认知构式新探》，《解放军外国语学院学报》第 4 期。

张谊生，1996，《交互类短语与连介兼类词的分化》，《中国语文》第 5 期。

张谊生，1997，《交互动词的配价研究》，《语言研究》第 1 期。

张谊生，2009，《介词悬空的方式与后果、动因和作用》，《语言科学》第 3 期。

张谊生，2010，《从错配到脱落：附缀"于"的零形化后果与形容词、动词的及物化》,《中国语文》第 2 期。

张谊生,2012,《试析一价动词和形容词在事件存现句中的构式分布》,载《语法研究和探索》(十六),北京:商务印书馆。

张志公,1953,《汉语语法常识》,北京:中国青年出版社。

张志公,1958,《汉语语法常识》(改订本),北京:新知识出版社。

郑伟,2017,《吴语虚词及其语法化研究》,上海:上海教育出版社。

中国社会科学院语言研究所词典编辑室编,2005、2012、2016,《现代汉语词典》(第 5 版、第 6 版、第 7 版),北京:商务印书馆。

钟书能、石毓智,2017,《汉语双宾结构的构式语法视角研究》,《外语研究》第 3 期。

周迟明,1964,《汉语双宾语句的语法现象和历史发展》,《山东大学学报》(社会科学版)第 1、2 期。

周红,2005,《现代汉语致使范畴研究》,上海:复旦大学出版社。

周红,2009,《动词"给"的语法化历程》,《殷都学刊》第 4 期。

周上之,2001,《离合词是不是词?》,《暨南大学华文学院学报》第 4 期。

朱德熙,1978,《"的"字结构和判断句(上)》,《中国语文》第 1 期。

朱德熙,1979,《与动词"给"相关的句法问题》,《方言》第 2 期。

朱德熙,1982,《语法讲义》,北京:商务印书馆。

朱德熙,1986,《变换分析中的平行性原则》,《中国语文》第 2 期。

朱行帆,2005,《轻动词和汉语不及物动词带宾语现象》,《现代外语》第 3 期。

朱景松主编,2007,《现代汉语虚词词典》,北京:语文出版社。

朱晓丽,2016,《〈典范英语〉(1-3)句元语义角色研究》,北京:世界图书出版公司。

庄初升,1998,《闽语平和方言的介词》,《韶关大学学报》(社会科学版)第 4 期。

庄会彬,2013,《建国以来"王冕死了父亲"句式的研究及其启示》,《浙江外国语学院学报》第 1 期。

庄会彬、冯君亚、何晓芳，2017，《广义遭受句式及相关理论问题——从"王冕死了父亲"句式的汉日对比谈起》，载《语言研究集刊》（第十九辑），上海：上海辞书出版社。

宗守云，2015，《现代汉语句式及相关问题研究》，北京：世界图书出版公司。

二　外文文献

山梨正明、1994、『日常言語の認知格モデル——意味役割の相対性』、大修館書店『言語』第 3 期。

Abdel-Hafiz, Ahmed S. 1988. *A Reference Grammar of Kunuz Nubian*. Doctoral dissertation, State University of New York, Buffalo.

Abraham, Roy C. 1962. *Dictionary of Modern Yoruba* (Second Edition). London: Hodder & Stoughton.

Aikhenvald, Alexandra. 2012. "The Essence of Mirativity". *Linguistic Typology* 16 (3). 435–485.

Allan, Keith. 1986. *Linguistic Meaning* (2 vols.). London & New York: Routledge & Kegan Paul.

Anderson, Lloyd B. 1982. "The 'Perfect' As a Universal and As a Language Particular Category". In Paul Hopper (ed.). *Tense-aspect: Between Semanticsand Pragmatics*. 227–264. Amsterdam: John Benjamins Publishing Company.

Austin, John L. 1962. *How to Do Things With Words*. Oxford: The Clarendon Press.

Bai, Xiaopeng（柏晓鹏）. 2012. *A Word Sense Taxonomy for Mandarin Chinese and Corpus Annotation*. Doctoral Dissertation, National University of Singapore, Singapore.

Baker, Mark C. 1988. *Incorporation: A Theory of Grammatical Function Changing*. Chicago: The University of Chicago Press.

Bergs, Alexander & Diewald, Gabriele. 2008. Constructions and Language Change. Berlin: Mouton de Gruyter.

Blake, Barry. 1994. *Case* (2nd Edition). Cambridge: Cambridge University Press.

Blake, Barry. 2010. "History of the Research on Case". In Malchukov, Andrej & Spencer, Andrew (eds.). *Case*. 13-26. Oxford: Oxford University Press.

Bloomfield, Leonard. 1957. *Eastern Ojibwa: Grammatical Sketch, Texts and Word List*. Ann Arbor: University of Michigan Press.

Boneh, Nora & Léa Nash. 2007. "The Syntax and Semantics of Dative DPs in Russian Ditransitives". *Natural Language & Linguistic Theory* 35 (1): 1-55.

Bresnan, Joan & Jonni Kanerva. 1989. "Locative Inversion in Chicheŵa: A Case Study of Factorization in Grammar". *Linguistic Inquiry* 20 (1): 1-50.

Bright, William. 1957. *The Karok Language*. Berkeley: University of California Press.

Burzio, Luigi. 1986. *Italian Syntax: A Government-binding Approach*. Dordrecht: Kluwer Academic Publishers.

Bussmann, Hadumod. 1996. *Routledge Dictionary of Language and Linguistics*. London & New York: Routledge.

Carnie, Andrew. 2002. *Syntax: A Generative Introduction* (3rd Edition). Oxford: Blackwell Publishing.

Chafe, Wallace. 1970. *Meaning and the Structure of Language*. Chicago: The University of Chicago Press.

Chao, Yuen-Ren (赵元任). 1968. *A Grammar of Spoken Chinese*. Berkeley: University of California Press. 中译本: 吕叔湘译, 1979, 《汉语口语语法》, 北京: 商务印书馆; 丁邦新译, 1980, 《中国话的文法》, 香港: 中文大学出版社。

Chappell, Hilary (曹茜蕾). 1986a. "Formal and Colloquial Adversity Passive in Standard Chinese". *Linguistics* 24 (6): 1025-1052.

Chappell, Hilary. 1986b. "The Passive of Bodily Effect in Chinese". *Studies in Language* 10 (2): 271-296.

Chappell, Hilary. 1991. "Syntax and Semantics of the Benefactive Construction in Moulmein Sgaw Karen". *La Trobe working papers in linguistics*-4：37-52.

Chappell, Hilary. 2000. "Dialect Grammar in Two Early Modern Southern Min Texts：A Comparative Study of Dative *kit* 乞, Comitative *cang* 共 and Diminutive -*guia* 仔". *Journal of Chinese Linguistics* 28 (2)：247-302.

Christaller, Johann G. 1933. *Dictionary of the Asante and Fante Language Called Tshi (Twi)*, (Second Edition, Revised and Enlarged). Basel：The Basel Evangelical Missionary Society.

Chomsky, Noam. 1981. *Lectures on Government and Binding.* Dordrecht：Foris Publications.

Chomsky, Noam. 1986. *Knowledge of Language：Its Nature, Origin and Use.* New York：Praeger.

Chomsky, Noam. 1995. *The Minimalist Program.* Cambridge：MIT Press.

Chung, Sandra. 1976. "An Object-creating Rule in Bahasa Indonesian". *Linguistic Inquiry* 7 (1)：41-87.

Clark, Marybeth. 1974. "Submissive Verbs As Adversatives in Some Asian languages". In Ðăng Liêm Nguyên (ed.). *Southeast Asian Linguistic Studies.* 89-110. Canberra：Pacific Linguistics.

Comrie, Bernard & Norval Smith. 1977. "Lingua Descriptive Studies：Questionnaire". *Lingua* 42 (1)：1-72.

Corder, Stephen P. 1968. "Double-object Verbs in English". *Studia Anglica Posnaniensia* 1 (1-2). 15-28.

Creissels, Denis. 2010. "Benefactive Applicative Periphrases：A Typological Approach". In Zuñiga F. & S. Kittilä (eds.). *Studies in Ditransitive Constructions.* 29-69. Amsterdam：John Benjamins Publishing Company.

Croft, William. 1991. *Syntactic Categories and Grammatical Relations.* Chicago：University of Chicago Press.

Croft, William. 2001. *Radical Construction Grammar：Syntactic Theory in Typological Perspective.* Oxford：Oxford University Press.

Croft, William. 2003. *Typology and Universals* (2nd Edition). Cambridge: Cambridge University Press.

Croft, William. 2012. *Verbs: Aspect and Causal Structure*. Oxford: Oxford University Press.

Crystal, David. 1980. *A First Dictionary of Linguistics and Phonetics*. London: Andre Deutsch. Crystal, David. 2008. *A Dictionary of Linguistics and Phonetics* (6th Edtion). Oxford: Blackwell. 第一版中译本：方立、王得杏、沈叙伦译，1992，《语言学和语音学基础词典》，北京：北京语言学院出版社。第四版中译本：沈家煊译，2000，《现代语言学词典》，北京：商务印书馆。

Davies, William. 1993. "Javanese Adversatives, the 1-advancement Exclusiveness Law and Mapping Theory". *Proceedings of the Nineteenth Annual Meeting of the Berkeley Linguistics Society: General Session and Parasession on Semantic Typology and Semantic Universals* 19 (1): 101-111.

Davies, William. 1995. "Javanese Adversatives, Passives and Mapping Theory". *Journal of Linguistics* 31 (1): 15-51.

Dehghani, Yavar. 2000. *A Grammar of Iranian Azeri: Including Comparisons with Persian*. Munich: Lincom Europa.

Delaney, Scott. 1997. "Mirativity: The Grammatical Marking of Unexpected Information". *Linguistic Typology* 1 (1): 33-52.

Dik, Simon C. 1978. *Functional Grammar*. Amsterdam: North Holland.

Dowty, David. 1989. "On the Semantic Content of the Notion of 'Thematic Role'". In Gennaro Chierchia, Barbara H. Partee & Raymond Turner (eds.). *Properties, Types and Meaning (Vol. II): Semantic Issues*: 69-129. Dordrecht: Kluwer Academic Publishers.

Dowty, David. 1991. "Thematic Proto-Roles and Argument Selection". *Linguistic Society of America* 67 (3): 547-619.

Fagerli, Ole T. 2001. "Malefactive by Means of GIVE". In Simonsen & Endresen (eds.). *A Cognitive Approach to the Verb: Morphological and Constructional Perspectives*: 203-222. Berlin: Mouton de Gruyter.

Fillmore, Charles. 1966a. "Toward a Modern Theory of Case". *Project on Linguistic Analysis Report* 13（1）：1-24.

Fillmore, Charles. 1966b. "A Proposal Concerning English Prepositions". In Francis P. Dinneen（ed.）, *Monograph Serieson Languages and Linguistics* 19：19-33. Washington：Georgetown University Press.

Fillmore, Charles. 1968. "The Case for Case". In Emmon Bach & Robert T. Harms（eds.）. *Universalsin Linguistics Theory.* 1-88. New York：Holt, Rinehart and Winston. 中译本：胡明扬译，2002，《 "格" 辨》，北京：商务印书馆。

Fillmore, Charles. 1971a. "Some Problems for Case Grammar". *Working Papers in Linguistics* 10：245-265.

Fillmore, Charles. 1971b. "Types of Lexical Information". In Steinberg, D. & Jakobovits, J.（eds.）. *Semantics：An Interdisciplinary Reader in Philosophy, Linguistics and Psychology.* 370 - 392. Cambridge：Cambridge University Press.

Fillmore, Charles. 1976. "Frame Semantics and the Nature of Language". *Annals of the New York Academy of Sciences：Conference on the Origin and Development of Language and Speech* 280：20-32.

Fillmore, Charles. 1982. "Frame Semantics". In The Linguistic Society of Korea（ed.）. *Linguistics in the Morning Calm.* 111 - 137. Seoul：Hanshin Publishing Company. 中译本：詹卫东译，2003，《框架语义学》，载《语言学论丛》（第二十七辑），北京：商务印书馆，第 382~412 页。

Gerdts, Donna. 1986. "Causatives and Passives in Korean：Evidence for Clause Union Without Revaluation". In Soon Ae Chun（ed.）. *Relational Studies on Korean.* 98 - 115. Buffalo：State University of New York.

Givón, Talmy. 1984, 1990. *Syntax：A Functional-Typological Introduction*（Vol. 1, Vol. 2）. Amsterdam：John Benjamins Publishing Company.

Givón, Talmy. 1993. *English Grammar：A Function-Based Introduction*（Vol. 1、Vol. 2）. Amsterdam：John Benjamins Publishing Company.

Goldberg, Adele E. 1995. *Constructions: A Construction Grammar Approach to Argument Structure.* Chicago: University of Chicago Press. 中译本: 吴海波译, 2007, 《构式: 论元结构的构式语法研究》, 冯奇审订, 北京: 北京大学出版社。

Goldberg, Adele E. 2006, *Constructions at Work: The Nature of Generalization in Language.* Oxford: Oxford University Press. 中译本: 吴海波译, 2013, 《运作中的构式: 语言概括的本质》, 北京: 北京大学出版社。

Grice, Herbert P. 1975. "Logic and Conversation". In Peter Cole & Jerry Morgan (eds.). *Syntax and Semantics, Vol 3: Speech Acts.* 41 - 58. Academic Press, New York.

Gruber, Jeffrey. 1965. *Studies in Lexical Relations.* Doctoral Dissertation, MIT, Cambridge.

Hale, Kenneth & Samuel J. Keyser. 1993. "On Argument Structure and the Lexical Expression of Syntactic Relations". In Kenneth Hele & Samuel J. Keyser (eds.), *The View from Building 20: Essays in Linguistics in Honor of Sylvain Bromberger.* 53 - 109. Cambridge: MIT Press.

Halliday, M. A. K. 1994 [1985]. *An Introduction to Functional Grammar* (2ed). London: Edward Arnold. 中译本: 彭宣维等译, 2010, 《功能语法导论》(第 2 版), 北京: 外语教学与研究出版社。

Haspelmath, Martin. 2003. "The Geometry of Grammatical Meaning: Semantic Maps and Cross-linguistic Comparison", In Michael Tomasello (ed.), *The New Psychology of Language*, Vol. 2. 211-243. New York: Lawrence Erlbaum.

Heine, Bernd, Ulrike Claudi & Friederike Hünnemeyer. 1991. *Grammaticalization: A Conceptual Framework.* Chicago: University of Chicago Press. 中译本: 龙海平等译, 2018, 《语法化: 概念框架》, 吴福祥审校, 北京: 世界图书出版公司。

Heine, Bernd & Tania Kuteva. 2002. *World Lexicon of Grammaticaliza-*

tion. Cambridge：Cambridge University Press. 中译本：龙海平、谷峰、肖小平译，2012，《语法化的世界词库》，洪波、谷峰注释，北京：世界图书出版公司。

Hopper, Paul J. & Elizabeth C. Traugott. 2003. *Grammaticalization*. Cambridge：Cambridge University Press. 中译本：梁银峰译，2013，《语法化学说》（第二版），上海：复旦大学出版社。

Huang, Cheng-Te James（黄正德）. 1997. "On Lexical Structure and Syntactic Projection". *Journal of Chinese Languages and Linguistics* 3：45–89.

Huang, Cheng-Te James. 1999. "Chinese Passives in Comparative Perspective". *Tsing Hua Journal of Chinese Studies* 29 (4)：423–509.

Huang, Cheng-Te James, Yafei Li & Yen-Hui Audrey Li. 2009. *The Syntax of Chinese*. New York：Cambridge University Press. 中译本：黄正德、李亚非、李艳惠，2013，《汉语句法学》，张和友译，顾阳校订，北京：世界图书出版公司。

Huang, Chu-Ren（黄居仁）. 1989. *Mandarin Chinese and the Lexical Mapping Theory— A Study of the Interaction of Morphology and Argument Changing*. 1989th International Conference on Sino-Tibetan Languages and Linguistics. Hawaii.

Huang, Han-Chun（黄汉君）. 2014. "Semantic Extensions and the Convergence of the Beneficiary Role：A Case Study of 'Bun' and 'Lau' in Hakka". *Studies in Linguistics* 40 (1)：65–94.

Inoue, Kyoko. 1974. "Experiencer". *Descriptive and Applied Linguistics* 7：139–162.

Jackendoff, Ray. 1972. *Semantic Interpretation in Generative Grammar*. Cambridge：The MIT Press.

Jackendoff, Ray. 1987. *Consciousness and the Computational Mind*. Cambridge：The MIT Press.

Jackendoff, Ray. 1990. *Semantic Structures*. Cambridge：The MIT Press.

Janda, Laura. 1993. *A Geography of Case Semantics. Te Czech Dative and the Russian Instrumental*. Berlin：Mouton de Gruyter.

Kimenyi, Alexander. 1978. *A Relational Grammar of Kinyarwanda*. Berkeley: University of California Press.

Kittilä, Seppo. 2005. "Recipient-prominence vs. Benefciary-prominence". *Linguistic Typology* 9 (2): 269-297.

Kittilä, Seppo. 2010. "Benefciary Coding in Finnish". In Zúñiga & Kittilä (eds.). 2010. Benefactives and Malefactives: Typological Perspectives and Case Studies: 246 - 270. Amsterdam/Philadelphia: John Benjamins Publishing Company.

Kittilä, Seppo, Katja Västi & Jussi Ylikoski. 2011. "Introduction to Case, Animacy and Semantic Roles". In Seppo Kittilä, Katja Västi & Jussi Ylikoski (eds.). *Case, Animacy and Semantic Roles.* 1-26. Amsterdam/Philadelphia: John Benjamins Publishing Company.

Kliffer, Michael D. 1999. "The Western Romance Drift Away from External Dative Possessors". *Word* 50 (2): 155-175.

Kratzer, Angelika. 1996. "Severing the External Argument from its Verb". In Johan Rooryck & Laurie Zaring (eds.). *Phrase Structure and the Lexicon.* 109-137. Dordrecht/Boston/London: Kluwer Academic Publishers.

Lacroix, René. 2010. "Benefactives in Laz". In Zúñiga & Kittilä (eds). 2010. Benefactives and Malefactives: Typological Perspectives and Case Studies: 271-294. Amsterdam/Philadelphia: John Benjamins Publishing Company.

Laka, Itziar. 1996. *A Brief Grammar of Euskara, the Basque Language*. Vitoria-Gasteiz: Euskal Herriko Unibertsitatea (University of the Basque Country).

Lakoff, George. 1987. *Women, Fire, and Dangerous Things: What Categories Reveal About TheMind*. Chicago: University of Chicago Press.

Landau, Idan. 1999. "Possessor Raising and the Structure of VP". *Lingua* 107 (1-2): 1-37.

Larson, Richard. 1988. "On the Double Object Construction". *Linguistic Inquiry* 19: 335-391.

Lass, Roger. 1986. "Irish Influence Reflections on 'Standard' English and its Opposites, and the Identification of Calques". *Studia Anglica Posnaniensia* 18. 81-87.

Leech, Geoffrey. 1974. *Semantics*. Harmondsworth: Penguin. 中译本：李瑞华等译，1987，《语义学》，上海：上海外语教育出版社。

Levin, Beth. 2008. "Dative Verbs: A Crosslinguistic Perspective". *Lingvisticoe Investigations* 31 (2): 285-312.

Li, Charles N. & Sandra A. Thompson. 1981. *Mandarin Chinese: A Functional Reference Grammar*. Berkely/Los Angeles/London: University of California Press.

Li, Yen-Hui (李艳惠). 1985. *Abstract Case in Chinese*. Doctoral Dissertation, University of Southern California. LA.

Li, Ying-Che (李英哲). 1971. *An Investigation of Case in Chinese Grammar*. Seton Hall University Press.

Lin, Tzong-Hong (林宗宏). 2001. *Light Verb Syntax and the Theory of Phrase Structure*. Doctoral Dissertation, UC Irvine.

Longacre, Robert E. 1976. *An Anatomy of Speech Notions*. Lisse: Peter de Ridder.

Luraghi, Silvia. 2003. "Syncretism and the Classification of Semantic roles". *STUF-Language Typology and Universals* 54 (1): 35-51.

Malchukov, Andrej, Martin Haspelmath & Bernard Comrie. 2010. "Ditransitive Constructions: A Typological Overview". In Malchukov, Andrej., Martin Haspelmath & Bernard Comrie (eds.). *Studies in Ditransitive Constructions*. 1-64. Berlin: Mouton de Gruyter.

Masuoka, Takashi. 1981. "Semantics of the Benefactive Constructions in Japanese". *Descriptive and Applied Linguistics* 14: 67-78.

Matthews, Peter H. 1997. *Oxford Concise Dictionary of Linguistics*. Oxford: Oxford University Press.

Menn, Lise. 1972. "On me". *Linguistic Inquiry* 3 (2): 228-233.

Merlan, Francesca. 1983. *Ngalakan Grammar, Texts and Vocabulary*. Canberra: Department of Linguistics, Research School of Pacific

Studies, Australian National University.

Miyake, Tomohiro. 1996. "On Benefactive Constructions in Japanese". *Kokugogaku Studies in the Japanese Language* 186: 104-191.

Newman, John. 1996. *Give: A Cognitive Linguistic Study*. Berlin: Mouton de Gruyter.

Niedzielski, Henry. 1979. "Lexical Realization of Benefactive and Benefciary in Polish and English". *Papers and Studies in Contrastive Linguistics* 9: 165-180.

Niedzielski, Henry. 1981. "Lexical Realizations of Benefactive and Benefciary in English and French". *International Journal of Applied Linguistics* 53 (1): 37-52.

Oehrle, Richard T. 1976. *The Grammatical Status of the English Dative Alternation*. Doctoral Dissertation, MIT, Cambridge.

O'Grady, William. 1991. *Categories and Case: The Sentence Structure of Korean*. Amsterdam /Philadelphia: John Benjamins Publishing Company.

Palmer, Frank R. 1994. *Grammatical Roles and Relations*. Cambridge: Cambridge University Press.

Pardeshi, Prashant. 1998. "A Contrastive Study of Benefactive Constructions in Japanese and Marathi". *Sekai no Nihongokyôiku* 8: 141-165.

Payne, Doris L. & Immanuel Barshi (eds.). 1999. *External Possession*. Amsterdam/Philadelphia: John Benjamins Publishing Company.

Peng Guozhen & Hilary Chappell. 2011. "Ya^{33} 'Give' as a Valency Increaser in Jinghpo Nuclear Serialization: From Benefactive to Malefactive". *Studies in Language* 35 (1), 128-167.

Perlmutter, David M. 1978. "Impersonal Passives and the Unaccusative Hypothesis". *Proceedings of the Berkeley Linguistics Society* (4), 157-189.

Platt, John T. 1971. *Grammatical Form and Grammatical Meaning: A Tagmemic View of Fillmore's Deep Structure and Case Concepts*. Amsterdam: North-Holland.

Pylkkänen, Liina. 2008. *Introducing Arguments*. Cambridge, US: MIT Press.

Quirk, Randolph, Sidney Greenbaum, Geoffrey Leech & Jan Svartvik. 1985. *A Comprehensive Grammar of the English Language*. London: Longman. 中译本：王中浩等译，1985，《当代英语语法》（上册、中册、下册），丁祖馨审校，沈阳：辽宁人民出版社。

Radford, Andrew. 1988. *Transformational Grammar: A First Course*. Cambridge: Cambridge University Press.

Radford, Andrew. 2004. *English Syntax: An Introduction*. Cambridge: Cambridge University Press.

Rangkupan, Suda. 1997. "The Syntax and Semantics of GIVE-complex Constructions in Thai". *Language and Linguistics* 8 (1): 193–234.

Rappaport, Hovav M. & B. Levin. 2008. "The English Dative Alternation: The Case for Verb Sensitivity". *Journal of Linguistics* 44 (1): 129–167.

Rowlands, Evan C. 1969. *Teach Yourself Yoruba*. London: The English Universities Press LTD.

Ruppenhofer, Josef, Michael Ellsworth, Miriam R. L. Petruck, Christopher R. Johnson & Jan Scheffczyk. 2016. *FrameNet II: Extended Theory and Practice*, framenet. icsi. berkeley. edu/ book/book. html.

Saeed, John I. 2015. *Semantics (Fourth Edition)*. Oxford: Blackwell.

Shibatani, Masayoshi. 1994. "Benefactive Constructions: A Japanese-Korean Comparative Perspective". In Akatsuka N. (ed.). *Japanese/Korean Linguistics* 4. 39–74. Stanford: Stanford Linguistics Association.

Shibatani, Masayoshi. 1996. "Applicatives and Benefactives: A Cognitive Account". In Masayoshi Shibatani & Sandra Thompson (eds.). *Grammatical Constructions*. 157–194. Oxford: Clarendon Press.

Shibatani, Masayoshi, Z. Qin, and L. Tao. 1994. "Chinese Benefactive Constructions: Toward a Formal Analysis of the Schema-Based Cognitive Approach". In M. Chen & O. Tzeng (eds.). *In Honor of William S. -Y. Wang: Interdisciplinary Studies on Language and Lan-*

guage Change, 459–477. Taipei: Pyramid Press.

Song, Jae Jung（宋在晶）. 2010. *Korean Benefactive Particles and Their meanings*. In Zúñiga & Kittilä (eds.). 2010. Benefactives and Male-factives: Typological Perspectives and Case Studies: 393 – 418. Amsterdam/Philadelphia: John Benjamins Publishing Company.

Swadesh, Morris & C. F. Voegelin. 1939. "A Problem in Phonological Alternation". *Linguisitc Society of America* 15 (1): 1–10.

Tan, Fu（谭馥）. 1991. *Notion of Subject in Chinese*. Doctoral Dissertation, Stanford University, CA.

Tang, Ting-Chi（汤廷池）. 1972. *A Case Grammar of Spoken Chinese*. Hai-guo Book Company.

Tang, Ting-Chi. 1973. *A Case Grammar Classification of Chinese Verbs*. Hai-guo Book Company.

Teng, Shou-Hsin（邓守信）. 1975. *A Semantic Study of Transitivity Relations in Chinese*. Berkeley: University of California Press. 见侯方、邹韶华、侯敏译,《汉语及物性关系的语义研究》, 黑龙江大学科研处编辑出版, 1983。

Thieberger, Nick. 2006. "The Benefactive Construction in South Efate". *Oceanic Linguisitcs* 45 (2): 297–310.

Tsuboi, Eijiro. 2010. *Malefactivity in Japanese*. In Zúñiga & Kittilä (eds.). 2010. Benefactives and Malefactives: Typological Perspectives and Case Studies: 419–435. Amsterdam/Philadelphia. John Benjamins Publishing Company.

Van Valin, Robert & Randy LaPolla. 1997. *Syntax: Structure, Meaning and Function*. Cambridge: Cambridge University Press.

Wierzbicka, Anna. 1988. The Semantics of Grammar. Amsterdam/Phila-delphia: John Benjamins Publishing Company.

Willett, Thomas L. 1991. *A Reference Grammar of Southeastern Tepehuan*. Dallas: Summer Institute of Linguistics.

Xue, Nianwen（薛念文）. 2008. "Labeling Chinese Predicates with Se-mantic Roles". *Computational Linguisitcs* 34 (2): 225–255.

Xue, Nianwen & Martha Palmer. 2009. "Adding Semantic Roles to the Chinese Treebank". *Natural Language Engineering* 15 (1): 143-172.

Yamada, Toshihiro. 1996. "Some Universal Features of Benefactive Constructions". *Nihongakuhô* 15: 27-45.

Zhang, Niina Ning（张宁）. 1998. "Argument Interpretations in the Ditransitive Construction". *Nordic Journal of Linguistics* 21 (2). 179-209.

Zúñiga, Fernando & Seppo Kittilä (eds.). 2010. *Benefactives and Malefactives: Typological Perspectives and Case Studies*. Amsterdam/Philadelphia: John Benjamins Publishing Company.

Zúñiga, Fernando. 2011. "Why Should Beneficiaries be Subjects (or Objects)". In Seppo Kittilä, Katja Västi & Jussi Ylikoski (eds.). *Case, Animacy and Semantic Roles*. 329-348. Amsterdam/Philadelphia: John Benjamins Publishing Company.

后　记

　　本书是在我的博士学位论文基础上修改而成的。我不是一个很聪明的人，读博也比较晚，所以很珍惜学习机会。当敲完博士学位论文最后一个字的时候，内心真是百感交集！既倍感时间之有限，又深觉人生之无常，更兼悟学术道路之艰辛。

　　幸运的是，一方面，自己在学术这条路上坚持了下来，哪怕其中发生了这样或那样不尽如人意的事情。另一方面，在我生命中还有那么多让我感念于心的师友亲朋，他们在我"懵懂无知"时、"蹒跚学步"时、"跌跌撞撞"时给予了我无私的关爱和莫大的扶持。因此我要把我的感恩之情奉献给他们！

　　诚挚感谢我的博士生导师郑伟教授！郑老师不嫌弃我愚拙和孤陋，无论在学术上还是生活上都给予了我无私的指导和鼓励，让我在写作焦虑之时平稳心态，在人生曲折之处重拾信念，在学术"走投无路"之境给予"新生"！郑老师是我一生学习的榜样和指路的明灯！

　　诚挚感谢我人生中的其他诸位良师！华东师范大学韩蕾、吴君如、柏晓鹏、徐默凡、左思民、杨延宁等老师，在我读博求学的生涯中和毕业论文的写作中给予了无限的关怀！广西师范大学樊中元教授和陈小燕教授是我的硕士生导师，两位老师为人和善，治学严谨，是他们引领我真正走上学术的道路！香港中文大学语言学及现代语言系主任潘海华教授是我在香港中文大学访学时的培养导师，潘老师学术思维缜密，视野开放，跟随他学习极大地提升了我的学术能力！上海师范大学语言研究所宗守云教授，是我在广西师范大学读研时的修辞课老师，我读博后又再次有幸聆听他近一个学期的方言语法课，这让我在博士学位论文相关内容的写作上更为得心应手！还有上海师范大学语言研究所张谊生老师，不仅我前后三年前往上海师范大学聆听他的博士生课程获益良多，而且我发表的每一篇论文张老师都批注过，在毕业论文上张老师也给予了我很多创设性的意见，甚至每一稿张老师都审阅过。在思想上和精神上，张老师也给予了我无限的鼓励和帮助。从某种意义上讲，我很像张老师的一个"记名弟子"。

诚挚感谢我的诸位同门和上海师范大学等校学友，感谢他们在我有时枯燥有时忙碌的写作过程中给予了贴心的帮助！

诚挚感谢我的家人和亲人！

出版前本书部分内容在《汉语学习》、《语法研究和探索》（二十一）上发表，诚挚感谢两本刊物的主编和编辑！本书的出版还获得江西财经大学学科建设经费的支持，诚挚感谢江西财经大学人文学院院长蒋国河教授以及其他领导！

需要特别指出的是，在本书出版过程中，社会科学文献出版社刘荣、许文文、段丽等诸位老师在统筹、编校、设计等方面极为认真负责，在此表示由衷的谢意！

再次感谢郑伟老师和张谊生老师！我以诚惶诚恐之心请求两位老师为拙著作序，两位老师均欣然答应，真挚地在序言中指出本书的不足并提出期望。

以上言辞不足以表达我内心的感恩之情于万一！人生有限而学海无涯，我将继续贡献我的绵薄之力于伟大的教育事业和学术研究！

余义兵

2023 年 4 月 12 日于南昌

图书在版编目（CIP）数据

现代汉语益损者研究：从语义角色到句法实现／余
义兵著.-- 北京：社会科学文献出版社，2023.12
ISBN 978-7-5228-3046-9

Ⅰ.①现…　Ⅱ.①余…　Ⅲ.①现代汉语-研究　Ⅳ.
①H109.4

中国国家版本馆 CIP 数据核字（2023）第 242981 号

现代汉语益损者研究：从语义角色到句法实现

著　　者／余义兵

出 版 人／冀祥德
责任编辑／刘　荣
文稿编辑／许文文
责任印制／王京美

出　　版／社会科学文献出版社（010）59367011
　　　　　地址：北京市北三环中路甲 29 号院华龙大厦　邮编：100029
　　　　　网址：www. ssap. com. cn
发　　行／社会科学文献出版社（010）59367028
印　　装／三河市尚艺印装有限公司

规　　格／开本：787mm×1092mm　1/16
　　　　　印 张：18.5　字 数：273 千字
版　　次／2023 年 12 月第 1 版　2023 年 12 月第 1 次印刷
书　　号／ISBN 978-7-5228-3046-9
定　　价／128.00 元

读者服务电话：4008918866